Hamburgisches Feuerpolizeirecht

Sonderteil:
Der Hafen von Hamburg

Herausgegeben von der
Hamburger Feuerkasse, Hamburg

Bearbeitet von
Dr. Adolph Heinichen
Rechtsanwalt in Hamburg

1930

Meissner & Christiansen, Verlagsbuchhandlung, Hamburg.

Inhaltsverzeichnis.

Seite

Geleitwort von Geheimrat Cuno, Direktor der Hamburg-Amerika-Linie.

Vorwort und Einführung von Dr. Adolph Heinichen, Hamburg.

A. Allgemeine Vorschriften 11

Hafenordnung vom 30. Juni 1897 (im Auszug) . . 11

§ 4 Freihalten der Häfen von Verunreinigungen und Schiffahrtshindernissen 11

§ 6 Verunreinigung des Hafens durch Öl und Ölrückstände 12

§§ 9—16 c Feuerpolizeiliche Bestimmungen . . 12

§ 26 Strafbestimmungen 16

B. Bau- und Sicherheitsvorschriften für Schiffe . . 16

1. Reichsrecht 16

a) Allgemeine polizeiliche Bestimmungen über die Anlegung von Schiffsdampfkesseln vom 17. Dezember 1908 (nicht abgedruckt), Bemerkung 16

b) Strom- und Schiffahrtspolizeiverordnung über die Sicherheitsanforderungen, denen See- und Binnenschiffe auf dem internationalen Stromgebiet der Elbe genügen müssen, vom 4. Januar 1928 in der Fassung der Verordnung vom 5. Dezember 1929 (im Auszug) 18

2. Das Hamburgische Landesrecht 27

a) Bekanntmachung, betreffend Bestimmungen über die Genehmigung, Untersuchung und Revision der Dampfkessel vom 8. März 1909, III. Schiffsdampfkessel 27

b) Bekanntmachung, betreffend Erleichterungen bei der Anlegung von Schiffsdampfkesseln vom 7. Juli 1909 29

c) Bekanntmachung, betreffend Prüfung und Revision von Seeschiffskesseln vom 6. September 1913 31

Seite

d) Bekanntmachung, betreffend Grundsätze für den Bau, die Ausrüstung und den Betrieb von Dampfüberhitzeranlagen auf Seeschiffen vom 6. Dezember 1912 34

e) Allgemeine Grundsätze für den Bau, die Ausrüstung und den Betrieb von Ölfeuerungsanlagen auf Seeschiffen vom 19. April 1922 . 36

f) Ausführungsbestimmungen zur Verordnung über entgeltliche Personenbeförderung im Hamburger Hafen vom 29. März 1928 (im Auszug) 43

g) Verordnung über Sicherung der Personen- und Güterbeförderung im Hamburger Hafen vom 29. März 1928 (im Auszug) 50

h) Einstweilige Bestimmungen der Polizeibehörde über das Beliefern von Seeschiffen mit Heizöl für den eigenen Bedarf im Hamburger Hafen vom 19. Mai 1924 53

i) Anordnung für die Verwendung von Schneide- und Schweißapparaten auf Schiffen im Hafen vom 7. Dezember 1923/28. Januar 1927 . . . 54

k) Grundsätze des Hamburgischen Gewerbeaufsichtsamtes für Ausbesserungsarbeiten auf Schiffen mit Mineralöltanks vom 22. August 1923, 14. April 1927 und 5. März 1928 55

l) Vorschriften über die Ausführung der behördlich angeordneten Rattenvertilgung auf Seeschiffen vom 9. Juni 1925 (im Auszug) . . 57

3. Aus den Vorschriften der Seeberufsgenossenschaften 64

a) Unfallverhütungsvorschriften der See-Berufsgenossenschaft für Dampf- und Motorschiffe (Ausgabe 1925) (im Auszug) 64

b) Anlage V. Vorschriften über Feuerlöscheinrichtungen auf Passagierschiffen auf langer Fahrt, die nach dem 1. Oktober 1926 auf Stapel gelegt werden, insbesondere auf Passagierschiffen mit Ölfeuerung und auf Motor-Passagierschiffen (im Auszug) 65

c) Unfallverhütungsvorschriften der See-Berufsgenossenschaft für die in der kleinen Küstenfahrt und Wattfahrt verkehrenden Segelschiffe (im Auszug) 66

Seite

C. Vorschriften für den Verkehr und die Lagerung gefährlicher Güter 66

1. Allgemein 66

Verordnung über die Beförderung gefährlicher Gegenstände mit Kauffahrteischiffen (Seefrachtordnung). Vom 3. September 1930 66

2. Sprengstoffe 171

Vorbemerkung 171

a) Reichsrecht 173

Polizeiverordnung, betreffend den Verkehr mit Sprengstoffen auf der Elbe innerhalb des Geltungsbereichs der Polizeiverordnung zur Regelung des Verkehrs auf den deutschen Seewasserstraßen (Seewasserstraßenordnung) vom 15. November 1927 173

b) Das Hamburgische Landesrecht 175

ba) Hafenordnung für den Sprengstoffhafen auf der Kleinen Kattwick vom 16. Dezember 1907 175

bb) Verordnung, betreffend den Verkehr mit Sprengstoffen, vom 26. Juli 1905 (im Auszug) 177

bc) Bekanntmachung, betreffend Vorschriften für Schiffe mit Ladung von explosiven Stoffen auf der Elbe, vom 28. März 1894 186

bd) Bekanntmachung, betreffend Überladung von explosiven Stoffen im Hafen, vom 4. Mai 1896 190

3. Nicht zu den Sprengstoffen gehörende feuergefährliche Gegenstände und Flüssigkeiten . . 191

a) Vorbemerkung 191

b) Reichsrecht 192

ba) Strom- und Schiffahrtpolizeiverordnung über die Beförderung von feuergefährlichen, nicht zu den Sprengstoffen gehörenden Gegenständen, sowie von ätzenden Stoffen auf der Elbe vom 4. Dez. 1929 192

bb) Strom- und Schiffahrtpolizeiverordnung über die Beförderung von brennbaren Flüssigkeiten in Tankfahrzeugen auf der Elbe vom 6. Dezember 1929 204

Seite

c) Das Hamburgische Landesrecht 208
ca) Bekanntmachung, betreffend Entlöschung und Lagerung von russischem Rohpetroleum im Petroleumhafen vom 1. Juni 1894 208
cb) Bekanntmachung der Deputation für Handel und Schiffahrt, betreffend allgemeines Lager am Petroleumhafen für Petroleum, Harz, Galipot, Teer, Pech, Terpentin, Schwefel, Schwefelblumen und andere von der Polizeibehörde dorthin zu verweisende Artikel vom 29. Novbr. 1894 209
cc) Regulativ für die amtliche Kontrolle des im Gebiet des Petroleumhafens lagernden Petroleums vom 30. Oktober 1889 . . . 210
cd) Vorschriften für die Ölläger am Petroleumhafen vom Dezember 1911 213
ce) Verordnung, betreffend besondere Vorschriften für Tankflußfahrzeuge, welche im Hamburger Hafen leichte Petroleumdestillate (Naphta, Benzin und dergl.) löschen oder laden vom 21. April 1910 . . 219
cf) Verordnung über den Verkehr von Tankseeschiffen, die zur Beförderung von Mineralölen und anderen brennbaren Flüssigkeiten dienen, im Hamburger Hafen vom 21. August 1929 223

4. Lagerhäuser im nördlichen Freihafengebiet . . 231
a) Feuerpolizeiliche Bestimmungen für die Lagerhäuser im nördlichen Freihafengebiet vom 4. Januar 1889 231
b) Ergänzung der Bestimmungen für die Lagerhäuser im nördlichen Freihafengebiet vom 8. März 1912 236
c) Verordnung für die Lagerhäuser im nördlichen Freihafengebiet vom 20. Dezember 1899 240
d) Verordnung über das Rauchen in den Lagerhäusern des nördlichen Freihafengebiets vom 13. Dezember 1926 241

5. Kaianlagen 241
a) Verordnung über das Verbot des Rauchens am Kai vom 18. August 1926 241
b) Verordnung, betreffend Lötarbeiten in den Kaianlagen vom 27. Juni 1905 242
c) Verordnung über den Verkehr mit gefährlichen Gütern am Kai vom 20. August 1930 . . 242

Stichwort-Verzeichnis 255

Vorwort.

Jährlich gehen in Deutschland 400 Millionen Reichsmark durch Feuerschäden verloren, d. h. täglich mehr als 1 Million. Der durch diese Schäden verursachte Verlust des deutschen Volksvermögens läßt sich erfahrungsgemäß vermeiden, wenn alle Bevölkerungskreise die nötige Sorgfalt beim Umgang mit feuergefährlichen Gegenständen, Feuer und Licht walten lassen. Erstes Erfordernis ist die Kenntnis und peinliche Beachtung der gesetzlichen und behördlichen Vorschriften für den Feuerschutz. Da diese Bestimmungen in vielen Verordnungen und Gesetzen verstreut sich vorfinden und eine einheitliche Zusammenfassung auf gesetzlichem Wege vorerst nicht zu erwarten ist, ist es dankbar zu begrüßen, daß die Hamburger Feuerkasse sich entschlossen hat, eine Zusammenstellung aller einschlägigen Bestimmungen zu veröffentlichen. Dem allgemeinen Teil, der im Frühjahr dieses Jahres erschienen ist, folgt jetzt der vorliegende zweite Teil, der die für den Hamburger Hafen geltenden Vorschriften umfaßt. Er ist für die Reedereien, die Lagerhalter, die Hafenbetriebe, die Werften in gleicher Weise wichtig. Möge er dazu beitragen, die Werte, die in unserer Schiffahrt und in unserem Hafen liegen, zu erhalten und zu vermehren.

Hamburg, den 18. Juli 1929.

Cuno.

Vorwort.

Nachdem der erste Teil des Hamburgischen Feuerpolizeirechts Mitte 1929 erschienen war, hofften die Feuerkasse sowie der Unterzeichnete, die Herausgabe des angekündigten Sonderteils für den Hafen von Hamburg im unmittelbaren Anschluß an den ersten Teil vornehmen zu können. Jedoch erwies es sich im Laufe der Zeit als richtiger, mit dem Erscheinen des Sonderteils zu warten, bis die seinerzeit bevorstehenden gesetzlichen Änderungen einiger wichtiger Materien erlassen wären, um so ein schnelles Veralten der Sammlung zu verhüten. So konnten jetzt vor allem die Seefrachtordnung und die Verordnung über den Verkehr mit gefährlichen Gütern am Kai in der neuen Fassung gebracht werden. Alle Gesetze und Verordnungen sind nach dem Stande vom 1. November 1930 berücksichtigt.

Wegen der allgemeinen Bedeutsamkeit der von der Feuerkasse mit der Herausgabe vorliegender Sammlung verfolgten Zwecke ist auf die Einführung von Herrn Geheimrat Cuno zu diesem Teil sowie die Geleitworte von Herrn Branddirektor Dr. Sander und das Vorwort des Unterzeichneten zum ersten Teil zu verweisen.

Den Behörden ist für ihre wertvollen Anregungen und Vorschläge bei der Zusammenstellung der Sammlung auch hier wiederum der besondere Dank der Feuerkasse und des Sachbearbeiters zum Ausdruck zu bringen.

Hamburg, 10. November 1930.

Dr. Adolph Heinichen.

A. Allgemeine Vorschriften.

Hafenordnung[1]

vom 30. Juni 1897 in der Fassung der Verordnungen vom 20. April 1898, 13. Juni 1898, 26. August 1904, 15. Juli 1914, 9. Februar 1923, 2. Juli 1923, 30. Mai 1924, 21. September 1928, 13. Dezember 1929 und 18. Januar 1929 (Amtsblatt 1897, S.292; 1898, S. 353 und 433; 1904, S. 871; 1914, S. 363; HGVO Bl. 1923, S. 141; 1924, S. 369; 1928, S. 421; 1929, S. 23, 555) (im Auszug).

§§ 1—3 . . . . .

§ 4.

Freihalten der Häfen von Verunreinigungen und Schiffahrtshindernissen.

Unrat und Abfall ist auf den Schiffen nach verbrennbaren und unverbrennbaren Bestandteilen zu trennen. Die verbrennbaren Bestandteile sind an die vor dem Südufer am westlichen Ende des Veddelkanals nahe bei seiner Mündung in den Reiherstieg liegenden Unratfahrzeuge abzuliefern. Die unverbrennbaren Bestandteile (Asche und Schlacken) sind bei dem Liegeplatz der genannten Unratfahrzeuge auf dazu bestimmte Ablagerungsplätze am Ufer zu bringen und daselbst nach Anweisung des Wächters abzulagern.

§ 5 . . . . .

---

[1] Die Hamburgisch-Preußische Hafengemeinschaft hat sich als wirtschaftliches Ziel die einheitliche Zusammenfassung und Förderung des hamburgischen und preußischen Hafengebiets zur Aufgabe gesetzt. Zur Durchführung aller hiermit zusammenhängenden Maßnahmen werden von den Ländern Preußen und Hamburg für das gesamte Hafengebiet der Niederelbe gemeinsam gesetzliche Vorschriften erlassen; sobald diese vollständig vorliegen, wird auch eine im Hinblick auf Rechtsicherheit und Wirtschaft nur zu begrüßende Rechtseinheit für das gesamte Gebiet vorhanden sein.

Zur Zeit befinden wir uns in einem Stadium des Übergangs. Eine neue Hafenordnung für den Hafen „Hamburg" ist von den beteiligten Ländern am 14. März 1930 erlassen und am 1. April 1930 in Kraft getreten (HGVOBl. 1930 S. 81). Die alte Hamburger Hafenordnung vom 30. Juni 1897 ist zum Teil durch die erwähnte neue Hafenordnung ersetzt (vgl. § 46, 2, Z. 1 der neuen Hafenordnung), die hier abgedruckten alten Bestimmungen sind noch in Kraft geblieben, da beabsichtigt ist, die sicherheitspolizeilichen Vorschriften demnächst ebenfalls einheitlich zu regeln.

§ 6.[2]

Die Verunreinigung des Hafens durch Öle und Ölrückstände ist verboten.

Zur Sicherstellung der staatlichen Ansprüche, die sich aus einer Verunreinigung des Hafens durch Öle und Ölrückstände ergeben, wird von allen in den Hafen einlaufenden Schiffen mit Ölfeuerung, Ölmotorschiffen und Tankdampfern ein Reinigungsbeitrag in von der Polizeibehörde festzusetzender Höhe erhoben, der bei einer festgestellten Zuwiderhandlung gegen Absatz 1 dieser Vorschrift verfällt. Auf Antrag kann den ständig im Hafen anlaufenden Schiffen eine anderweitige Sicherstellung der genannten Ansprüche zugestanden werden.

Die Haftung von Reeder und Schiffer für sämtliche entstehenden Kosten wird durch vorstehendes nicht berührt.

§§ 7—8 . . . . .

§ 9.

Feuerpolizeiliche Bestimmungen.

Auf allen im Hafen liegenden Fahrzeugen darf Feuer nur in sicheren Feuerstellen angezündet und muß unter Aufsicht gehalten werden. Brennendes Licht darf nur in geschlossenen Laternen oder festangebrachten Lampen in Metallbehältern benutzt werden, jedoch ist die Benutzung offener Öllampen in den Maschinen- und Kesselräumen gestattet.

Asche und Schlacken dürfen, außer im Kesselraum von Dampfschiffen, nur in metallenen Gefäßen mit Deckel aufbewahrt werden.

§ 10.

Das Erhitzen von Pech, Teer, Harz oder Öl darf nicht an Bord der Schiffe, sondern nur auf Seite derselben in dazu geeigneten Fahrzeugen, in denen das Feuer auf einer Unterlage von Sand, Steinen oder Erde brennt, und unter beständiger Beaufsichtigung vorgenommen werden.

§ 11.

Das Ausräuchern von Schiffen zur Vertreibung von Ratten und anderem Ungeziefer darf nur bei Tage und nach Einholung der schriftlichen Erlaubnis des Oberhafenmeisters, unter Aufsicht der Hafenpolizei, vorgenommen werden.

---

[2] Verordnung v. 2. 7. 1923.

§ 12.

Das Arbeiten im Raum der Schiffe bei Nacht ist nur unter Aufsicht der Hafenpolizei gestattet. Der Antrag auf Beaufsichtigung ist bei der nächsten Hafenpolizei-Wache zu stellen. Das Anheizen der Kessel auf Dampfschiffen in Vorbereitung der Abreise ist als Arbeit im Raum im Sinne vorstehender Bestimmung nicht anzusehen.

§ 13.

Mit polizeilich genehmigten Funkenfängern sind zu versehen:

a) die im Hafen verkehrenden schwimmenden Winden und Elevatoren,

b) Dampfschiffe, welche mit brennenden Feuern in den Petroleumhafen kommen.

Außerdem dürfen Benzinmotoren nicht mit brennenden Lampen und glühenden Vergasern in den Petroleumhafen kommen.

§ 14.

Die schwimmenden Winden und Elevatoren, sowie andere Hilfsvorrichtungen zum Löschen und Laden dürfen nur mit Koks, nie mit Steinkohlen geheizt werden.

§ 15.

Sobald ein Schiff, welches feuergefährliche Gegenstände geladen hat, in den Hafen kommt, muß der Schiffsführer oder ein Beauftragter desselben die genannten Gegenstände ihrer Menge und Art nach dem Oberhafenamt oder, wenn das Fahrzeug der Meldepflicht gemäß §§ 13—16 des Hafengesetzes unterliegt, dem Bezirks-Hafenamt unverzüglich angeben.

Schiffe mit feuergefährlichen Gegenständen unterliegen einer besonderen Überwachung seitens der Hafenpolizei.

§ 15a.[1]

Als feuergefährlich im Sinne des § 15 gelten folgende Gegenstände:

1. Rohpetroleum und dessen Destillationsprodukte (Petroleumäther, Gasolin, Neolin, Benzin, Ligroin, Naphta, Petroleumessenz, gereinigtes Petroleum, Putzöl usw.) sowie Terpentinöl.
2. Die aus Steinkohlen- oder Braunkohlenteer oder Teerölen bereiteten flüchtigen Stoffe, soweit dieselben beim Erhitzen auf 160 Grad Celsius brennbare

[1] Verordnung vom 20. 4. 1928.

Destillationsprodukte abgeben (Benzol, Toluol, Xylol, Cumol; Solaröl, Photogen; Mirbanöl, Nitrobenzol usw.).
3. Schwefeläther (Aethyläther), Kollodium und Schwefelkohlenstoff (Schwefelalkohol).
4. Rote rauchende Salpetersäure.
5. Weißer und gelber, sowie roter (amorpher) Phosphor.
6. Buchersche Feuerlöschdosen.

§ 15b.[1]

Die in § 15a unter Ziffer 1—3 aufgeführten feuergefährlichen Gegenstände dürfen außerhalb des Petroleumhafens nur in beschränktem Umfange gelöscht und geladen werden, und zwar an den Pfahlreihen im Parkhafen bis zu einer Gesamtmenge von 60 000 Litern für das Schiff, in allen übrigen Fällen bis zu einer Gesamtmenge von 15 000 Litern für das Schiff.[3]

Von gereinigtem Petroleum und Terpentinöl dürfen mit Genehmigung des Oberhafenmeisters auch außerhalb des Petroleumhafens größere Mengen übergeladen werden.

Wenn hier ankommende Schiffe außer den vorstehend genannten feuergefährlichen Gegenständen noch andere feuergefährliche (§ 15 Ziffer 4—6) oder leicht entzündbare Gegenstände (§ 16a) an Bord haben, so sind diese zunächst außerhalb des Petroleumhafens in Hafenfahrzeugen zu entlöschen.

§ 15c.[2]

Vor dem Löschen und Laden feuergefährlicher Gegenstände außerhalb des Petroleumhafens ist der nächsten Hafenpolizeiwache Anzeige zu machen.

§ 15d.[2]

Auf Hafenfahrzeugen, welche feuergefährliche Gegenstände der im § 15a unter Ziffer 1—3 genannten Art an Bord haben, darf abgesehen von den Positionslaternen (§ 33 des Hafengesetzes) weder Feuer noch Licht gebrannt werden. Auch ist das Tabakrauchen auf solchen Fahrzeugen verboten.

§ 16.[3]

Als leicht entzündliche Gegenstände gelten:
1. Kunstwolle, Wollabfälle, Tuchtrümmer, Jute-, Baumwolle-, Baumwollengarn-Abfälle, sowie Lumpen.

---

[1] Verordnung vom 15. 7. 1914 und 13. 12. 1929.
[2] Verordnung vom 18. 1. 1929.
[3] Verordnung vom 20. 4. 1898.

2. Haare, rohe Wolle, rohe Baumwolle, Flachs, Hanf, Werg und Jute.
3. Heu, Stroh, Rohr (ausgenommen spanisches) und dgl.
4. Holzfässer, in welchen die im § 15a unter Ziffer 1 und 2 genannten feuergefährlichen Gegenstände befördert worden sind.
5. Calciumcarbid.[1]

§ 16a.[2]

An Bord von Fluß- und Hafenfahrzeugen, welche mit leicht entzündlichen Gegenständen beladen sind, dürfen Feuerstellen (§ 9) nur benutzt werden, wenn dieselben sich in geschlossenen Räumen befinden, welche durch eine feste Bretterwand vom Laderaum vollständig getrennt sind. Wird während des Löschens und Ladens Feuer gebrannt, so müssen die Schornsteine mit Funkenfängern versehen sein.

Auf Fahrzeugen der bezeichneten Art darf Licht nur in geschlossenen Laternen gebrannt werden. Auch ist auf denselben das Tabakrauchen verboten.

§ 16b.[2]

Die im § 16 unter Ziffer 1 bis 3 und 5 genannten Gegenstände müssen, wenn sie nicht in gedeckten Schiffsräumen liegen, mit Plantüchern oder Persennigen dicht bedeckt sein. Bei Fahrzeugen mit Heu, Stroh und dgl. (§ 16 Ziffer 3) brauchen jedoch die Längsseiten der Ladung nicht bedeckt zu werden.

§ 16c.[3]

Beim Öffnen von Schiffsräumen, in welchen Calciumcarbid verladen ist, ist zunächst jede Beleuchtung fernzuhalten und festzustellen, ob sich in den fraglichen Räumen das Vorhandensein von Calciumcarbidgasen durch den eigenartigen Knoblauch ähnlichen Geruch bemerkbar macht. Insbesondere ist Vorsicht bei Seeschiffen geboten, welche schweres Wetter zu bestehen hatten, oder wenn aus irgend einer Veranlassung Wasser in die fraglichen Räume gedrungen ist.

Wenn die Verpackung der Calciumcarbidladung beschädigt ist, oder wenn sich die Anwesenheit von Calciumcarbidgasen bemerkbar macht, sind die Luken zu den fraglichen Räumen unter Fernhaltung jeglichen Feuers möglichst zu öffnen und ist der nächsten Hafen-

---

[1] Verordnung vom 26. 8. 1904.
[2] Verordnung vom 20. 4. 1898.
[3] Verordnung vom 26. 8. 1904.

polizeiwache Anzeige zu machen. Bis zum Eintreffen weiterer polizeilicher Anordnungen dürfen die Schiffsräume, in welchen das Calciumcarbid liegt, nicht betreten werden.

§§ 17—25 . . . . .

§ 26.

Zuwiderhandlungen gegen die Bestimmungen dieser Verordnung werden nach § 38 des Hafengesetzes mit Geldstrafe bis zu 150.— RM. oder im Unvermögensfalle mit Haft bis zu 6 Wochen geahndet, soweit nicht nach den allgemeinen Strafbestimmungen eine strengere Strafe verwirkt ist.

§ 27 . . . . .

Gegeben in der Versammlung des Senats

Hamburg, den 30. Juni 1897.

B. Bau- und Sicherheitsvorschriften für Schiffe.

1. Reichsrecht.

a) Allgemeine polizeiliche Bestimmungen über die Anlegung von Schiffsdampfkesseln vom 17. Dezember 1908.

(Nicht abgedruckt)

Bemerkung.

In gleicher Weise wie für die Anlegung von Landdampfkesseln hat der Bundesrat auf Grund des § 24 Abs. 2 der Gewerbeordnung allgemeine polizeiliche Bestimmungen über die Anlegung von Schiffsdampfkesseln am 17. Dezember 1908 erlassen (RGBl. 1909, S. 51). Diese Vorschriften lehnen sich in der äußeren Form eng an die Vorschriften für Landdampfkessel an. Die inhaltlichen Abweichungen entsprechen den besonderen, an Schiffsdampfkessel zu stellenden Anforderungen. Als Schiffsdampfkessel (Schiffskessel) gelten alle auf schwimmenden und im Wasser beweglichen Bauten aufgestellten, dauernd mit ihnen verbundenen Dampfkessel.

Die Verordnung ist mehrfach abgeändert worden und zwar durch die Verordnungen vom 2. 3. 1912 (RGBl. 188), vom 14. 12. 1913 (RGBl. 781), vom 15. 8. 1914 (RGBl. 373), vom 25. 4. 1922 (RGBl. I 469), vom 27. 4. 1923 (RGBl. I 263), vom 14. 12. 1923 (RGBl. I 1229) und vom 22. 12. 1928 (RGBl. 1929 I 2).

In der ursprünglichen Fassung enthielt die Verordnung in einer Anlage 1 „Materialvorschriften für Schiffsdampfkessel“ und in einer Anlage 2 „Bauvorschriften für Schiffsdampfkessel“. Diese gelten als anerkannte Regeln der Wissenschaft und Technik. Die Bedeutung dieser Anlagen ist durch die Verordnung vom 14. 12. 1923 eine andere geworden. Jetziger Grundsatz ist (wie bei der Anlegung von Landdampfkesseln) der folgende: (cf. § 2,1 VO)

> „Jeder Dampfkessel muß in bezug auf die verwendeten Werkstoffe und seine Bauart, Ausführung und Ausrüstung den anerkannten Regeln der Wissenschaft und Technik entsprechen. Als solche Regeln gelten die Werkstoff- und die Bauvorschriften, die vom Deutschen Dampfkesselausschuß aufgestellt und vom Reichsarbeitsminister durch Verkündung im Reichsanzeiger in Kraft gesetzt werden. Diese Regeln können bei der Vielgestaltigkeit der Verhältnisse und dem Fortschreiten der Technik nicht als erschöpfend angesehen werden. Die nach zivil- oder strafrechtlichen Vorschriften bestehende Verantwortlichkeit für die Güte der verwendeten Werkstoffe, für die Bauart, für die Konstruktion, für die Ausführung oder für den Betrieb des Kessels bleibt deshalb unberührt, auch wenn der zuständige Sachverständige keine Bedenken erhoben hat.“

Der Gesetzgeber stellt also an die Verantwortlichkeit des Einzelnen strenge Anforderungen.

Die Anlagen 1 und 2 haben durch die Verordnung vom 14. Dezember 1923 den Charakter als Richtlinien erhalten. Ihr Inhalt ist selbstverständlich in erster Linie zu beachten. Nur soweit er nach anerkannter herrschender Ansicht mit der Zeit ganz oder teilweise veralten sollte, treten an seine Stelle die neuen Ergebnisse von Wissenschaft und Technik. Über deren Stand hat sich jeder unterrichtet zu halten. Das ist der Sinn obigen Grundsatzes.

Im einzelnen hat die Verordnung folgenden Inhalt: I. Geltungsbereich (§ 1), II. Bau: § 2: Kesselwandungen, § 3: Feuerzüge. III. Ausrüstung: § 4: Speisevorrichtungen, § 5: Speiseventile und Speiseleitungen, § 6: Absperr- und Entleerungsvorrichtungen, § 7: Wasserstandsvorrichtungen, § 8: Wasserstandsmarke, § 9: Sicherheitsventil, § 10: Manometer, § 11: Fabrikschild. IV. Prüfung: § 12: Bauprüfung, Druckprobe und Abnahme neu oder erneut zu genehmigender Schiffskessel, § 13: Druckproben nach Hauptausbesserungen, § 14: Prüfungsmanometer. V. Aufstellung (§ 15). VI. Allgemeine Bestimmungen: § 16: Aufbewahren der Kesselpapiere, § 17: Entbindung von einzelnen Bestimmungen, § 18-19: Übergangs- und Schlußbestimmungen.

Inhaltsverzeichnis der Materialvorschriften, früher Anlage 1,: Erster Teil: Allgemeine Bestimmungen. I. Prüfungen. II. Zurichtung der Proben. III. Abnahme der Materialien. IV. Prüfmaschinen. Zweiter Teil: Schweißeisen. A. Bleche. B. Winkeleisen. C. Nieteisen. D. Niete. E. Anker- -und Stehbolzen. F. Wasserrohre. DritterTeil: Flußeisen. A. Bleche. B. Winkeleisen. C. Nieteisen. D. Niete. E. Anker- und Stehbolzen. F. Wasserrohre. G. Flammrohre.

Die Bauvorschriften, früher Anlage 2, haben durch die Verordnung vom 27. April 1923 (RGBl. I S. 264) eine neue Fassung erhalten. Inhaltsverzeichnis: I. Material. II. Vernietung, Schweißung und Bearbeitung im Feuer. III. Berechnung der Blechdicken zylindrischer Dampfkesselwandungen mit innerem Überdrucke. IV. Berechnung der Blechdicken von Dampfkesselflammrohren mit äußerem Überdrucke. V. Berechnung der Blechdicken ebener Wandungen. VI. Berechnung der Blechdicken gewölbter voller Böden ohne Verankerung gegenüber innerem Überdrucke. VI.a Berechnung der Blechdicken von kugelförmigen Decken stehender Feuerbuchsen ohne Verankerung gegenüber äußerem Überdrucke. VII. Berechnung der Stärken der Anker und Stehbolzen. VIII. Berechnung der Blechdicken der Deckenträger der Feuerkammer. IX. Mannlöcher und sonstige Ausschnitte X. Allgemeines. XI. Schlußbemerkung.

Der Reichsarbeitsminister hat folgende Werkstoff- und Bauvorschriften des Deutschen Dampfkesselausschusses im Reichsanzeiger veröffentlicht:

Bekanntmachung vom 15. September 1926 (Reichsanzeiger Nr. 238) (Anl. 3, Änderungen in den Bauvorschriften für Schiffsdampfkessel)

Bekanntmachung vom 1. Februar 1928 (Reichsanzeiger Nr. 35).

b. Strom- und Schiffahrtpolizeiverordnung über die Sicherheitsanforderungen, denen See- und Binnenschiffe auf der Elbe genügen müssen. Vom 4. Januar 1928 in der Fassung der Verordnung v. 5. Dezember 1929 (im Auszug).

In Ausführung des Artikels 34 der Anlage zum Reichsgesetze, betreffend die Elbschiffahrtsakte, vom 22. März 1923 (Reichsgesetzbl. II S. 183 ff.) werden auf

Grund des § 11 des Reichsgesetzes über den Staatsvertrag, betreffend den Übergang der Wasserstraßen von den Ländern auf das Reich, vom 29. Juli 1921 (Reichsgesetzbl. S. 961 ff.) sowie des Artikels III der Verordnung über Vermögensstrafen und Bußen vom 6. Februar 1924 (Reichsgesetzbl. I S. 44 ff.) die nachstehenden von der Internationalen Elbekommission festgestellten Vorschriften über die Sicherheitsanforderungen, denen See- und Binnenschiffe auf dem internationalen Stromgebiete der Elbe genügen müssen, mit Wirkung vom 1. Februar 1928 für die deutsche Elbestrecke in Kraft gesetzt.

Übertretungen werden mit Geldstrafe bis zu 150 RM., im Unvermögensfalle mit entsprechender Haft bestraft.

Berlin, den 4. Januar 1928.

Der Reichsverkehrsminister

Dr. W. Koch.

Vorschriften über die Sicherheitsanforderungen, denen See- und Binnenschiffe auf dem internationalen Stromgebiete der Elbe genügen müssen

§ 1

Alle auf der Elbe fahrenden See- oder Binnenschiffe müssen ein Schiffszeugnis besitzen, das unter den in diesen Vorschriften festgesetzten Bedingungen erteilt wird und das bestätigt, daß sie in jeder Hinsicht den Sicherheitsanforderungen entsprechen, die für die Schiffahrt auf dem von ihnen befahrenen Abschnitt des Stromes gestellt werden müssen.

§§ 2—4 . . . . .

§ 5.

Der Schiffsrumpf muß ausreichend widerstandsfähig und so gebaut sein, daß die Gefahr eines durch Fehler in der Bauart verursachten Kippens oder Sinkens ausgeschlossen ist.

Bei Schiffen mit eigener Triebkraft ist darauf zu achten, daß die Maschine in ihrem Bau eine andauernd sichere Tätigkeit gewährleistet; der Schiffsrumpf muß für die Aufstellung der Maschine und ihre Arbeitsweise ausreichend sicher sein. Bei Untersuchung der Dampfschiffe ist festzustellen, ob die Kessel vorschriftsmäßig untersucht sind.

Die ordnungsmäßige Beschaffenheit eines Schiffes mit eigener Triebkraft wird durch eine Probefahrt festgestellt.

Für Tankfahrzeuge, welche zur Beförderung von brennbaren Flüssigkeiten bestimmt sind, gelten außerdem die in Anlage 1 aufgeführten Sondervorschriften.

§ 6 . . . .

§ 7.

Schiffe zur Personenbeförderung müssen jährlich, Tankfahrzeuge alle zwei Jahre, Schiffe mit eigener Triebkraft zur Güterbeförderung alle drei Jahre, Schlepper und Kähne alle fünf Jahre nachuntersucht werden.

Außerdem muß jedes Schiff nach jeder wichtigen Ausbesserung des Rumpfes oder der Maschinenanlage erneut untersucht werden.

Der Nachuntersuchung bedarf es nicht, wenn ein gültiges Bewertungszeugnis (§ 4 Abs. 3) vorgelegt wird; in diesem Falle ist in das Schiffszeugnis statt des Vermerkes über die Untersuchung ein solcher über die Vorlage des Bewertungszeugnisses aufzunehmen.

Die Behörden der Uferstaaten können jederzeit auf ihre Kosten die Angaben des Schiffszeugnisses nachprüfen. Bei beladenen Schiffen darf sich diese Nachprüfung nur auf Teile des Schiffes erstrecken, zu denen man ohne ein auch nur teilweises Entladen oder Umstauen der Ware gelangen kann.

§ 8.

Die Vorschriften finden weder auf Seeschiffe, die zwischen dem offenen Meere und Hamburg—Harburg fahren, noch auf Binnenschiffe Anwendung, die auf diesem Stromabschnitt in der Binnenschiffahrt Verwendung zu finden pflegen.

Unter Hamburg—Harburg ist die obere Grenze des Hamburger Hafens und die Harburger Eisenbahnbrücke zu verstehen. Die obere Grenze des Hamburger Hafens befindet sich bei der Mündung der Doveelbe.

Diese Vorschriften finden weiterhin keine Anwendung:

1. auf die Staatsschiffe, ausgenommen die von öffentlichen Verwaltungen zu Handels- oder gewerblichen Zwecken verwendeten Fahrzeuge;
2. auf die Fähren und die übrigen Beförderungsmittel von einem Ufer zum anderen;
3. auf Schiffe ohne eigene Triebkraft mit einer Tragfähigkeit von weniger als 25 Tonnen;
4. auf Schiffe mit eigener Triebkraft unter 15 Bremspferdestärken;

5. auf Schiffe, die nach einer einzigen Reise abgewrackt werden;
6. auf Schiffe, die den Lauf der Elbe während einer einzigen Reise nach Verlassen der Werft oder auf der Fahrt zu oder von einer Ausbesserungsstätte berühren; falls diese Schiffe gleichzeitig für Handelszwecke verwendet werden, müssen sie ein vorläufiges Schiffszeugnis besitzen.

Die Bedingungen, unter welchen Schiffe ohne eigene Triebkraft mit einer Tragfähigkeit von weniger als 50 Tonnen Erleichterungen oder gegebenenfalls Ausnahmen gewährt werden können, bleiben besonderer Regelung vorbehalten.

§ 9 . . . . .

Anlage 1

Sondervorschriften für Tankfahrzeuge[1]

§ 1.

Diesen Sondervorschriften unterliegen alle Tankfahrzeuge, die zur Beförderung der nachstehenden Flüssigkeiten und damit hergestellten flüssigen oder bei Temperaturen von nicht mehr als 15 Grad Celsius noch salbenförmigen künstlichen Mischungen bestimmt sind.

A. Flüssigkeiten und künstliche Mischungen oder Lösungen, die sich mit Wasser nicht vermischen lassen;
   1. Flüssigkeiten und künstliche Mischungen oder Lösungen, die einen Flammpunkt unter 21 Grad Celsius[2] haben und von festen in den Flüssigkeiten löslichen Stoffen nicht mehr als 30 vom Hundert enthalten (feuergefährliche Flüssigkeiten):
      a) Flüssigkeiten und künstliche Mischungen oder Lösungen, die einen Siedepunkt bis zu 40 Grad

---

[1] Diese Änderungen treten am 1. Februar 1930 in Kraft.
Auf die im Zeitpunkt des Inkrafttretens dieser Änderungen bereits gebauten oder in Bau begriffenen Tankfahrzeuge, die den bisher in Geltung befindlichen Vorschriften genügen, sind die Bestimmungen des § 4 Abs. 1 der Anlage 1 und die Bestimmungen über Kofferdämme nur insoweit anwendbar, als diese Fahrzeuge ihnen ohne Änderung ihrer vorhandenen Einrichtungen genügen.
Für jedes Fahrzeug dieser Art hat die zuständige Behörde bei der nächsten Nachuntersuchung, die in jedem Falle vor dem 1. Februar 1932 stattfinden muß, in dem Schiffszeugnisse festzustellen, daß das Fahrzeug den Vorschriften genügt, die auf es Anwendung finden.

[2] Flamm- und Siedepunkte beziehen sich auf einen Barometerstand von 760 mm. Der Flammpunkt wird mit dem Apparat Abel-Pensky bestimmt. Die fraktionierte Destillation soll in einem Kolben Typ Engler vorgenommen werden. Hierbei muß das Thermometer vollständig von Dampf umgeben sein.

Celsius haben, oder die, wenn sie keinen einheitlichen Siedepunkt haben, bei fraktionierter Destillation bis zu 40 Grad Celsius mehr als 5 Volumprozente Destillate geben.

b) Flüssigkeiten und künstliche Mischungen oder Lösungen, die einen Siedepunkt von mehr als 40 Grad Celsius haben, oder die, wenn sie keinen einheitlichen Siedepunkt haben, bei fraktionierter Destillation bis zu 40 Grad Celsius höchstens 5 Volumprozente Destillate geben.

2. Flüssigkeiten und künstliche Mischungen oder Lösungen, die einen Flammpunkt von 21 Grad Celsius bis zu 55 Grad Celsius haben.

3. Flüssigkeiten und künstliche Mischungen oder Lösungen, die einen Flammpunkt von mehr als 55 Grad Celsius bis zu 100 Grad Celsius haben.

B. Flüssigkeiten und künstliche Mischungen oder Lösungen, die sich mit Wasser in beliebigem Verhältnis vermischen lassen, und einen Flammpunkt unterhalb 21 Grad Celsius haben.

§ 2.

Der Schiffskörper des Tankfahrzeuges muß in bezug auf die verwendeten Baustoffe und seine Bauart den anerkannten Regeln der Schiffbautechnik entsprechen. Er muß durchgängig aus Eisen oder Stahl hergestellt sein; für die Scheuerleisten muß Holz verwendet sein. Die Scheuerleisten müssen zwischen zwei Winkeleisen oder in einem U-Eisen befestigt sein; Befestigungsbolzen dürfen nicht durch die Außenhaut der Fahrzeuge gehen.

§ 3.

Die Laderäume müssen mit einem vom Boden bis zum Deck reichenden Längsschott versehen und durch Querschotte derart unterteilt sein, daß keiner der dadurch entstehenden Tanks mehr als 150 Kubikmeter Rauminhalt hat.

Die Laderäume müssen von Wohnräumen, von dem vorderen und hinteren Endraum, von den Maschinen- und Pumpenräumen usw. durch einen Kofferdamm (doppelte wasserdichte, wenigstens 50 Zentimeter voneinander entfernte Querschotte) getrennt sein.

Die mit der Ladung in Berührung kommenden Schotte müssen öldicht genietet sein. Die Schotte dürfen nicht mit Öffnungen irgendwelcher Art versehen sein, insbesondere dürfen keine Rohrleitungen durch sie hindurchgeführt sein. Die Kofferdämme müssen Aufsätze haben, die wenigstens 30 Zentimeter über die Oberkante der Laderäume hinausragen.

Über jedem Tankraum muß eine Ausdehnungsluke vorhanden sein. Die Deckel dieser Ausdehnungsluken müssen mit Öffnungen versehen sein, die durch Blenden öldicht abschließbar sind. Im Bereiche der Ausdehnungsluken muß in jedem Laderaum eine Marke angebracht sein, durch welche die höchstzulässige Füllung dieses Raumes (98 vom Hundert einschließlich Raum der Ausdehnungsluke) erkennbar gemacht ist.

Jeder Tankraum muß vom Deck aus durch ein fest und dicht verschließbares Mannloch zugänglich sein. Auf ein besonderes Mannloch kann verzichtet werden, wenn der Deckel der Ausdehnungsluke so eingerichtet ist, daß durch diesen der Tank befahren werden kann.

Jeder Tankraum muß mit einem über das Deck hinausreichenden Entlüftungsrohr versehen sein, das an seinem freien Ende gegen das Hineinschlagen von Flammen durch geeignete, gegen Beschädigung geschützte Einrichtungen (feinmaschige Drahtnetze, Kiestöpfe oder ähnliche gleichwertige Sicherungseinrichtungen) gesichert ist. Dieses Entlüftungsrohr muß so weit sein, daß es für den Luftausgleich beim Füllen und Leeren des Tankraumes allein ausreicht.

Um den Abzug der Gase aus den Räumen zwischen den Decksbalken zu ermöglichen, müssen die Stege der Decksbalken mit einer genügenden Anzahl hinreichend großer Löcher versehen sein.

§ 4.

Küchen, Wohn- und Schlafräume dürfen nicht über Tankräumen liegen. Sie müssen eine leicht zugängliche Verbindung unmittelbar nach dem Oberdeck haben.

Die Fußböden der Küchen, Wohn- und Schlafräume müssen zementiert oder um die Feuerungsanlage herum im Umkreis von mindestens 1 Meter mit Eisenblech von wenigstens 1 Millimeter Stärke bekleidet sein. Etwaige Holzverschalungen, hölzerne Schränke usw. neben den Feuerungsanlagen und an Rauchrohren müssen bis zu einem Abstand von mindestens 50 Zentimeter mit wenigstens 1 Millimeter starkem, hohlliegendem Eisenblech bekleidet sein; zwischen dem Bleche und dem Holze muß sich ein Luftraum von wenigstens 1 Zentimeter Breite befinden. Die Durchlässe der Rauchrohre im Deck müssen durch einen Wärmeschutzmantel ausreichend gesichert sein. Die Rauchrohre müssen mit sicheren

Funkenfängern versehen sein. Die in den Küchen, Wohn- und Schlafräumen befindlichen Kochherde, Öfen und Petroleumlampen müssen sicher befestigt sein.

§ 5.

Poller, Klampen, Masten, Winden usw. müssen so angebracht sein, daß die Tankräume durch ihren Gebrauch nicht undicht werden können.

Die zum Festmachen der Tankfahrzeuge bestimmten Ketten oder Drahttrossen müssen an dem zur Befestigung am Lande dienenden Ende je ein auslösbares Glied haben.

Die zum Füllen und Entleeren der Tanks dienenden Rohrleitungen müssen mit dem Schiffskörper elektrisch leitend verbunden sein.

§ 6.

Auf den Tankfahrzeugen dürfen Kraftmaschinen, die durch Feuerwirkung in Tätigkeit gesetzt werden, nur unter Beachtung der nachstehenden Vorschriften aufgestellt und verwendet werden.

a) Es sind nur solche Motoren erlaubt, bei denen die Zündung im Innern durch die Kompressionswärme stattfindet. Die Anwendung äußerer Zündung und die Benutzung von Zündpatronen zum Anlassen ist verboten.

b) Die Motoren müssen in besonderen Räumen aufgestellt sein, die durch einen Kofferdamm von den Laderäumen getrennt sind. Die Motorräume müssen gut lüftbar sein. Ihre Oberlichter müssen auch von außen geöffnet und geschlossen werden können. Motoren für die Schiffsbewegung und für den Antrieb elektrischer Stromerzeuger müssen hinter den Tankräumen liegen.

c) Die Auspuffleitung muß mit einem Kühlmantel versehen oder ausreichend isoliert und so verlegt sein, daß sie von feuergefährlichen Gegenständen genügend entfernt bleibt. Ihre äußere Ummantelung darf höchstens auf 80 Grad Celsius erhitzt werden. Ihre Flansche müssen so beschaffen sein, daß die Packung nicht herausgeblasen werden kann. Die Mündung der Auspuffleitung muß derartig gelegt sein, daß Funken nicht gefährlich werden können.

d) Soweit die Motoren nicht mit der Hand angelassen werden können, dürfen sie nur mittels Preßluft oder Kohlensäure in Betrieb gesetzt werden.

e) Der Brennstoff ist in besonders dafür bestimmten Tanks unterzubringen, die so aufgestellt sein müssen, daß sie nicht vom Motor oder seinen Rohrleitungen in gefährlichem Maße erwärmt werden können. Die Tanks müssen aus Eisen oder einem gleichwertigen Baustoff öldicht hergestellt, allseitig geschlossen und mit einem Überlauf und einem Entlüftungsrohre von genügender Weite versehen sein. Das Entlüftungsrohr muß über Deck geführt und am Ende gegen das Hineinschlagen von Flammen durch geeignete Einrichtungen (feinmaschige Drahtnetze, Kiestöpfe oder ähnliche gleichwertige Sicherheitseinrichtungen) gesichert, diese selbst müssen gegen Beschädigung geschützt sein. Die Tanks dürfen nur mittels geschlossener Rohrleitung gefüllt werden. Der Inhalt der Tanks muß durch eine zweckdienliche Einrichtung festgestellt werden. Röhrenförmige Ölstandsgläser sind nur zulässig, wenn sie gegen Beschädigung besonders geschützt und selbstschließend eingerichtet sind. Die Zuflußleitung vom Brennstofftank zum Motor muß aus Kupfer hergestellt sein (möglichst in einer Länge). Unmittelbar am Brennstofftank muß in ihr eine Absperrvorrichtung angeordnet sein, die auch vom Deck oder von einem Nebenraume des Maschinenraums aus geschlossen werden kann.

§ 7.

Elektrische Leitungen, Schalter, Steckdosen und dergleichen dürfen weder in den Kofferdämmen noch in den Pumpen- und Tankräumen angelegt, auch nicht durch sie hindurchgeführt sein.

Im übrigen gelten folgende Vorschriften für elektrische Anlagen:

1. Die Spannung darf 110 Volt nicht übersteigen.
2. Kein stromführender Teil darf geerdet werden.
3. Es dürfen nur Leitungen mit Bleimantel oder Kabel verwendet werden.
4. Für Antriebsmaschinen von Stromerzeugern gelten die Vorschriften des § 6.
5. Alle Stromerzeuger und Motoren müssen explosionssicher ausgeführt sein (geschlossene Kapselung). Für die Aufstellung von Motoren gelten die Bestimmungen im § 6 Abs. b.
6. Die Gehäuse von allen Abzweigdosen und Verteilungstafeln müssen schlagwettersicher sein und ganz

aus Metall bestehen. Als Wanddurchführungen für Kabel sind nur wasserdichte Stopfbuchsen zulässig.

7. Außer in Küchen, Wohn- und Schlafräumen müssen alle Akkumulatorenkästen, Apparate und Schalter schlagwettersicher ausgeführt sein.
8. Alle Schalter müssen allpolig abschaltbar sein.
9. Steckdosen müssen mit einer Verriegelung versehen sein, welche das Einstecken und das Herausziehen verhindert, solange die Lampe unter Spannung steht.
10. Sicherungen müssen so eingekapselt sein, daß das Herausschlagen einer Flamme mit Sicherheit verhindert wird.
11. Als Handlampen dürfen nur Akkumulatoren-Handlampen mit einer Verriegelung benutzt werden, die das Auseinandernehmen verhindert, solange die Lampe unter Spannung steht.
12. Die Beleuchtungsarmaturen müssen außer in den Küchen, Wohn, und Schlafräumen explosionssicher ausgeführt und so eingerichtet sein, daß sie nur bei spannungsfreier Glühlampe geöffnet werden können.
13. Zur Beleuchtung der Motor- und Pumpenräume dürfen elektrische Glühlampen außerhalb dieser Räume angebracht werden, wenn sie durch starkwandige, vollkommen dicht (gasdicht) schließende Glasfenster oder Glasglocken von ihnen abgeschlossen sind.

§ 8.

Die zum Füllen und Entleeren der Tanks dienenden Rohrleitungen müssen fest eingebaut sein. Die Motorräume sind von allen Rohrleitungen freizuhalten, die nicht dem Motorbetriebe selber dienen. Die Pumpen nebst Rohrleitungsschaltkasten und Anschlußrohren müssen daher außerhalb der Motorenräume in besonderen, genügend zugänglichen und lüftbaren Räumen aufgestellt werden, die von Motorenräumen nicht unmittelbar zugänglich, gegen diese vielmehr gasdicht abgeschlossen sind. Die Antriebswelle der Pumpe ist bei der Durchführung durch das Trennungsschott zwischen Pumpenraum und Motorraum durch eine gasdichte Stopfbuchse abzudichten. Auf Tankfahrzeugen, die zur Beförderung von feuergefährlichen Flüssigkeiten, d. h. solchen mit einem Flammpunkt unter 21 Grad Celsius, dienen, dürfen die Pumpenräume nicht zwischen den Tanks liegen.

§ 9.

Jedes Tankfahrzeug muß oberhalb der Tiefladelinie mit einem ringsherum laufenden hellblauen Anstrich von 25 Zentimeter Breite versehen sein.

§ 10.

Für jeden Wohnraum, jede Küche, jeden Motorraum und jeden Pumpenraum muß ein zum Löschen brennender Flüssigkeiten geeigneter Feuerlöscher betriebsbereit vorhanden sein. Die Feuerlöscher müssen sich in den Vorräumen oder an den Zugängen zu den genannten Räumen befinden. Sie müssen von dem Lieferer oder einer von der Strom- und Schiffahrtpolizeibehörde zugelassenen Stelle alljährlich auf ihre Gebrauchsfähigkeit geprüft werden. Eine Bescheinigung über das Ergebnis der letzten Prüfung muß sich an Bord befinden.

§ 11.

Werden zum Betriebe der Pumpen Elektromotoren verwendet, die von einer Stelle außerhalb des Tankfahrzeugs mit Strom versorgt werden, so dürfen zur Verbindung zwischen der Stromquelle und Steckkontakt des Motorraums nur besonders stark armierte Kabel (Panzerkabel oder Gummischlauchkabel) verwendet werden. Die Kabel müssen so reichlichen Leitungsquerschnitt haben, daß sie mindestens die eineinhalbfache größte vorkommende Strombelastung ohne unzulässige Erwärmung aushalten.

Auf der Stromentnahmestelle müssen die Kabel mit Sicherungen, die bei einer Belastung von höchstens zwei Drittel der höchstzulässigen Kabelbelastung durchbrennen, gesichert sein.

2. Das hamburgische Landesrecht.

a) Bekanntmachung, betreffend Bestimmungen über die Genehmigung, Untersuchung und Revision der Dampfkessel vom 8. März 1909.

Auf Grund des § 6 des Gesetzes vom 7. Juli 1882, betreffend Prüfung und Revision der Dampfkessel, hat der Senat unter Zustimmung des Bürgerausschusses die nachstehenden Bestimmungen beschlossen, die hiermit zur öffentlichen Kenntnis gebracht werden.

I. Dampfkessel im allgemeinen.

Siehe Hauptteil S. 126 ff.

II. Bewegliche Dampfkessel.

Siehe Hauptteil S. 128 ff.

III. Schiffsdampfkessel.

14. Die in Gemäßheit des § 24 der Gewerbeordnung erforderliche Genehmigung zur Anlegung eines Schiffsdampfkessels hat die nach den Landesgesetzen zuständige Behörde desjenigen Bundesstaates zu erteilen, in welchem sich nach der Erklärung des Unternehmers der Heimatshafen des Schiffes befinden soll. Liegt eine solche Erklärung nicht vor, so ist der Wohnsitz des Schiffseigners oder in Ermangelung eines solchen des Unternehmers maßgebend.

Schiffsdampfkessel, deren Inbetriebnahme in einem Bundesstaat auf Grund des § 24 der Gewerbeordnung und der allgemeinen polizeilichen Bestimmungen genehmigt worden ist, können in allen anderen Bundesstaaten ohne nochmalige vorgängige Untersuchung betrieben werden, sofern seit ihrer letzten Untersuchung nicht mehr als ein Jahr verflossen ist.

15. Die technische Untersuchung einer Schiffsdampfkesselanlage, die nach Maßgabe des § 24 Abs. 3 der Gewerbeordnung vor der Inbetriebnahme des Kessels auszuführen ist, soll in der Regel am Erbauungsorte des Schiffes durch den daselbst zuständigen Sachverständigen erfolgen. Liegt dieser Ort in einem anderen Bundesstaat als der Heimatshafen des Schiffes, so ist bei der Abnahme gleichzeitig festzustellen, ob denjenigen Konzessionsbedingungen, welche nach Maßgabe der im Staate des Heimatshafens etwa geltenden besonderen polizeilichen Bestimmungen vorgeschrieben wurden, entsprochen worden ist.

Bei Schiffsdampfkesseln aus dem Auslande kann die Abnahme in dem Heimatshafen des Schiffes oder in dem ersten deutschen Anlaufshafen vorgenommen werden.

16. Jeder Schiffsdampfkessel ist mindestens alljährlich einer äußeren Revision im Betrieb und alle z w e i Jahre einer inneren Revision zu unterwerfen. Die innere Revision kann durch eine Wasserdruckprobe ergänzt werden. Spätestens nach 6 Jahren muß jeder Schiffsdampfkessel einer Wasserdruckprobe unterworfen werden.

Die regelmäßige Wasserdruckprobe erfolgt in Übereinstimmung mit § 12 Abs. 3 der allgemeinen polizeilichen Bestimmungen über die Anlegung von Schiffsdampfkesseln.

17. Die Bestimmungen der Ziffern 12 und 13 finden auf Schiffsdampfkessel entsprechende Anwendung.

IV. Strafvorschrift.

Zuwiderhandlungen gegen diese Bestimmungen werden mit Geldstrafe bis zu 60 Mk. oder mit Haft bis zu 14 Tagen bestraft.

Gegeben in der Versammlung des Senats,

Hamburg, den 8. März 1909.

b) Bekanntmachung, betreffend Erleichterung bei der Anlegung von Schiffsdampfkesseln vom 7. Juli 1909.

Auf Grund des § 17[4] der allgemeinen polizeilichen Bestimmungen über die Anlegung von Schiffsdampfkesseln vom 17. Dezember 1908 (RGBl. 1909 S. 51) hat der Senat für solche Schiffsdampfkessel (Evaporatoren), welche durch Dampf mittels Rohrschlange geheizt werden, nachfolgende Erleichterungen genehmigt, die hiermit zur öffentlichen Kenntnis gebracht werden.

Zu § 2 der Bestimmungen.

Die Verwendung von Gußeisen für die Wandungen der Evaporatoren ist unter der Bedingung gestattet, daß

1. der Arbeitsdruck 2 Atm. Überdruck nicht übersteigt,
2. ebene Wandungen möglichst vermieden oder in geeigneter Weise kräftig versteift werden,
3. die Belastung der Wandungen der Heizschlangen durch den Dampfdruck nicht größer ist als $^1/_{30}$ der Zugfestigkeit des Materials,
4. überhitzter Dampf für kupferne Heizschlangen nicht verwendet wird,
5. der Probedruck bei der Wasserdruckprobe mindestens doppelt so groß ist wie der Arbeitsdruck und die Heizschlange ebenfalls einer Druckprobe unterzogen wird mit dem doppelten Betrage des höchsten Dampfdruckes desjenigen Kessels, welcher den Heizdampf liefert,
6. die Wasserdruckprobe des Verdampfers und der Heizschlange mit doppeltem Drucke alle zwei Jahre wiederholt wird.

§ 3 findet keine Anwendung.

Zu § 4 und § 5.

Eine Speisevorrichtung und eine Speiseleitung ist genügend.

Zu § 6.

Eine Absperrvorrichtung zwischen dem Kesselkörper und dem Speiseventil ist nicht erforderlich.

Zu § 7.

Abs. 1. Als Vorrichtung zur Erkennung des Wasserstandes ist nur ein Wasserstandsglas erforderlich.

Abs. 2. Für gebogene Verbindungsrohre genügt ein lichter Durchmesser von 20 mm.

§ 8 findet keine Anwendung.

Zu § 9.

Abs. 1. Ein zuverlässiges Sicherheitsventil genügt, wenn es so eingerichtet ist, daß seine Wirksamkeit durch mitgerissenes Wasser möglichst wenig beeinträchtigt wird und wenn der Ventilquerschnitt bei einer Leistungsfähigkeit des Evaporators bis 5000 kg in 24 Stunden mindestens 1100 qmm beträgt. Für jede höhere Leistung ist der Querschnitt um 400 qmm für jede 5000 kg zu erhöhen.

Abs. 3 findet keine Anwendung.

Zu § 10.

Abs. 1. Es ist nur ein Manometer für den Evaporator erforderlich und ein zweites Manometer so anzubringen, daß es den Druck in der Heizschlange anzeigt.

Abs. 2 findet keine Anwendung.

Zu § 11.

Auf dem Fabrikschilde ist eine Ziffer für den niedrigsten Wasserstand nicht erforderlich.

§ 12 Abs. 3 findet keine Anwendung.

§ 17 Abs. 1, 2 und 3 finden keine Anwendung.

Von einer nachträglichen Genehmigung der auf Schiffen bereits aufgestellten, mittels Rohrschlangen geheizten Evaporatoren wird abgesehen, jedoch haben die Besitzer der Anlagen bis zum 1. Januar 1910 die nach den allgemeinen polizeilichen Bestimmungen über die Anlegung von Schiffskesseln vom 17. Dezember 1908 unter Berücksichtigung vorstehender Erleichterungen noch erforderlichen Änderungen auszuführen.

Gegeben in der Versammlung des Senats,

Hamburg, den 7. Juli 1909.

c) Bekanntmachung betreffend Prüfung und Revision von Seeschiffskesseln vom 6. September 1913.

Auf Grund des § 6[4] des Gesetzes vom 7. Juli 1882, betreffend Prüfung und Revision der Dampfkessel, hat der Senat unter Zustimmung des Bürgerausschusses die nachstehenden Bestimmungen beschlossen, die hiermit zur öffentlichen Kenntnis gebracht werden.

I.

Können bei Seedampfschiffen und solchen See-Segel- sowie See-Motorschiffen, welche mit Hilfskesseln ausgerüstet sind, die vorgeschriebenen Kesselrevisionen nicht innerhalb der vorgeschriebenen Fristen unter Berücksichtigung der dafür zugelassenen Überschreitungen durch die zuständigen Beamten erledigt werden, weil sich das Schiff im Auslande befindet, so ist der leitende Maschinist, soweit er im Besitze mindestens des Patentes für Seemaschinisten II. Klasse ist, verpflichtet, spätestens beim Anlaufen des nächsten Auslandshafens die Kessel einer entsprechenden nichtamtlichen Dampf- oder inneren Untersuchung oder Wasserdruckprobe zu unterziehen und hiervon unter Benutzung der vorgeschriebenen Vordrucke[1] ungesäumt an die zur regelmäßigen amtlichen Revision der Schiffskessel zuständige Stelle[2] Bericht zu erstatten. Es bleibt den Reedereien überlassen, die leitenden Maschinisten auf dem Wege der Dienstanweisung zu verpflichten, gegebenenfalls einen Maschineninspektor oder Beauftragten der Reederei zu den Untersuchungen zuzuziehen. Der leitende Maschinist hat eine Abschrift des Untersuchungsberichts den an Bord befindlichen Kesselpapieren anzufügen, ein drittes Exemplar der Reederei zu übersenden.

Der leitende Maschinist ist bei gutem Zustande des Kessels befugt, die innere Revision oder Druckprobe um zwei Monate über den Fälligkeitstermin hinauszuschieben. Die Fristverlängerung darf bei gutem Zustande des Kessels bis zu sechs Monaten betragen, wenn das Schiff voraussichtlich innerhalb dieser Zeit einen in einem deutschen Bundesstaate belegenen Hafen erreicht.

Sofort nach Wiedereintreffen des Schiffes in einem zu einem deutschen Bundesstaate gehörigen Hafen hat der Betriebsunternehmer oder dessen Vertreter bei der für die amtlichen Revisionen der Schiffskessel zuständigen

[1] Muster I—III abgedruckt als Anlagen 1—3 zu dieser Bekanntmachung. Die hinter Anlage 3 abgedruckte Anweisung „zur Beachtung" gilt für Muster I—III. Amtsblatt 1913, S. 631 ff.

[2] Polizeibehörde, Aufsichtsamt für Dampfkessel und Maschinen.

Stelle des Heimathafens[1] die ordnungsmäßige Erledigung der Kesselrevisionen zu beantragen. Es steht ihm jedoch frei, sich an die für die amtlichen Kesselrevisionen zuständige Stelle des Anlaufhafens zu wenden. Diese hat Abschrift des Befundes der zuständigen Stelle des Heimathafens[1] zu übersenden. Die Revisionsfristen werden von dem Zeitpunkte der amtlichen Revisionen an neu berechnet.

Der leitende Maschinist hat sich bei den von ihm auszuführenden nichtamtlichen Revisionen der Kessel unter Dampf sowie bei den Wasserdruckproben eines Kontrollmanometers zu bedienen.

II.

Alljährlich beim ersten Eintreffen der in dem hiesigen Hafen verkehrenden deutschen Seedampfschiffe und solcher deutschen See-Segel- sowie See-Motorschiffe, welche mit Hilfskesseln ausgerüstet sind, sind deren Kesselrevisionsbücher durch den Schiffsführer oder dessen Vertreter der Baupolizeibehörde, Dampfkessel- und Maschinenrevision, vorzulegen.

Ausnahmen von der Verpflichtung zur Vorlegung der Kesselrevisionsbücher werden von der Baupolizeibehörde auf Antrag solchen Reedereien wideruflich gewährt, welche für die Durchführung der regelmäßigen amtlichen Revisionen Gewähr geben.

III.

Zuwiderhandlungen gegen diese Bestimmungen werden mit Geldstrafe bis zu 300 Mk. oder mit Haft bestraft.

Diese Bestimmungen treten am 1. Januar 1914 in Kraft.

Gegeben in der Versammlung des Senats,

Hamburg, den 6. September 1913.

Zur Beachtung.

Anweisung für die leitenden Maschinisten bei der Ausführung von Dampfkessel-Untersuchungen.

Gemäß den Vereinbarungen der verbündeten Regierungen vom 17. Dezember 1908 ist jeder Schiffsdampfkessel mindestens alljährlich einer äußeren Revision im Betrieb und alle zwei Jahre einer inneren Revision zu unterwerfen. Die innere Revision kann der Sachverständige nach seinem Ermessen durch eine Wasserdruck-

---

[1] Polizeibehörde, Aufsichtsamt für Dampfkessel und Maschinen.

probe ergänzen. Spätestens nach sechs Jahren muß jeder Schiffsdampfkessel einer Wasserdruckprobe unterworfen werden; die Druckprobe ist gemäß § 13 der allgemeinen polizeilichen Bestimmungen über die Anlegung von Schiffsdampfkesseln vom 17. Dezember 1908 bei Hauptausbesserungen und auch dann zu wiederholen, wenn ein Schiffskessel durch Wassermangel oder Brandschaden überhitzt oder plötzlich im Betrieb unter Wasser gesetzt und abgekühlt ist.

Die Wasserdruckprobe ist bei Schiffskesseln bis zu 10 Atm. Überdruck mit dem 1½ fachen Betrage des für den Kessel festgesetzten höchsten Überdrucks, mindestens aber mit 1 Atm. Mehrdruck, bei Schiffskesseln über 10 Atm. Überdruck mit einem Drucke, der den festgesetzten um 5 Atm. übersteigt, vorzunehmen.

Der Betriebsunternehmer oder dessen Vertreter hat dem zuständigen Kesselrevisor zu der Zeit, zu welcher die vorgenannten Revisionen auszuführen sind, davon Anzeige zu erstatten, wann und in welchem zu einem deutschen Bundesstaate gehörigen Hafen die Kessel zur Untersuchung bereit gestellt werden können.

Können die vorgeschriebenen Kesselrevisionen nicht innerhalb der vorgeschriebenen Frist oder der etwa dafür behördlich zugelassenen Überschreitung durch den zuständigen amtlichen Kesselrevisor erledigt werden, weil sich das Schiff im Auslande befindet, so ist der leitende Maschinist, soweit er im Besitze mindestens des Patents für Seemaschinisten II. Klasse ist, verpflichtet, spätestens beim Anlaufen des nächsten Auslandhafens die Kessel einer entsprechenden nichtamtlichen Dampf- oder inneren Revision oder Wasserdruckprobe zu unterziehen und hiervon unter Benutzung des vorgeschriebenen Vordrucks ungesäumt an die zur regelmäßigen amtlichen Revision der Schiffskessel zuständige Stelle Bericht zu erstatten. Es bleibt den Reedereien überlassen, die leitenden Maschinisten auf dem Wege der Dienstanweisung zu verpflichten, gegebenenfalls einen Maschineninspektor oder Beauftragten der Reederei zu den Untersuchungen zuzuziehen. Der leitende Maschinist hat eine Abschrift des Untersuchungsberichts den an Bord befindlichen Kesselpapieren anzufügen, ein drittes Exemplar der Reederei einzusenden.

Der leitende Maschinist ist bei gutem Zustande des Kessels befugt, die innere Revision oder Druckprobe um zwei Monate über den Fälligkeitstermin hinauszuschieben. Die Fristverlängerung darf bei gutem Zustande des Kessels bis zu sechs Monaten betragen, wenn das

Schiff voraussichtlich innerhalb dieser Zeit einen in einem deutschen Bundesstaate belegenen Hafen erreicht.

Sofort nach Wiedereintreffen des Schiffes in einem zu einem deutschen Bundesstaate gehörigen Hafen hat der Betriebsunternehmer oder dessen Vertreter bei der für die amtlichen Revisionen der Schiffskessel zuständigen Stelle des Heimathafens[1] die ordnungsmäßige Erledigung der Kesselrevisionen zu beantragen. Es steht ihm jedoch frei, sich an die für die amtlichen Kesselrevisionen zuständige Stelle des Anlaufhafens zu wenden. Die Revisionsfristen werden von dem Zeitpunkte der amtlichen Revisionen an neu berechnet.

Der leitende Maschinist hat sich bei den von ihm auszuführenden nichtamtlichen Revisionen der Kessel unter Dampf sowie bei den Wasserdruckproben eines Kontrollmanometers zu bedienen.

d) Bekanntmachung, betreffend Grundsätze für den Bau, die Ausrüstung und den Betrieb von Dampfüberhitzeranlagen auf Seeschiffen vom 6. Dezember 1912.

Der Senat bringt hierdurch nach erfolgter Zustimmung des Bürgerausschusses die nachfolgenden Grundsätze zur öffentlichen Kenntnis mit dem Bemerken, daß diese Grundsätze mit den Seeuferbundesstaaten Preußen, Oldenburg, Mecklenburg-Schwerin, Bremen und Lübeck vereinbart worden sind.

Grundsätze für den Bau, die Ausrüstung und den Betrieb von Dampfüberhitzeranlagen auf Seeschiffen.

1. Dampfüberhitzeranlagen bilden, soweit sie nicht als selbständige Anlagen außerhalb des Kesselraumes betrieben werden, wesentliche Bestandteile der genehmigungspflichtigen Dampfkesselanlagen. Sie sind daher bei neuen Dampfkesselanlagen in die nach § 24 der Gewerbeordnung zu erteilende Genehmigung einzuschließen. Zu dem nachträglichen Einbau eines Überhitzers in eine bestehende Dampfkesselanlage ist die Genehmigung nach § 25 der Gewerbeordnung erforderlich. Bei der Anlegung sind die zur Erläuterung erforderlichen Zeichnungen und Beschreibungen des Überhitzers einzureichen, aus denen die Bauart, das Material der Rohre, Ventile, Ventilkästen, Stutzen usw., sowie die Anordnung der Sicherheitsventile zu ersehen sind. Bei der Genehmigung sind, soweit es erforderlich ist, die nachstehenden Grundsätze zur Richt-

[1] Baupolizeibehörde, Dampfkessel- und Maschinenrevision.

schnur für etwa vorzuschreibende Bedingungen zu nehmen.

2. Überhitzer (Rohrsystem, Rohrschlangen usw.).

Alle der Überhitzung dienenden Teile müssen aus nahtlosen Flußeisenrohren oder anderen zweckentsprechenden, zähen Materialien bestehen. Plattenüberhitzer müssen ebenfalls aus nahtlosen Rohren und flußeisernen Platten hergestellt werden.

3. Sammelkästen, Stutzen und Ventile.

Die an die Überhitzer sich anschließenden Sammelkästen und -Stutzen sind, soweit sie mit den Feuergasen in Berührung kommen, aus Flußeisen oder anderen zweckentsprechenden, zähen Materialien herzustellen. Gußeisen und Temperguß ist für alle außerhalb der Feuergase liegenden Überhitzerteile gestattet, sofern die Dampfspannung 10 Atm. nicht übersteigt, der lichte Durchmesser kreisförmig und die lichte Weite nicht größer ist als 250 mm, jedoch müssen solche Materialien mindestens den Bedingungen entsprechen, die vom Deutschen Verbande für die Materialprüfungen der Technik an Maschinenguß für hohe Festigkeit aufgestellt sind.

4. Ventile.

Jeder Überhitzer muß aus der Dampfleitung ausschaltbar sein. Die Absperrventile müssen tunlichst nahe dem Überhitzer angebracht werden. Überhitzer müssen mit einem zuverlässigen Sicherheitsventil von hinreichender Größe versehen sein. Das Sicherheitsventil muß so beschaffen sein, daß es jederzeit gelüftet und auf seinem Sitz gedreht werden kann. Der lichte Durchmesser des Sicherheitsventils darf nicht geringer als 25 mm sein. Das Sicherheitsventil muß so angeordnet sein, daß es auch bei abgesperrter Dampfleitung wirksam bleibt. Erforderlichenfalls ist das Sicherheitsventil mit einem Dampfabblaserohr zu versehen.

5. Temperaturmessung.

Überhitzer müssen mit einer geeigneten Vorrichtung zur dauernden Überwachung der Heißdampftemperaturen ausgerüstet sein.

6. Entwässerung.

Die Überhitzer sind so einzurichten, daß sie, erforderlichenfalls durch Ausblasen, vom Wasser befreit werden können.

7. Firmenschild.

An jeder Überhitzeranlage muß Name und Wohnort des Fabrikanten, die festgesetzte höchste Dampfspannung, die laufende Fabriknummer und das Jahr der Anfertigung an geeigneter Stelle auf eine leicht erkennbare Weise angegeben sein. Die Angaben sind auf einem metallenen Schilde anzubringen, das in dauerhafter Weise an dem Überhitzer so befestigt werden muß, daß die Befestigungsstellen mit einem amtlichen Stempel versehen werden können.

8. Bauprüfung — Druckprobe.

Jeder Überhitzer ist vor der Inbetriebnahme einer Bauprüfung und Wasserdruckprobe zu unterziehen. Die Wasserdruckprobe ist mit doppeltem Betriebsdrucke vorzunehmen.

Die Überhitzeranlage ist mit einem Kontrollstutzen zur Anbringung des amtlichen Manometers zu versehen. Zum Zeichen der bestandenen Bauprüfung und Wasserdruckprobe sind die Befestigungsstellen des Fabrikschildes mit dem amtlichen Stempel zu versehen.

9. Laufende Besichtigungen.

Bei Gelegenheit der äußeren Revision des Dampfkessels ist auch die Überhitzeranlage soweit als möglich zu besichtigen. Ebenso ist bei den regelmäßigen Wasserdruckproben der Dampfkessel die Überhitzeranlage mit dem für den zugehörigen Dampfkessel vorgeschriebenen Probedruck zu prüfen.

Sammelstutzen und Überhitzerrohre sind nach Anordnung des prüfenden Beamten, soweit es erforderlich ist, der Besichtigung zugänglich zu machen.

Gegeben in der Versammlung des Senats,

Hamburg, den 6. Dezember 1912.

e) Allgemeine Grundsätze für den Bau, die Ausrüstung und den Betrieb von Ölfeuerungsanlagen auf Seeschiffen vom 19. April 1922 in der Fassung der Verordnungen vom 27. April 1925 und 9. Januar 1930.

Der Senat bringt die unter Zustimmung des Bürgerausschusses beschlossenen Allgemeinen Grundsätze für den Bau, die Ausrüstung und den Betrieb von Ölfeuerungsanlagen auf Seeschiffen hiermit zur öffentlichen Kenntnis.

I.

Ölfeuerungsanlagen bilden wesentliche Bestandteile der genehmigungspflichtigen Dampfkesselanlagen; sie sind daher bei Neuanlagen in die nach § 24 GO. zu erteilende Genehmigung einzuschließen. Zu dem nachträglichen Einbau einer Ölfeuerung in eine bestehende Dampfkesselanlage ist die Genehmigung nach § 25 GO. erforderlich.

Bei der Anlegung sind die zur Erläuterung erforderlichen Zeichnungen und Beschreibungen der Ölfeuerungsanlage einzureichen. Bei der Genehmigung sind die nachstehenden Grundsätze zur Richtschnur für etwa vorzuschreibende Bedingungen zu nehmen.

1. Der Flammpunkt des verwendeten Heizöls darf nicht unter 65 Grad Celsius liegen. Über den Flammpunkt des an Bord genommenen Heizöls muß von dem Verkäufer eine von einem anerkannten Sachverständigen ausgestellte Bescheinigung beigebracht werden. Abschrift der Bescheinigung ist dem Maschinenraumtagebuch beizufügen.
2. Öltanks und -bunker müssen den Bauvorschriften der Verordnung über die Ausführung von Anstreicherarbeiten in Schiffsräumen vom 2. Februar 1921 (Reichs-Gesetzbl. S. 142) entsprechen. Ölbunker über den Kesseln und übergebaute Bunker sind möglichst zu vermeiden. Sollte sich diese Anordnung nicht vermeiden lassen, so sind die Bunker gegen Erhitzung sachgemäß zu schützen. Auch ist für gefahrlose Ableitung des Lecköls zu sorgen. Diese Bunker sowie neben den Kesseln an der Außenhaut liegende Bunker müssen genügend unterteilt sein. Bei Passagierschiffen dürfen die Unterabteilungen nicht über 6,5 Meter lang sein.

   Falls ölführende Doppelbodenzellen unter den Kesseln angebracht werden, ist auch der Boden des Kessels sachgemäß zu bekleiden. Doppelbodenzellen für Heizöl müssen ein dichtes Mittelschott haben, soweit sie nicht an den Enden des Schiffes liegen. Vorratstanks müssen, soweit erforderlich, mit Schlagplatten ausgerüstet sein.

   Der Abstand zwischen Kessel und den Boden- und Seitentanks muß genügend groß sein.

   Apparate und Hilfsmaschinen dürfen nicht unmittelbar an den Wänden der Ölbunker angebracht werden.
3. Speise- und Trinkwasserzellen müssen durch eine Leerzelle von den Ölzellen getrennt sein.

4. Durch Sachverständigenbescheinigungen ist der Nachweis zu erbringen, daß die ölführenden Doppelbodenzellen und die übrigen Ölbehälter auf Dichtigkeit geprüft sind mit einer Wassersäule entsprechend der wirklich vorkommenden größten Druckhöhe, vermehrt um 10 Prozent, — mindestens aber 3,5 Meter über dem höchsten Punkt der Tankdecke —, oder, wenn die Tankdecke unter der Tiefladelinie liegt, mit einer Wassersäule von 3,5 Meter über der Tiefladelinie. Tagestanks und freistehende Tanks sind mit demselben Druck wie vorstehend, mindestens aber mit einer Wassersäule von 5 Metern über der vorhandenen größten Druckhöhe auf Dichtigkeit zu prüfen.

5. Es muß dafür gesorgt werden, daß in ölführenden Zellen und Tanks eine Ausdehnung des Öls bei Erwärmung möglich ist. Es kann ein besonderer Ausdehnungstank von genügender Größe vorgesehen werden, durch den ein Ausgleich etwa auftretenden Überdrucks ermöglicht wird. Sind keine Überlaufrohre vorhanden, so ist der Querschnitt der Luftrohre eines jeden Behälters nicht kleiner als der Querschnitt der Füllrohre zu wählen. Werden Überlaufrohre an den Behältern angebracht, so ist der Querschnitt nicht kleiner zu wählen als der Querschnitt der Füllrohre.

6. Ölzellen und Öltanks müssen mit einem über Deck geführten, nach unten gebogenen Entlüftungsrohr (Schwanenhals) von genügender Weite versehen sein, das am Ende durch ein feinmaschiges Drahtnetz feuersicher abgeschlossen und gegen Beschädigung geschützt sein muß.

Der Stand des Öles muß in allen Tanks durch eine zweckdienliche Einrichtung festgestellt werden können; entweder durch Peilrohre oder mittels eines anderen bewährten Zeigeapparates. Werden Peilrohre angewandt, so dürfen sie nicht in Passagier- oder Mannschaftsräume ausmünden. An den Stellen, wo Luft- oder Peilrohre oder Verbindungen mit Anzeigevorrichtungen durch Laderäume geführt sind, müssen Schutzvorrichtungen für die Rohre angebracht werden. Alle Peilrohre sind mit sicheren Verschlüssen zu versehen und müssen mindestens so hoch geführt werden wie die Luftrohre. Lassen sich die Peilrohre aus örtlichen Gründen nicht nach oben durchführen, so können mit Genehmigung der zuständigen Aufsichtsbehörde kurze Peilrohre mit selbsttätig wirkenden Verschlüssen in Anwendung gebracht werden.

Röhrenförmige Ölstandsgläser an Tanks oder ölführenden Apparaten sind nicht zulässig.

Um das Heizöl zum Ansaugen genügend dünnflüssig zu machen, sind geeignete Anwärmevorrichtungen vorzusehen.

7. Heizöltanks, die über dem Doppelboden liegen, müssen in der Saugleitung unmittelbar am Tank, falls ein Kofferdamm vorhanden ist, unmittelbar an diesem eine Abschlußvorrichtung erhalten, die von dem darüberliegenden Deck oder von einem Nebenraum aus geschlossen werden kann.

8. Die Heizölpumpen dürfen nur für ihre Zwecke verwandt werden können, ihre Rohrleitungen sind dementsprechend anzuordnen. Von Heizölbetriebspumpen, Filtern und Vorwärmern müssen zwei Einheiten von genügender Größe vorhanden sein.

Die Heizölpumpen müssen ein zuverlässiges Sicherheitsventil mit einem Abflußrohr nach der Saugeleitung haben. Heizölpumpen und maschinelle Lüfter müssen sich auch von dem darüberliegenden Deck oder von einem Nebenraum aus abstellen lassen.

9. Heizöl-, Sauge- und Druckleitungen sind aus nahtlosen flußeisernen Rohren herzustellen.

Die Druckleitungen sind sichtbar über Flur in gut erleuchtete Teile des Heiz- und Maschinenraumes zu verlegen.

Die Verbindungsflanschen der Rohre müssen sauber bearbeitet und öldicht sein.

Ist nur ein Dampfkessel für die Hauptmaschine vorhanden, so muß die Druckleitung der Heizölbetriebspumpen doppelt vorgesehen sein. Sind mehrere Kessel vorhanden, so muß es möglich sein, bei der Beschädigung eines Rohrstranges, die den Ausfall eines Kessels zur Folge hat, die anderen Kessel weiter mit Heizöl zu versorgen.

10. Die von den Heizölpumpen nach den Brennern führenden Druckleitungen und die in diese eingebauten Ölvorwärmer und Armaturen sind nach dem Einbau einer Wasserdruckprobe mit doppeltem Ölpumpenbetriebsdruck, mindestens mit 28 Atm. Überdruck, alle übrigen ölführenden Leitungen innerhalb der Kessel- und Maschinenräume einer Wasserdruckprobe mit 5 Atm. Überdruck zu unterwerfen.

11. Die Ölbrenner müssen durch ein Schnellschlußventil besonders abgestellt werden können.

12. Die Feuerung ist, soweit erforderlich, mit Schamotte auszukleiden. Durch geeignete Einrichtungen ist dafür zu sorgen, daß beim Versagen der Brenner das Heizöl unschädlich gemacht wird und insbesondere nicht in den Kesselraum eintreten kann.

13. Unter den Ölpumpen, den ölführenden Apparaten und den Anheizvorwärmern müssen geeignete Auffangschalen für abtropfendes Öl angebracht sein. Für den Abfluß sind geeignete Rinnsteine oder Kofferdämme sachgemäß anzuordnen und derart zu unterteilen, daß eine Ausbreitung von Feuer nach Möglichkeit verhindert wird.

14. Anheizvorwärmer mit offener Flamme sind möglichst zu vermeiden.

15. Falls die Dampfkessel für Ölfeuerung eingerichtet sind, sollten Dämpfer im Schornstein nicht vorhanden sein. Etwa vorhandene Dämpfer dürfen nicht dicht abschließen und müssen in ganz geöffneter Stellung sicher befestigt werden können.

Rauchfangtüren, -decken und -seitenwände müssen mit Schutzblechen gegen Wärmeausstrahlung versehen sein. Die Rauchfangtüren müssen gut schließen, die Schornsteinhalsverbindungen luftdicht sein.

16. In jedem Heizraum ist für je zwei Dampfkessel mindestens ein Kasten mit mindestens 0,5 cbm Sand oder mit anderen trockenen feuerlöschenden Stoffen und mit Schaufeln zur Verteilung der Löschstoffe aufzustellen. Außer den gebräuchlichen Feuerlöscheinrichtungen mit Dampf und Wasser müssen in Kessel- und Maschinenräumen chemische Feuerlöschvorrichtungen, die zum Löschen brennender Flüssigkeiten geeignet sind, in genügender Anzahl vorhanden und sachgemäß verteilt sein. Sie müssen in bestimmten Zeitabschnitten auf ihre Brauchbarkeit geprüft werden. Eines der Schlauchmundstücke der Feuerlöscheinrichtung mit Wasser muß so eingerichtet sein, daß beim Löschen ein fächerartiger Strahl erzeugt wird.

Auf Passagierschiffen muß außerdem an geeigneter Stelle eine Anlage vorhanden sein, die Schaum oder andere gleichwertige Löschmittel in größerer Menge erzeugen kann. Die Anlage ist mit geeigneten Schläuchen von genügender Länge zu versehen.

Es ist ferner dafür Sorge zu tragen, daß die natürliche Ent- und Belüftung der Räume im Falle eines Brandes soweit wie möglich unterbrochen werden kann. Die Maschinenoberlichter sollten so eingerichtet sein, daß sie auch von einer Stelle außerhalb des Maschinenraumes geöffnet und geschlossen werden können. Auf Motor-Passagierschiffen und auf solchen Motorschiffen, in denen ölgefeuerte Hilfskessel im Maschinenraum ohne Umschottung aufgestellt sind, müssen die Maschinenoberlichter von einer Stelle außerhalb des Maschinenraumes betätigt werden können.

17. Undichtigkeiten an ölführenden Rohrleitungen sind sofort zu beseitigen.

18. Vor dem Anzünden der Ölbrenner müssen die Feuerzüge gut durchgelüftet sein.

Beim Anstellen der Ölbrenner ist erst die Luftzufuhr und dann die Ölzufuhr zu öffnen.

Beim Abstellen der Ölbrenner ist erst die Ölzufuhr und dann die Luftzufuhr zu schließen.

Um die richtige Reihenfolge der Handhabung zu gewährleisten, sind die Öl- und Luftabsperreinrichtungen, soweit wie möglich, entsprechend zu verriegeln. Bei auswechselbaren Ölbrennern ist mit ihrer Befestigungsvorrichtung möglichst eine Verblockung des Schnellschlußventils für Heizöl zu verbinden.

Das Bedienungspersonal hat sich beim Anzünden der Brenner sowie bei dem späteren Beobachten der Verbrennung durch die dafür vorgesehenen Öffnungen nicht vor diesen Öffnungen, sondern seitlich von ihnen aufzustellen.

An der Stirnwand eines jeden mit Öl befeuerten Kessels ist ein Schild mit folgender Aufschrift anzubringen: „Achtung! Explosionsgefahr! Vor jedem Anzünden Feuerzüge gut durchlüften."

19. Die Fackeln zum Anzünden der Brenner sind nach jedesmaligem Gebrauch in hierzu vorgesehenen Löschrohren sorgfältig zu löschen.

20. Reinlichkeit ist für die Sicherheit unbedingt erforderlich. Die Ansammlung von Heizöl in Bilgen, Brunnen, Rinnsteinen, Auffangschalen, auf Tankdecken oder auf Flurplatten ist durch häufige Reinigung zu verhindern. Die Rinnsteine müssen gut zugänglich sein.

Die Räume über Tankdecke und Bilgen im Kessel- und Maschinenraum müssen ausreichend beleuchtet sein und möglichst vom Flurboden aus beobachtet werden können.

21. Brennbare Gegenstände — mit Ausnahme des Feuerungsmaterials bei gemischter Feuerung — dürfen im Kesselraum sowie in den Räumen, wo Ölpumpen, Heizöltanks und Anheizvorwärmer aufgestellt sind, nicht aufbewahrt werden.

22. Für Durchlüftung der Heiz-, Maschinen- und Pumpenräume, insbesondere der Räume zwischen Kessel und Heizölbunker und Heizöldoppelboden ist zu sorgen. In Räumen, in denen sich Öldämpfe ansammeln können, darf keine Beleuchtung verwendet werden, die solche Dämpfe entzünden kann.

23. Ehe ein Tank oder Bunker, der Ölbrennstoff enthielt, betreten wird, muß das Öl entfernt und dafür gesorgt werden, daß die Öldämpfe durch geeignete Einrichtungen entfernt sind und die Ungefährlichkeit der Luft in demselben festgestellt ist. Während des Verweilens in diesen Räumen ist für die Sicherheit des Personals zu sorgen, insbesondere durch geeignete ständige Überwachung.

Vor dem Befahren der Kessel ist für eine ausreichende Durchlüftung der Feuerzüge zu sorgen. Den mit der Reinigung vertrauten Personen sind geeignete Atemschützer und Fettsalbe zum Einreiben der Haut zur Verfügung zu stellen, um gesundheitsschädlichen Auswirkungen des Staubes der Ölverbrennungsrückstände vorzubeugen. Die Atemschützer sind nach jeder Verwendung gründlich zu reinigen und auf ihre Brauchbarkeit zu prüfen. Bevor ein schon benutzter Atemschützer an eine andere Person ausgegeben wird, ist er zu desinfizieren.

24. In jedem Maschinenraum sind Zeichnungen über Lage der Heizöltanks, der Heizölabteilungen mit zugehörigen Abschlüssen sowie der Ölheizungsanlagen, außerdem in jedem Heiz- und Maschinenraum die in den Ziffern 16 bis 23 enhaltenen Bedienungsvorschriften für Ölfeuerungen an in die Augen fallender Stelle anzubringen.

II.

Das Aufsichtsamt für Dampfkessel und Maschinen kann in besonderen Fällen Ausnahmen von vorstehenden allgemeinen Grundsätzen gewähren.

Gegeben in der Versammlung des Senats,

Hamburg, den 19. April 1922.

f) Ausführungsbestimmungen zur Verordnung über entgeltliche Personenbeförderung im Hamburger Hafen vom 29. März 1928 (im Auszug).

In Ausführung der Verordnung über entgeltliche Personenbeförderung im Hamburger Hafen vom 29. März 1928 (Hamburgisches Gesetz- und Verordnungsbl. S. 109) wird auf Grund des § 20a des Gesetzes, betreffend das Verhältnis der Verwaltung zur Rechtspflege, in der Fassung vom 8. Oktober 1923 folgendes bestimmt:

A. Allgemeines.

§ 1.

Die Fahrzeuge mit ihren Ausrüstungsgegenständen müssen stets in betriebssicherer Beschaffenheit gehalten werden. Mindestens alljährlich werden sie einer behördlichen Besichtigung unterzogen.

Regelmäßige Besichtigungen zur Feststellung des baulichen Zustandes des Schiffskörpers und der maschinellen Einrichtungen finden mindestens alle zwei Jahre, Besichtigungen der Maschine während des Betriebes alljährlich auf Kosten des Unternehmers statt..

Ergibt die Besichtigung Mängel, so ist die Polizeibehörde befugt, bis zu deren Abstellung das Fahrzeug von der Benutzung zur entgeltlichen Personenbeförderung auszuschließen.

Die Besichtigungen sind nach dem gesetzlichen Schragen gebührenpflichtig.

Von der behördlichen Besichtigung des Schiffskörpers kann abgesehen werden, wenn eine weniger als zwei Jahre alte Bescheinigung einer anerkannten Klassifikationsgesellschaft, bei welcher das Fahrzeug klassifiziert ist, vorgelegt wird, nach der Mängel an der baulichen Beschaffenheit und Ausrüstung des Schiffes nicht vorhanden sind.

§§ 2—6 . . . . .

B. Dampfer.

(Hafenverkehrs- und -rundfahrtdampfer.)

I. Bauvorschriften.

§ 7.

Jedes Fahrzeug unterliegt hinsichtlich der baulichen Beschaffenheit des Schiffskörpers, der Maschinen, der Kessel und der Ausrüstung der Aufsicht der Polizeibehörde.

§§ 8—10 . . . . .

§ 11.

Die Maschinenanlage muß zuverlässig arbeiten und gut manöverierfähig sein. Der Nachweis ist auf einer Probefahrt des Schiffes zu führen.

Der Polizeibehörde sind vor der Zulassung die erforderlichen Zeichnungen und Beschreibungen zur Genehmigung einzureichen. Das Material der hauptsächlichsten Maschinenteile ist zu prüfen. Die Zylinder sind einer Wasserdruckprobe zu unterziehen. Die erforderlichen Prüfungen sind durch Beamte des Aufsichtsamts für Dampfkessel und Maschinen vorzunehmen.

Für die Speisung der Kessel müssen zwei durch Dampf getriebene Vorrichtungen vorhanden sein; für die Lenzhaltung des Schiffes genügt eine solche Vorrichtung, welche jedoch nicht von der Betriebsmaschine abhängig sein darf.

§§ 12—19 . . . . .

C. Motorschiffe.

I. Bauvorschriften.

§ 20.

Die in den §§ 7 bis 19 enthaltenen Vorschriften gelten sinngemäß auch für Motorschiffe, soweit nachstehend nichts anderes bestimmt ist.

§ 21.

Die Maschinenanlage muß von solcher Bauart sein, daß sie aus der Ruhe sofort anspringen kann, sich schnell und genügend oft umsteuern läßt und eine hinreichende Verminderung der Umdrehungszahl ermöglicht. Der Nachweis ist auf einer Probefahrt des Schiffes zu führen.

Der Motor ist so aufzustellen, daß er von allen Seiten gut zugänglich ist.

Der Motorraum ist durch öldicht genietete Schotten von den übrigen Räumen des Schiffes abzuschließen.

Für eine genügende Ventilation des Motorraumes ist Sorge zu tragen. Das Kurbelgehäuse ist erforderlichenfalls mit einer geeigneten Entlüftung zu versehen.

Die Gase, die aus den Sicherheitsventilen oder aus den Probierhähnen an den Arbeitszylindern entweichen, sind an ungefährdeter Stelle abzuleiten. Die Maschinenraumoberlichter müssen auch von Deck aus geöffnet und geschlossen werden können.

Der Motorraum muß stets sauber gehalten werden; Putzwolle darf nur in eisernen Behältern aufbewahrt werden.

Öfen zur Erwärmung dürfen in den Motor- und Vorratsräumen für Brennstoff nicht aufgestellt werden.

Zur künstlichen Beleuchtung des Motorraumes oder Brennstoff-Vorratsraumes dürfen nur elektrische oder Sicherheitslampen verwendet werden, welche sicher befestigt sind.

Der Boden des Motorraumes muß aus geriffeltem Eisenblech bestehen. Die Bilgen müssen zur bequemen Reinigung und Trockenhaltung zugänglich sein.

§ 22.

Die Auspuffrohre sind nach gehöriger Schalldämpfung an geeigneter Stelle ins Freie zu führen, Auspuffrohre und Auspufftopf sind ausreichend zu isolieren und, soweit erforderlich, durch Wasser zu kühlen. Am Auspufftopf sind Reinigungsöffnungen und eine Sprengplatte oder eine gleichartige Sicherheitsvorrichtung vorzusehen. Die Flanschen der Auspuffleitung müssen so beschaffen sein, daß die Packung nicht herausgeblasen werden kann. Die Auspuffleitung darf nicht durch den Brennstoffvorratsraum geführt werden und muß von brennbaren Stoffen genügend weit entfernt bleiben.

§ 23.

Die Brennstoffvorratstanks müssen in einem besonderen, allseitig geschlossenen, öldichten Raum untergebracht werden. In dem Motorraum selbst darf nur Brennstoff für den Tagesbedarf aufbewahrt werden. Die Brennstoffbehälter müssen von Zündvorrichtungen und Auspuffrohren möglichst weit entfernt angeordnet werden, mit einem Überlaufrohr und mit einem über Deck geführten Entlüftungsrohr von genügender Weite versehen sein, das am Ende durch ein feinmaschiges Drahtnetz feuersicher abgeschlossen und gegen Beschädigung geschützt sein muß. Unmittelbar an jedem Brennstoffbehälter muß eine Absperrvorrichtung vorhanden sein, die auch von dem darüberliegenden Deck oder von einem Nebenraume aus geschlossen werden kann. Werden die Behälter mit gläsernen Standrohren versehen, so müssen diese selbstschließend eingerichtet sein und eine metallene Schutzvorrichtung erhalten.

Alle Brennstoffbehälter sind auf Dichtigkeit zu prüfen.

Betriebsstoffe, deren Entflammungspunkt unter 65 Grad Celsius liegt, dürfen nicht verwandt werden; der Entflammungspunkt muß vor der Übernahme festgestellt werden.

Das Füllen der Brennstoffbehälter darf nur von außenbords, mittels festverlegter Rohrleitungen erfolgen.

Bei der Übernahme des flüssigen Brennstoffes dürfen Passagiere sich nicht an Bord befinden.

Der Brennstoffvorratsraum darf zur Aufbewahrung von Materialien nicht benutzt werden.

§ 24.

Die Brennstoffleitungen sind aus nahtlosen Rohren herzustellen. Die Rohrflanschen und Rohrverbindungen müssen sauber gearbeitet und öldicht sein.

Alle Brennstoffleitungen sind auf Dichtigkeit zu prüfen, sorgfältig zu befestigen und so zu verlegen, daß sie geschützt sind und ihre Ausdehnung nicht behindert ist.

§ 25.

Alle Druckluftleitungen sind auf Dichtigkeit zu prüfen.

Druckluftbehälter für Einblase- und für Anlaßluft sind mit einem Manometer, einem Sicherheitsventil und einer Entwässerungsvorrichtung zu versehen. Die Behälter sind einer amtlichen Wasserdruckprobe, mindestens von der 1,5fachen Höhe des Betriebsüberdruckes, zu unterwerfen, welche alle vier Jahre zu wiederholen ist. Zeichnungen der Behälter mit Angaben über Material und Ausführung sind der Baupolizeibehörde, Aufsichtsamt für Dampfkessel und Maschinen, zur Prüfung vorzulegen.

§ 26.

Werden die Motore mit Druckluft angelassen oder umgesteuert, so müssen zwei Auffülleinrichtungen für die Druckluftbehälter vorhanden sein, von denen die eine in einem von der Hauptmaschine unabhängigen Kompressor bestehen muß.

Zur Lenzhaltung des Schiffes muß eine Vorrichtung vorhanden sein, welche nicht von der Betriebsmaschine abhängig ist.

II. Ausrüstung.

§ 27.

Außer einer Feuerlöschvorrichtung (Handdruckpumpe oder maschinelle Einrichtung) müssen im Motorraum zum Löschen brennender Flüssigkeiten von der Polizeibehörde als geeignet anerkannte chemische Handfeuerlöscher in genügender Anzahl vorhanden und sachgemäß verteilt sein. Die Feuerlöschapparate sind dauernd in gebrauchsfähigem Zustand zu halten.

D. Barkassen.

Als Barkassen im Sinne dieser Verordnung sind solche durch Maschinenkraft bewegte Fahrzeuge anzusehen, die vollständig offen oder nur teilweise mit einem Deck versehen sind.

I. Bauvorschriften.

§ 28.

Der Polizeibehörde sind vor der Zulassung die erforderlichen Zeichnungen und Beschreibungen der baulichen Einrichtungen und der Maschinenanlage der Barkasse in doppelter Ausfertigung zur Prüfung einzureichen.

Falls maschinelle Einrichtungen anderer Art als in den §§ 32—38 beschrieben zur Anwendung kommen sollen, ist die besondere Genehmigung der Polizeibehörde erforderlich.

§§ 29—30 . . . . .

§ 31.

Bei Dampfbarkassen muß die Kessel- und Maschinenanlage durch Schutzbleche und Schutzstangen von dem Raum für die Fahrgäste derart getrennt sein, daß eine Gefährdung von Personen durch maschinelle Einrichtungen ausgeschlossen ist.

Die Feuerstelle muß von allen brennbaren Teilen des Fahrzeuges genügend gesichert und mit einem geschlossenen Aschfalle versehen sein.

Die Maschine muß in allen Kurbelstellungen anspringen. Von dem Steuerstand müssen außer dem Sprachrohr eine Signalglocke oder ein Maschinentelegraph nach dem Maschinenraum führen.

§ 32.

Die Motoranlage muß zuverlässig und gut manövrierfähig sein, was auf einer Probefahrt festzustellen ist.

Verbrennungsmotore mit offenen Heizlampen (Glühhaubenmotore) sind nur mit besonderen Vorsichtsmaßregeln, welche für jeden Fall behördlich festgesetzt werden, gestattet.

Verbrennungsmotore müssen gut zugänglich, jedoch feuersicher eingeschlossen sein. Das Gehäuse ist so einzurichten, daß etwa sich entwickelnde Gase leicht abziehen können. Vor und hinter dem Motor ist die Bilge durch eiserne, öldichte Wände von dem übrigen Raum abzuschließen. Die Bilgen müssen zur bequemen Reinigung und Trockenhaltung zugänglich sein und durch geeignete Einrichtungen frei von Gasen gehalten werden.

Der Raum des Brennstoffbehälters der Explosionsmaschinen ist mit ausreichenden Lüftungsöffnungen zum Abzug etwa sich entwickelnder Gase zu versehen.

§ 33.

Die Behälter zur Aufnahme flüssigen Brennstoffes sind aus zähem, rostsicherem Material herzustellen. Die Nähte können geschweißt, genietet oder doppelt gefalzt sein. Genietete oder gefalzte Nähte müssen außerdem gelötet sein.

Die Behälter sind vom Motor und von der Auspuffleitung so weit entfernt aufzustellen, daß sie einer Erwärmung entzogen sind und Feuer vom Motor sich nicht auf den Behälter übertragen kann. Die Behälter müssen mit mindestens einem Schmelzpfropfen versehen sein und sind in sicherer Weise zu befestigen und einzuschließen. Unter dem Behälter muß eine geeignete Auffangschale vorhanden sein, die stets rein zu halten ist. Der Einbau der Behälter in die Bilge ist nicht zulässig.

Das Füllrohr muß mit dem Behälter fest verbunden und durch ein auswechselbares feinmaschiges Drahtnetz gegen das Hindurchschlagen von Flammen gesichert sein. Beim Füllen mittels Trichters muß der Trichter aufgeschraubt werden können. Eine geeignete Vorrichtung muß vorhanden sein,durch welche die Menge des vorhandenen Brennstoffes festgestellt werden kann. Alle Armaturteile müssen mit dem Behälter sicher verbunden sein. Die Verbindungsstellen sind durch Schweißen oder Löten abzudichten.

Erfolgt die Zuführung des Brennstoffes durch den Druck der Auspuffgase, so ist ein Druckminderventil mit vorgeschaltetem, feinmaschigem Drahtnetz in die Druckgasleitung einzubauen. Außerdem muß eine Einrichtung zum schnellen Ablassen des Druckes vorhanden sein.

Die Behälter sind mit einem Wasserdruck von mindestens 1 Atm. auf Dichthalten zu prüfen. Die Druckprobe ist mindestens alle vier Jahre zu wiederholen. Durch Werkbescheinigung ist nachzuweisen, daß der Behälter bei dem Probedruck vollständig dicht gewesen ist.

Die Aufbewahrung kleinerer Mengen Brennstoff mit einem Flammpunkt unter 21 Grad Celsius darf außerhalb der Brennstoffbehälter nur in explosionssicheren Gefäßen erfolgen.

§ 34.

Alle Brennstoffrohrleitungen sind sorgfältig zu befestigen und in öldichte Rinnen so zu legen, daß sie geschützt sind und ein Ausgleich von Längenänderungen nicht behindert ist. Einzelne Rohrstücke sind durch eine über beide Rohrenden geschraubte und verlötete Muffe oder durch eine Verschraubungsart mit metallischen Dichtungsflächen (Kegel- oder Kugelnippel, gestauchte Rohrenden) zu verbinden. In gleicher Weise ist die Befestigung der Rohre mit den Absperrungsvorrichtungen und Armaturteilen auszuführen, falls sie nicht hart eingelötet sind. Flanschenverbindungen mit Stoffpackung sind unzulässig. Alle mit der Brennstoffleitung verlöteten Nippel müssen hart gelötet sein, während an den Brennstoffbehältern und ihren Armaturteilen, wenn die Lötung nur den Zweck hat, abzudichten, Weichlötung zulässig ist. In dem Zuflußrohr zur Maschine ist beim Brennstoffbehälter und bei der Maschine je eine Absperrvorrichtung einzuschalten, welche leicht zugänglich sein muß. Bei Brennstoffen unter 21 Grad Celsius Flammpunkt darf die Brennstoffentnahme und die Entwässerung nur vom oberen Teil des Behälters vorgenommen werden.

Brennstoffleitung, Vergaser und Schwimmergehäuse sind so anzuordnen, daß etwa austretender Brennstoff nicht auf das Auspuffrohr, den Stromverteiler oder Magnetapparat tropfen kann.

§ 35.

Die elektrischen Leitungen sind zu isolieren und so zu legen, daß Kurzschluß ausgeschlossen ist. Hochspannungsleitungen sind besonders sorgfältig zu legen. Die Magnetapparate sind gegen eindringende Feuchtigkeit möglichst zu schützen.

§ 36.

Die Auspuffgase sind nach gehöriger Schalldämpfung an geeigneter Stelle ins Freie zu führen. Auspuffrohre und Auspufftopf sind entweder mit Wasserkühlung oder mit ausreichendem Wärmeschutz zu versehen. Ihre Flanschen müssen so beschaffen sein, daß die Packung nicht herausgeblasen werden kann. Die Auspuffleitung muß von Holzteilen genügend entfernt bleiben.

§ 37.

Druckluftbehälter für Einblase- oder Anlaßluft sind mit einem Manometer und Sicherheitsventil auszurüsten. Die Behälter sind einer amtlichen Wasserdruckprobe mindestens mit anderthalbfachem Betriebsdruck zu unterwerfen, welche alle vier Jahre zu wiederholen ist.

§§ 38—45 . . . . .

§ 46.

Für Motorbarkassen gelten folgende besondere Vorschriften:

a) Heizeinrichtungen unterliegen der Genehmigung durch die Polizeibehörde.
b) Zur Beleuchtung der Kajüten sowie bei Arbeiten an den Motoren, Brennstoffbehältern und Rohrleitungen dürfen nur elektrische oder Sicherheitslampen verwendet werden. Der Gebrauch von offenem Feuer und Licht während dieser Arbeiten ist verboten.
c) Während des Überfüllens von flüssigen Brennstoffen in die Behälter der Barkassen dürfen sich keine Fahrgäste an Bord befinden.
d) Das Rauchen in den Kajüten ist verboten, ein entsprechender Hinweis ist an sichtbarer Stelle anzubringen.

Für Motorbarkassen, deren Brennstoff einen Flammpunkt über 21 Grad Celsius hat, gelten nur die Vorschriften unter b Satz 2 und c.

§§ 47—48 . . . . .

F. Strafbestimmung.

§ 49.

Zuwiderhandlungen werden mit Geldstrafe bis zu 150 RM oder Haft bis zu 14 Tagen bestraft.

Hamburg, den 29. März 1928.

Die Polizeibehörde.

g) Verordnung über Sicherung der Personen- und Güterbeförderung im Hamburger Hafen vom 29. März 1928 (im Auszug).

Auf Grund des § 20a des Gesetzes, betreffend das Verhältnis der Verwaltung zur Rechtspflege, in der Fassung vom 8. Oktober 1923 wird folgendes bestimmt:

§ 1.

Zur Beförderung von Personen oder Gütern im Hafen (§ 1 des Hafengesetzes vom 2. Juni 1897 in der Fassung vom 23. Dezember 1912 und 13. Oktober 1919) dürfen neben den zur entgeltlichen Personenbeförderung zugelassenen Dampf- und Motorfahrzeugen nur solche Fahrzeuge benutzt werden, die den Bestimmungen dieser Verordnung entsprechen.

Auf Dampf- und Motorfahrzeuge, die nach einer vom Eigentümer abzugebenden Erklärung nur zum Schleppen benutzt werden oder gelegentlich nicht mehr als 5 Personen mitnehmen, sowie auf Lustfahrzeuge, Beiboote der im Hafen liegenden Schiffe und auf Fahrzeuge, die ohne eigenen Maschinenbetrieb fortbewegt werden, ausgenommen die im § 3 unter c erwähnten Verkehrs- und Arbeitsboote, findet die Verordnung keine Anwendung.

§ 2.

Die nach § 1 der Verordnung unterliegenden Fahrzeuge dürfen zur Beförderung nur benutzt werden, wenn sie von der Polizeibehörde zugelassen sind. Über die Zulassung erteilt die Polizeibehörde eine Bescheinigung, die an Bord mitzuführen ist. Diese Bescheinigung muß alle 2 bzw. 4 Jahre erneuert werden (s. § 13 Abs. 3).

Die Fahrzeuge werden von der Polizeibehörde erst zugelassen, nachdem durch eine behördliche Besichtigung festgestellt ist, daß der Schiffskörper und die Maschine sich in gutem Zustande befinden und die Ausrüstung den Bestimmungen der Verordnung entspricht.

Außerhalb des Geltungsgebietes der Verordnung beheimatete Fahrzeuge, die durch eine Bescheinigung ihrer Heimatsbehörde nachweisen, daß für sie Sicherheitsvorschriften gelten, die mindestens dieselbe Gewähr bieten wie die Bestimmungen dieser Verordnung, können zur Beförderung von Personen oder Gütern im Hamburger Hafen zugelassen werden.

§§ 3—9 . . . .

§ 10.

Motorfahrzeuge müssen mit einem zum Löschen brennender Flüssigkeiten von der Polizeibehörde als geeignet anerkannten Handfeuerlöscher versehen sein.

Alle Rettungs- und Feuerlöschgeräte sind so anzubringen, daß sie stets ohne Zeitverlust in Gebrauch genommen werden können.

§ 11.

Für Motorbarkassen gelten folgende besondere Vorschriften:

a) Heizeinrichtungen unterliegen der Genehmigung durch die Polizeibehörde.
b) Zur Beleuchtung der Kajüten sowie bei Arbeiten an den Motoren, Brennstoffbehältern und Rohrleitungen dürfen nur elektrische oder Sicherheitslampen verwendet werden. Der Gebrauch von offenem Feuer und Licht während dieser Arbeiten ist verboten.
c) Während des Überfüllens von flüssigen Brennstoffen in die Behälter der Barkassen dürfen sich keine Fahrgäste an Bord befinden.
d) Das Rauchen in den Kajüten ist verboten, ein entsprechender Hinweis ist an sichtbarer Stelle anzubringen.

Für Motorbarkassen, deren Brennstoff einen Flammpunkt über 21 Grad Celsius hat, gelten nur die Vorschriften unter b Satz 2 und c.

§ 12 . . . . .

§ 13.

Die Fahrzeuge unterliegen hinsichtlich der baulichen Beschaffenheit des Schiffskörpers, der Maschine und der Ausrüstung der Aufsicht der Polizeibehörde. Dieser sind vor der Zulassung die erforderlichen Zeichnungen und Beschreibungen der baulichen Einrichtungen und der Maschinenanlage der Fahrzeuge in doppelter Ausfertigung zur Prüfung einzureichen. Die Polizeibehörde ist befugt, sich jederzeit von dem guten Zustande der Fahrzeuge zu überzeugen und, falls sich Mängel ergeben, das betreffende Fahrzeug bis zur Abstellung derselben von der Benutzung zur Personenbeförderung auszuschließen.

Die Fahrzeuge mit ihren Ausrüstungsgegenständen müssen stets in betriebssicherer Beschaffenheit gehalten werden.

Regelmäßige Besichtigungen zur Feststellung des baulichen Zustandes des Schiffskörpers und der Maschinen finden auf Kosten des Unternehmers für solche Fahrzeuge, die nach den Bestimmungen dieser Verordnung zu Personenbeförderungen vermessen sind, mindestens alle zwei Jahre, für die übrigen Fahrzeuge mindestens alle vier Jahre, Besichtigungen der Maschine während des Betriebes alljährlich statt.

Von der behördlichen Besichtigung des Schiffskörpers kann bei Fahrzeugen, die zur Personenbeförderung dienen, abgesehen werden, wenn eine weniger als zwei Jahre alte Bescheinigung der Klassifikationsgesellschaft, bei der das Fahrzeug klassifiziert ist, vorgelegt wird, nach der Mängel an der baulichen Beschaffenheit und Ausrüstung des Schiffes nicht vorhanden sind. Bei Fahrzeugen, die nicht zur Personenbeförderung dienen, genügen entsprechende weniger als vier Jahre alte Bescheinigungen einer Berufsgenossenschaft oder Versicherungsgesellschaft.

§ 14.

Die Beachtung der Vorschriften dieser Verordnung befreit nicht von den Folgen der Außerachtlassung anderer Vorsichtsmaßregeln, die durch die besonderen Umstände des Falles geboten werden.

§ 15.

Die Polizeibehörde kann in besonderen Fällen von den Vorschriften dieser Verordnung Erleichterungen gewähren oder Verschärfungen verlangen.

§ 16.

Zuwiderhandlungen werden mit Geldstrafe bis 150 RM oder entsprechender Haft bestraft.

Die Verordnung über Sicherung der Personen- und Güterbeförderung im Hamburger Hafen vom 9. Mai 1927 (Hamburgisches Gesetz- und Verordnungsbl. S. 235) wird aufgehoben.

Hamburg, den 29. März 1928.

Die Polizeibehörde.

h) Einstweilige Bestimmungen der Polizeibehörde über das Beliefern von Seeschiffen mit Heizöl für den eigenen Bedarf im Hamburger Hafen vom 19. Mai 1924.

1. **Das Öl muß durch dichte Rohr- und Schlauchleitungen übergepumpt werden, die durch feste Verschraubungen mit den Öltanks der Schiffe verbunden sind.**

   Während des Überpumpens darf in der Nähe der Leitungen nicht geraucht, offenes Feuer und Licht nicht benutzt werden.
2. Es sind Vorkehrungen zu treffen, daß die beim Pumpen aus den Schiffsbunkern und Tanks verdrängten Öldampf-Luftgemische gefahrlos abgeleitet werden.
3. Soll außerhalb des Petroleumhafens Heizöl unmittelbar aus einem Seeschiff in ein anderes Seeschiff über-

genommen werden, so ist dazu in jedem Falle eine Erlaubnis des Hafenkapitäns einzuholen. Sie wird für das Überpumpen von Heizöl aus anderen als Tankseeschiffen nur in Ausnahmefällen und unter besonderen Bedingungen gegeben. Der Hafenkapitän benachrichtigt von der Erteilung der Genehmigung schriftlich die Hafenpolizei. Es wird nicht erlaubt, daß ein Tankseeschiff mit Heizöl als schwimmendes Bunkerlager irgendwo im Hafen liegt und nach Bedarf an Schiffe verlegt wird, die mit Heizöl zu beliefern sind.

4. Aus Leichterfahrzeugen können Seeschiffe überall Heizöl einnehmen. Nach § 15c der Hafenordnung ist vorher der nächsten Hafenpolizeiwache Anzeige zu machen. In die Leichter darf das Heizöl aus den Tankdampfern nur im Petroleumhafen oder mit Erlaubnis des Hafenkapitäns an einem gesicherten Liegeplatz auf dem Elbstrom übergepumpt werden.

i) Anordnung für die Verwendung von Schneide- und Schweißapparaten auf Schiffen im Hafen vom 7. 12. 1923 und 28. 1. 1927.

Schiffsbrände und Brände auf Schiffen entstehen häufig dadurch, daß bei Verwendung von Schneide- und Schweißapparaten zu Reparaturarbeiten brennbare Güter und Stoffe Feuer fangen.

Bei Verwendung dieser Apparate ist daher besondere Vorsicht walten zu lassen, insbesondere dürfen Arbeiten auf im Hamburger Hafen liegenden Schiffen mit Acetylenautogenen und elektrischen Schneide- und Schweißapparaten nicht ausgeführt werden:

1. an oder in der Nähe von offenstehenden Schiffsräumen, in denen brennbare Ladung liegt,
2. an oder in der Nähe von Schiffsluken, in denen brennbare Güter verladen oder gelöscht werden,
3. an Stellen, bei denen offene Fluß- oder Hafenfahrzeuge mit brennbaren Gütern längsseits liegen, wenn dadurch eine Entzündungsmöglichkeit für diese Güter entsteht.

Weiterhin sind bei allen Arbeiten mit derartigen Apparaten an Stellen, bei denen glühende Eisenteile auf Holzbekleidung oder auf längsseits liegende hölzerne Fluß- oder Hafenfahrzeuge fallen können, nicht feuerfangende Auffangvorrichtungen für solche Eisenteile anzubringen.

Schließlich sind bei allen derartigen Arbeiten an Bord von Schiffen brennbare Stoffe, wie Putzwolle, Tauwerk,

Öl, Farben, Petroleum oder Benzinbehälter sicher wegzuräumen und größere- mit Wasser gefüllte Behälter, oder bewährte Feuerlöschmittel bereitzuhalten.

Die Hafeninspektion ersucht diese Anordnung auch ihren Aufsichtsbeamten und Werkleitern bekanntzugeben und ihnen die gewissenhafte Befolgung zur Pflicht zu machen.

Die Hafeninspektion.

k) Grundsätze des Hamburgischen Gewerbeaufsichtsamtes für Ausbesserungsarbeiten auf Schiffen mit Mineralöltanks. Vom 22. August 1925, 14. April 1927, 5. März 1928.

Vorbemerkung.

Unberührt durch diese Grundsätze bleiben alle polizeilichen Vorschriften, insbesondere die Verpflichtung, vor dem Hinlegen der Fahrzeuge die Erlaubnis der Hafenpolizei einzuholen.

A. Allgemeines.

1. Die Grundsätze finden Anwendung auf alle Schiffe, auf denen sich besteigbare Beförderungs- oder Betriebstanks für Mineralöle befinden. Als Mineralöle gelten auch Mischungen von Mineralölen mit anderen Stoffen. Die Grundsätze gelten nicht für Arbeiten, die auf Schiffen in Fahrt von der Besatzung aus Betriebsrücksichten ausgeführt werden müssen.

2. Die Leitung von Ausbesserungsarbeiten ist für jedes Schiff einem bestimmten Ingenieur oder Meister zu übertragen.

Tanks dürfen erstmalig nur im Beisein dieses Ingenieurs oder Meisters bestiegen werden.

3. Tanks, in denen sich Personen aufhalten, sind ständig ausreichend zu belüften.

Während der Arbeiten sind geeignete Feuerlöschmittel bereitzuhalten. Das Rauchen an Bord ist zu verbieten.

4. Befindet sich noch Schiffsbesatzung an Bord, so sind der Schiffsleitung diese Grundsätze auszuhändigen. Es ist mit der Schiffsleitung zu vereinbaren, daß auch die Schiffsbesatzung während der Arbeiten die Grundsätze befolgt. Erst dann darf mit den Arbeiten begonnen werden.

5. Schiffe mit Beförderungstanks für Mineralöle dürfen im allgemeinen nur an solchen Werften oder Werkstätten ausgebessert werden, die über geeignete Liegeplätze und gute Einrichtungen zum Ausdämpfen oder

Entlüften verfügen. Wenn Werften oder Werkstätten die Arbeit vornehmen wollen, obwohl sie selbst nicht über geeignete Einrichtungen verfügen, so darf mit den Arbeiten erst begonnen werden, wenn die Tanks bereits völlig entleert und gut entlüftet sind und hierüber die in Ziffer 9 vorgesehene Bescheinigung beigebracht ist.

5a. Bei Arbeiten im Tank ist nur elektrische Beleuchtung zulässig. Die Handlampen sowie die übrige elektrische Anlage müssen den Sicherheitsvorschriften des Verbandes Deutscher Elektrotechniker für explosionsgefährliche Betriebsstätten entsprechen. Handlampen und Kabel sind jedesmal vor dem Gebrauch sorgfältig darauf zu prüfen, ob sie den vorstehenden Anforderungen genügen.

B. Schiffe mit Tanks für Mineralöle mit Flammpunkt über 21 Grad bis 65 Grad Celsius.

6. Arbeiten in oder an einem Tank dürfen nur ausgeführt werden, nachdem sämtliche Mannlöcher und Luken dieses und der angrenzenden Tanks geöffnet, die genannten Tanks von den Mineralölen völlig entleert und sicher von entzündlichen Gasen befreit sind, z. B. durch Einblasen von Wasserdampf oder Luft. Auch muß vor Beginn der Arbeiten von einem mit solchen Untersuchungen vertrauten Sachverständigen festgestellt werden, daß die Luft in diesen Tanks keine gesundheitsschädlichen oder entzündlichen Gase in gefährlicher Menge enthält. Das Gleiche gilt, wenn in gefahrdrohender Nähe offener Tanks Arbeiten ausgeführt werden, bei denen Feuer oder Licht verwendet wird, oder bei denen Funkenbildung oder Erglühen von Gegenständen eintritt.

Sonstige Ausbesserungsarbeiten dürfen auf den Schiffen nur ausgeführt werden, wenn von ihrem Beginn ab alle Mineralöltanks ständig dicht geschlossen gehalten werden, abgesehen von den ordnungsmäßig gesicherten Entlüftungsrohren.

7. Die Entlüftungsrohre der Tanks gelten als ordnungsmäßig gesichert im Sinne der Ziffer 6, wenn sie in hinreichender Höhe über Deck münden, und mit nichtrostenden, doppelten, engmaschigen Drahtnetzen (Davy'schen Sicherheitsnetzen) oder als gleichwertig anerkannten Sicherungen versehen sind, die gut beobachtet und leicht ausgewechselt werden können, und wenn die Mündungen der Entlüftungsrohre durch ihre Lage oder durch Schutzhauben gegen Funkenflug gesichert sind.

C. Schiffe mit Tanks für Mineralöle mit Flammpunkt bis 21 Grad Celsius.

8. Die Arbeiten auf den Schiffen dürfen nur ausgeführt werden, nachdem sämtliche Mannlöcher und Luken der Tanks geöffnet und alle Tanks von den Mineralölen völlig entleert und sicher von entzündlichen Gasen befreit sind, z. B. durch Einblasen von Wasserdampf oder Luft.

9. Vor Beginn der Arbeiten muß von einem mit solchen Untersuchungen vertrauten Sachverständigen festgestellt sein, daß die Luft in allen Tanks keine gesundheitsschädlichen oder entzündlichen Gase in gefahrdrohender Menge enthält. Der Sachverständige darf die Untersuchung erst dann vornehmen, wenn die Tanks von den Mineralölen völlig entleert sind. Er hat die Luft in den Tanks an jedem Arbeitstage vor Beginn der Arbeiten erneut zu untersuchen. Der Sachverständige hat über den Untersuchungsbefund der Tanks eine schriftliche Bescheinigung auszustellen.

10. Arbeiten, bei denen Feuer oder Licht nicht verwendet wird, und bei denen Funkenbildung oder Erglühen von Gegenständen nicht eintritt, dürfen unter ständiger Anwesenheit und Aufsicht eines Meisters vorgenommen werden, wenn die Tanks und ihre Zubehörteile in keiner Weise von den Arbeiten berührt werden. Sämtliche Tanks müssen bei solchen Arbeiten von ihrem Beginn an dicht geschlossen gehalten werden, abgesehen von den ordnungsmäßig gesicherten Entlüftungsrohren (s. Ziffer 7).

l) Vorschriften über die Ausführung der behördlich angeordneten Rattenvertilgung auf Seeschiffen[1] (im Auszug).

I. Allgemeines.

1. Der als Schiffskammerjäger zugelassene Unternehmer hat die Rattenvertilgungsmaßnahmen selbst auszuführen oder durch die ihm dafür von der Polizeibehörde bewilligten Gehilfen unter seiner verantwortlichen Leitung ausführen zu lassen. Er darf sich in Ausübung dieser Tätigkeit durch andere Personen nicht vertreten lassen, es sei denn, daß die Polizeibehörde die Vertretung genehmigt hat.

2. Die Ausführung jeder Rattenvertilgung, einerlei welcher Art, hat der Kammerjäger so rechtzeitig der Desinfektionsanstalt im Hafen anzuzeigen, daß diese mindestens drei Stunden, in dringenden Fällen ausnahms-

---
[1] vgl. § 11 der Hafenordnung.

weise mindestens eine Stunde vor dem Zeitpunkte, an welchem mit der Ausführung begonnen werden soll, im Besitze der Anzeige ist.

Die Anzeige muß enthalten: die Art der Rattenvertilgung, den Namen und den Liegeplatz des Schiffes, die Namen des Maklers und des Reeders, die Zeit, zu welcher mit der Ausführung begonnen werden soll, und den Namen des ausführenden Kammerjägers.

Die Anzeige kann schriftlich oder mündlich erfolgen. In eiligen Fällen ist die Benutzung des Fernsprechers zulässig; jedoch ist die Anzeige alsdann sofort schriftlich zu wiederholen.

Wenn die schon angemeldete Rattenvertilgungsmaßnahme aus irgend einem Grunde nicht vorgenommen werden kann, z. B. wenn das Schiff nicht leer wird oder bereits den Hafen verlassen hat, so hat der Kammerjäger die von ihm erstattete Anzeige unverzüglich zu widerrufen.

3. Den mit der Überwachung der vorschriftsmäßigen Ausführung der Arbeiten beauftragten Angestellten des hafenärztlichen und des Desinfektionsdienstes ist jede gewünschte Auskunft wahrheitsgemäß zu geben und bei der Ausübung ihrer Tätigkeit alle mögliche Hilfe zu leisten.

4. Nach Beendigung der Arbeit hat der Kammerjäger eine Bescheinigung nach anliegendem Muster in zwei gleichlautenden Ausfertigungen auszustellen; er hat darin die Räume genau zu bezeichnen, welche von ihm ausgeräuchert und welche mit Gift belegt worden sind. Die Bescheinigung ist mit Datum und Unterschrift zu versehen. Die eine Ausfertigung hat der Kammerjäger dem Hafenarzt sobald als möglich, spätestens in drei Tagen, einzureichen, die andere hat er dem Kapitän oder seinem Vertreter mit dem Bemerken auszuhändigen, daß sie an Bord bereitzuhalten und dem mit der Kontrolle beauftragten Beamten auszuhändigen ist. Diese Bescheinigungen gelten nur als Ausweise für die zuständigen hamburgischen Dienststellen, amtlichen Charakter besitzen sie nicht.

II. Giftlegen . . .

III. Ausräuchern.

Gemeinsame Bestimmungen.

1. Das Ausräuchern der Schiffe darf nur unter Aufsicht der damit beauftragten Angestellten der öffentlichen Desinfektionsanstalten vorgenommen werden.

Hölzerne Schiffe dürfen nur bei Tage ausgeräuchert werden. Im Petroleumhafen ist das Ausräuchern verboten.

2. Die auszuräuchernden Laderäume sollen in der Regel leer sein. Ausnahmsweise können kleine Reste der Ladung z. B. einzelne Ballen, Fässer, Kisten, sowie Eisenteile, Staumaterialien und dergl. in den Räumen bleiben, wenn sie nicht feuergefährlich und so gelagert oder aufgestellt sind, daß sie keinen Unterschlupf für Ratten bieten und den Erfolg des Räucherns nicht in Frage stellen. Alle Zwischendecksluken müssen abgedeckt sein.

Die Bilgeräume müssen während der Ausräucherung offen stehen; sie müssen, soweit irgend möglich, trocken sein.

Auch die übrigen auszuräuchernden Räume wie Kabelgatt, Proviantraum, Mannschaftslogis usw. müssen möglichst leer sein. Gegenstände, die aus den auszuräuchernden Räumen nicht entfernt werden können oder deren Entfernung zu umständlich ist, müssen so aufgestellt oder freigelegt werden, daß sie keine Schlupfwinkel bilden.

3. Vor Beginn des Ausräucherns sind die auszuräuchernden Räume auf Menschen abzusuchen und dann abzudichten, Lüftungsrohre und Fenster usw. sind sorgfältig zu schließen. Es ist dafür zu sorgen, daß die Räucherdämpfe nicht in andere Räume eindringen können, in denen sich während der Ausräucherung Menschen aufhalten.

4. Die Größe der einzelnen Schiffsräume ist dem aufsichtführenden Beamten auf Verlangen nachzuweisen. Bei der Verwendung von Schwefel und Holzkohle muß der Kammerjäger eine Waage zur Stelle haben und auf Verlangen vor dem Füllen der Apparate die erforderlichen Mengen Schwefel und Holzkohle dem beaufsichtigenden Beamten vorwiegen.

5. Die Räucherapparate müssen in gutem Zustande und so eingerichtet sein, daß jede Feuersgefahr ausgeschlossen ist. Schadhafte Apparate dürfen nicht benutzt werden.

Die Apparate sind so aufzustellen, daß sie bei etwaigen Erschütterungen des Schiffes nicht umfallen können.

Von hölzernen Schotten, Wandbekleidungen und sonstigen brennbaren Gegenständen müssen die Apparate mindestens zwei Meter entfernt bleiben. Der Höhenabstand der oberen Brennfläche muß bei eisernen

Decken mindestens zwei Meter, bei Holzdecken mindestens drei Meter betragen. Die Umgebung jedes Apparates muß nach allen Seiten auf zwei Meter Entfernung besenrein sein.

Besondere Bestimmungen.

6. Das Ausräuchern erfolgt entweder durch Verbrennen von Schwefel und Holzkohle oder durch Vergasung von Salforkose oder Schwefelkohlenstoffgemisch.

A. Ausräuchern durch Verbrennen von Schwefel und Holzkohle.

Die hierbei zu benutzenden Apparate haben aus zwei Teilen zu bestehen: dem zur Aufnahme des Brennstoffs bestimmten Gefäß — in Korb — oder Kastenform — und dem Untersatz. Es können Gefäße mit einem festen Boden oder mit einem Boden aus Roststäben benutzt werden. Die Gefäße mit Roststabboden dürfen nur in den Laderäumen verwendet und müssen in den Unterräumen am Boden aufgestellt werden. Wenn die Aufstellung von Räucherapparaten am Boden der Unterräume nicht möglich ist, dürfen Gefäße mit festem Boden im Zwischendeck aufgestellt werden, jedoch stets möglichst weit entfernt voneinander und so, daß das darüberliegende Deck durch den Verbrennungsvorgang nicht erhitzt wird.

Die Apparate müssen in allen Teilen aus Eisen von mindestens 1½ Millimeter Dicke hergestellt sein. Im einzelnen haben sie folgenden Anforderungen zu entsprechen:

a) Apparate mit Roststabboden.

Der Untersatz muß so groß sein, daß er über das darüberstehende Gefäß nach allen Seiten um mindestens 8 cm hinausragt, er muß Füße von mindestens 5 cm Höhe und einen doppelten Boden haben; der Rand des oberen Bodens muß mindestens 8 cm, der des unteren mindestens 3 cm hoch sein.

Das Gefäß muß eine Höhe von mindestens 48 cm, einen Durchmesser von 38 cm und Füße von 8 cm Höhe haben. Der Roststabboden muß in Höhe von 11 cm über dem unteren Rande angebracht sein. Oberhalb des Roststabbodens muß die Wandung des Gefäßes völlig geschlossen sein, unterhalb desselben darf sie nach Bedarf Luftlöcher von 2 cm Durchmesser haben.

Unter dem Gefäß muß ein Aschenfänger angebracht sein, der mindestens die Größe des Umkreises des Gefäßes, eine mindestens 3 cm hohe Seitenkante und 2 cm hohe Füße haben.

Die Füße des Gefäßes müssen am Rande des Untersatzes so befestigt werden können, daß das Gefäß in der Mitte des Untersatzes feststeht.

b) Apparate mit festem Boden.

Der Untersatz muß so groß sein, daß er um mindestens 30 cm nach allen Seiten über das Gefäß hinausragt; er muß einen Rand von mindestens 25 cm Höhe und Füße von mindestens 5 cm Höhe haben. Die Wandung des Gefäßes muß von der untersten Brennfläche bis zu 3 cm Höhe völlig geschlossen sein. Ein besonderer Aschenfänger ist nicht erforderlich.

Ausführung der Ausräucherung.

Für je 1000 cbm Raum ist mindestens ein Apparat aufzustellen. Wenn in einem Raum mehrere Apparate aufgestellt werden, sind sie so zu verteilen und zu beschicken, daß die Verbrennung möglichst gleichzeitig und gleichmäßig erfolgt und die Gase überall in gleicher Stärke zur Wirkung kommen.

Auf je 1000 cbm Raum müssen mindestens 10 kg Schwefel und 5 kg Holzkohle zur Verbrennung kommen.

Die Gefäße sind zuerst mit Holzkohle in mindestens 10 cm hoher Schicht zu beschicken; der Schwefel und die übrige Holzkohle ist darüber zu schichten. Bei der Ausräucherung nach deutscher Vorschrift darf kein Apparat mit mehr als 10 kg Schwefel und 5 kg Holzkohle, bei der Ausräucherung nach amerikanischer Vorschrift mit mehr als 20 kg Schwefel und 7½ kg Holzkohle beschickt werden. Als Hilfsmittel beim Anzünden der Holzkohle und des Schwefels darf Petroleum in Kannen usw. nicht verwendet werden, sondern nur Twist oder Lappen, die mit Petroleum getränkt sind. Falls die Apparate mit je 10 kg Schwefel und 5 kg Holzkohle beschickt worden sind, müssen die Räume mindestens 4 Stunden, falls sie mit 20 kg Schwefel und 7½ kg Holzkohle beschickt worden sind, mindestens 6 Stunden nach dem Anzünden geschlossen gehalten werden.

B. Vergasen von Salforkose und Schwefelkohlenstoffgemisch.

Es darf nur das unter dem Namen „Salforkose" im Handel befindliche Präparat oder ein Schwefelkohlenstoffgemisch, bestehend aus 90 Teilen Schwefelkohlenstoff, 6 Teilen Brennsprit und 4 Teilen Wasser, benutzt werden. Zur Vergasung sind die dafür üblichen Apparate in folgenden drei Größen zu verwenden:

	Große Apparate	Mittlere Apparate	Kleine Apparate
Durchmesser des inneren Behälters	370 mm	310 mm	210 mm
Höhe des inneren Behälters	120 „	125 „	80 „
Durchmesser des äußeren Behälters	440 „	370 „	255 „
Höhe des äußeren Behälters (ohne Füße)	220 „	210 „	140 „
Abstand der Seitenwände beider Behälter	35 „	28 „	21,5 „
Abstand der Böden beider Behälter	50 „	47 „	22 „
Durchmesser des Flammenverteilers	390 „	325 „	235 „
Höhe der Füße des äußeren Behälters	170 „	180 „	145 „
Höhe des Apparates einschließlich Füße und mit aufgesetztem Flammenverteiler	430 „	430 „	320 „

Die großen Apparate dürfen mit höchstens 7½ Liter Salforkose oder Schwefelkohlenstoffgemisch gefüllt werden, die mittelgroßen mit höchstens 5 Liter, die kleinen mit höchstens 2½ Liter.

Auf je 1000 cbm Raum sind mindestens 15 Liter Salforkose oder Schwefelkohlenstoffgemisch zu vergasen; bei Ausgasung nach amerikanischer Vorschrift dürfen bis zu 58 Liter verwendet werden.

Bei der Ausführung der Vergasung ist folgendes zu beachten:

Die Apparate sind in der Regel so aufzustellen, daß sie ringsum auf zwei Meter freistehen. Bei engen Logisräumen genügen ¾ Meter. Jedoch sind dann die im Umkreise befindlichen brennbaren Gegenstände sowie die Decke durch Anbringung von Eisenblechtafeln oder dergl. zu schützen.

Es darf nicht mehr Salforkose oder Schwefelkohlenstoffgemisch in jeden Raum gebracht werden, als die Apparate fassen können. Das Schwefelkohlenstoffgemisch ist jedesmal erst kurz vor der Verwendung frisch herzustellen.

Vor dem Eingießen in die Apparate ist die Flüssigkeit sorgfältig durchzuschütteln.

Da sich bei längerem Stehen an der Luft explosionsfähige Gasgemische bilden, hat das Einfüllen der Flüssigkeit in möglichst kurzer Zeit und das Anzünden unverzüglich nach dem Einfüllen und der Entfernung der Aufbewahrungsgefäße zu erfolgen. Das Einfüllen darf nie bei offener Flamme oder Vorhandensein eines brennenden Gegenstandes geschehen. Rauchen ist dabei verboten.

Nach dem Einfüllen ist der Flammenverteiler aufzusetzen. Zum Einfüllen wie zum Anzünden dürfen nur geschulte und zuverlässige, als Gehilfen des Kammerjägers zugelassene Leute verwendet werden. Sind mehrere Leute dabei tätig, so ist das Einfüllen wie auch das Anzünden von allen Leuten gleichzeitig auszuführen. Bei Verwendung von Salforkose dürfen höchstens acht Apparate, bei Verwendung des Schwefelkohlenstoffgemisches höchstens drei Apparate von einem Manne bedient werden. Zum Anzünden sind Fackeln zu benutzen. Es muß in jedem Raum eine entsprechende Anzahl Fackeln und mindestens eine Reservefackel zur Hand sein. Für das Anzünden der Fackeln muß jeder Bedienungsmann zwei Zündungsmöglichkeiten bereit haben.

Die Aufbewahrungsgefäße sind sogleich nach der Entleerung an Deck zu schaffen. Ist dies ausnahmsweise nicht möglich, so sind sie zuzukorken und in mindestens fünf Meter Entfernung von den Apparaten aufzustellen.

Nach dem Anzünden sind die Räume mindestens drei Stunden geschlossen zu halten.

7. Alle Räume, die nicht ausgeräuchert werden, sind unter Beachtung der unter II gegebenen Vorschriften mit Gift zu belegen.

Das Öffnen der Räume darf der Kammerjäger nur in Anwesenheit des beaufsichtigenden Beamten vornehmen. Nach Abzug der Dämpfe hat der Kammerjäger zusammen mit dem Beamten in jedem ausgeräucherten Raum nachzusehen, ob das Räuchermaterial vollständig verbrannt ist.

IV.

Zuwiderhandlungen gegen diese Vorschrift werden gegebenenfalls mit Zurücknahme der Zulassung zur Ausführung der behördlich angeordneten Maßregeln zur Vertilgung der Ratten auf den Schiffen bestraft.

Die Zurücknahme der Zulassung tritt auch ein, wenn der Zugelassene sich als unzuverlässig oder als unfähig zur Ausführung der in Frage stehenden Maßregeln erweist.

V.

Die Anweisung für das Belegen der Seeschiffe mit Gift usw. vom 18. Mai 1910 wird hierdurch aufgehoben.

Hamburg, den 9. Juni 1925.

Die Polizeibehörde.

3. Aus den Vorschriften der Seeberufsgenossenschaften[1].

a) Unfallverhütungsvorschriften der See-Berufsgenossenschaft für Dampf- und Motorschiffe. (Ausgabe 1925) [im Auszug].

VII. Feuerlöschvorrichtungen.

§ 68.

Auf jedem Schiff sind mindestens zwei Schöpfeimer (Schlagpützen) auf dem Oberdeck zu sofortiger Benutzung bereitzuhalten.

Auf Schiffen von über 6000 Kubikmeter Brutto-Raumgehalt müssen in den von den Offizieren und der Mannschaft benutzten Abteilungen des Schiffes mindestens je ein Feuerlöschapparat eines vom Vorstande der See-Berufsgenossenschaft anerkannten Systems vorhanden sein.

Auf Passagierschiffen sind Feuerlöschapparate anerkannten Systems in den von den Passagieren benutzten Räumen zur sofortigen Benutzung bereitzuhalten und zwar muß in jedem Deck und in längeren Aufbauten an jeder Seite in Abständen von etwa 20 Meter ein Apparat vorhanden sein.

§ 69.

Auf Schiffen über 150 Kubikmeter Brutto-Raumgehalt muß eine Dampf- oder eine sonstige maschinell angetriebene Pumpe als Feuerspritze eingerichtet sein; es müssen ferner Rohrleitungen mit entsprechenden Anschlüssen und so viele Schlauchlängen, Strahlrohre (Mundstücke) und passende Verschraubungen an Bord sein, daß alle Teile des Schiffes gut zu erreichen sind.

Übersteigt der Brutto-Raumgehalt 6000 Kubikmeter, muß eine zweite Dampf- oder maschinell angetriebene Pumpe als Feuerspritze eingerichtet sein.

Passagierschiffe mit einem Brutto-Raumgehalt über 12 000 Kubikmeter müssen mit drei derartigen als Feuerspritze eingerichteten Pumpen versehen sein.

§ 70.

Auf Schiffen mit ölbeheizten Kesseln sind zur Benutzung bei Feuersgefahr wenigstens ein Behälter mit 0,5 Kubikmeter Streusand, sowie zwei chemische Feuer-

---

[1] Die Vorschriften sind keine Schutzgesetze i. S. des § 823 Abs. 2 BGB., sie sind aber für den Unternehmer bindende Vorschriften, von denen er sich Kenntnis verschaffen und die er auch ausführen muß. Ihre schuldhafte Nichtbeachtung begründet daher regelmäßig den Tatbestand des § 903 Reichsversicherungsordnung. (Reichsgericht in Jur. W. 1929, 1461.)

Strafrechtlich ist in der Verletzung der Vorschriften regelmäßig eine strafrechtliche Fahrlässigkeit zu erblicken (Reichsgericht in Recht 1913, 3182).

löschapparate eines vom Vorstande anerkannten Systems an geeigneter Stelle in jedem Heizraum unterzubringen.

Die sonstigen, auf Schiffen mit Ölfeuerung sowie auf Motorschiffen vorzusehenden Feuerlöschvorrichtungen werden bis auf weiteres in jedem einzelnen Falle von dem Vorstande der See-Berufsgenossenschaft festgesetzt.

§ 71.

Alle Schiffe in langer Fahrt, die in der Regel mehr als 100 Personen an Bord haben, müssen vom Genossenschaftsvorstande anerkannte Vorrichtungen zum Löschen von etwa ausbrechendem Feuer durch Dampf, erstickende Gase oder anderer bewährter Systeme in den Laderäumen besitzen. Beträgt die Länge dieser Schiffe mehr als 100 Meter, so müssen dieselben auch in allen durchlaufenden Decks, über dem Schottendeck sowie in allen langen Aufbauten, in welchen Ladung gefahren wird, in Abständen von höchstens 40 Metern mit Querschotten (Feuerschotten) versehen sein.

Diese Bestimmungen gelten für alle Schiffe, deren Bau nach dem 1. Juli 1903 begonnen wurde.

Auf den nach dem 1. Jan. 1910 erbauten Schiffen müssen in allen Räumen, welche Passagierkammern enthalten, in Abständen von etwa 40 Metern Rauchschotte vorhanden sein.

§ 72.

An Bord eines jeden Frachtschiffes in langer Fahrt, sowie auf Passagierschiffen außerhalb der Nord-Ostseefahrt (siehe § 88) muß ein Rauchhelm oder ein vom Vorstande der See-Berufsgenossenschaft anerkanntes Rauch- oder Gasschutzgerät mit einer genügenden Anzahl von Reservepatronen vorhanden sein. Auf Passagierschiffen in langer Fahrt müssen 2 Rauchhelme bezw. 2 Rauch- oder Gasschutzgeräte vorhanden sein, die an räumlich getrennten, leicht zugänglichen Orten aufzubewahren sind.

b) Anlage V. Vorschriften über Feuerlöscheinrichtungen auf Passagierschiffen auf langer Fahrt, die nach dem 1. Oktober 1926 auf Stapel gelegt werden, insbesondere auf Passagierschiffen mit Ölfeuerung und auf Motor-Passagierschiffen. (Gültig vom 1. Oktober 1926.)

[im Auszug].

VII. Feuerlöschvorrichtungen.

§ 61.

Auf jedem Schiffe sind mindestens zwei Schöpfeimer (Schlagpützen) auf dem Oberdeck zu sofortiger Benutzung bereitzuhalten.

§ 62.

Jedes Schiff in langer Fahrt muß mit einer aus See saugenden Pumpe, bei einem Brutto-Raumgehalt über 1500 Kubikmeter mit einer Druckpumpe oder mit einer gleichwertigen Einrichtung zum Feuerlöschen ausgerüstet sein; es müssen ferner so viele Schlauchlängen und Strahlrohre (Mundstücke) und passende Verschraubungen an Bord sein, daß alle Teile des Schiffes gut zu erreichen sind.

Jedes Schiff über 1500 Kubikmeter Brutto-Raumgehalt muß außerdem mit einem vom Vorstande der See-Berufsgenossenschaft anerkannten chemischen Feuerlöschapparat versehen sein.

c) Unfallverhütungsvorschriften der See-Berufsgenossenschaft für die in der kleinen Küstenfahrt und Wattfahrt verkehrenden Segelschiffe (im Auszug).

Die nachstehenden Vorschriften treten nach Bestimmung des Genossenschaftsvorstandes, spätestens aber mit dem 1. Juni 1925, für alle zur See-Berufsgenossenschaft gehörenden, in der kleinen Küstenfahrt und Wattfahrt verkehrenden deutschen Segelschiffe in Kraft.

VII. Feuerlöschvorrichtungen.

§ 43.

Auf jedem Schiffe sind mindestens zwei Schöpfeimer (Schlagpützen) auf dem Oberdeck zu sofortiger Benutzung bereitzuhalten. Für Segler mit Hilfsmotor siehe außerdem § 59, Ziffer 13.

§ 59.

. . . .

13. Feuerlöschvorrichtung: Mindestens zwei chemische Feuerlöschapparate und eine Kiste mit 30 Kilogramm Sand müssen im Motorraum vorhanden sein.

C. Vorschriften für den Verkehr und die Lagerung gefährlicher Güter.

1. Allgemein.

Verordnung über die Beförderung gefährlicher Gegenstände mit Kauffahrteischiffen (Seefrachtordnung). Vom 3. September 1930.

Die Regierungen der Küstenländer des Reichs, nämlich der Freistaaten Preußen, Hamburg, Mecklenburg-Schwerin, Oldenburg, Bremen und Lübeck, sind übereingekommen, die Beförderung gefährlicher Gegenstände mit Kauffahrteischiffen innerhalb ihrer Zuständigkeit gleichmäßig zu regeln.

Entsprechend dieser Vereinbarung wird hierdurch auf Grund von § 20a des Gesetzes, betreffend das Verhältnis der Verwaltung zur Rechtspflege, in der Fassung des Gesetzes vom 8. Oktober 1923 verordnet, was folgt:

§ 1.

Zulassung zur Beförderung.

1. Von der Beförderung mit Kauffahrteischiffen als gefährliches Frachtgut sind ausgeschlossen, soweit nicht im Absatz 2 Ausnahmen zugelassen sind:

I. Explosionsgefährliche Gegenstände, das sind alle Gegenstände, die explosionsfähige Stoffe enthalten, nämlich

a) Sprengstoffe, insbesondere Spreng- und Schießmittel; Stoffe, die nicht zum Schießen oder Sprengen geeignet sind, durch Flammenzündung nicht zur Explosion gebracht werden können und gegen Stoß oder Reibung nicht empfindlicher sind als Dinitrobenzol, gelten nicht als Sprengstoffe;
b) Munition;
c) Zündwaren, Feuerwerkskörper u. dgl.;
d) verdichtete oder verflüssigte Gase;
e) Stoffe, die in Berührung mit Wasser entzündliche oder die Verbrennung unterstützende Gase entwickeln;

II. Selbstentzündliche Stoffe.

2. Bedingungsweise sind zur Beförderung zugelassen bei Erfüllung der nach § 2 vorgeschriebenen Bedingungen und der nach den §§ 3 und 5 erlassenen Vorschriften:

a) explosionsgefährliche Gegenstände und selbstentzündliche Stoffe (Absatz 1),
b) die in den im § 2 erwähnten Vorschriften besonders aufgeführten brennbaren Flüssigkeiten und festen leicht entzündbaren Stoffe (III), giftigen Stoffe (IV), ätzenden Stoffe (V) und sonstigen gefährlichen Güter (VI).

§ 2.

Beförderungsbestimmungen.

Die bedingungsweise zur Beförderung zugelassenen gefährlichen Gegenstände (§ 1) dürfen mit Kauffahrteischiffen nur unter Beachtung der Vorschriften der Anlagen 1 und 2 befördert werden. Diese Vorschriften werden von dem durch Vereinbarung der Küstenländer eingesetzten „Ausschuß für die Seefrachtordnung“ fortgebildet. Die Festsetzungen des Ausschusses bedürfen der Zustimmung des Senats. Der Ausschuß veröffentlicht die von ihm festgesetzten Vorschriften im Reichsanzeiger.

§ 3.

Geltungsbereich.

Die Verordnung findet im vollen Umfange Anwendung bei der Beladung deutscher und ausländischer Kauffahrteischiffen mit gefährlichen Gegenständen im Gebiet der Freien und Hansestadt Hamburg.

Schiffe, die mit einer Ladung gefährlicher Gegenstände das genannte Gebiet nur zum Aufenthalt oder zum Entlöschen anlaufen, unterliegen nur den §§ 5 und 6 der Verordnung und den Vorschriften, die im I. Teil der Anlage 1 in den §§ 6, 7 Abs. 1 Satz 1, §§ 8, 9 Abs. 1 und 3, §§ 10, 11 und 12 aufgeführt sind; jedoch können Gegenstände, die nach den §§ 1 und 2 der Verordnung zur Beförderung mit Kauffahrteischiffen nicht zugelassen sind, von der Entlöschung ausgeschlossen werden.

Den zuständigen Polizeibehörden bleibt vorbehalten, für das Löschen und Laden gefährlicher Gegenstände sowie für das Verhalten der betreffenden Schiffe in Häfen, auf Revieren und Flüssen weitere Vorschriften zu erlassen.

§ 4.

Aufsicht.

Die Aufsicht über die Durchführung der Verordnung wird von der Polizeibehörde ausgeübt.

§ 5.

Abweichungen.

Unter besonderen Umständen kann die Aufsichtsbehörde (§ 4) in einzelnen Fällen Ausnahmen von den Vorschriften des § 2 und der Anlagen zulassen; hierüber ist dem Ausschuß (§ 2) unverzüglich Mitteilung zu machen.

§ 6.

Strafen.

Zuwiderhandlungen gegen diese Verordnung werden mit Geldstrafe bis zu 150 RM. oder mit entsprechender Haft bestraft, sofern nicht nach den Strafgesetzen, insbesondere nach dem Reichsgesetz gegen den verbrecherischen und gemeingefährlichen Gebrauch von Sprengstoffen vom 9. Juni 1884, schwerere Strafen eintreten.

§ 7.

Inkrafttreten.

Die Verordnung tritt am 1. Oktober 1930 in Kraft. Die Anlagen 1 und 2 der Verordnung, betreffend die Beförderung gefährlicher Gegenstände mit Kauffahrteischiffen (Seefrachtordnung), vom 30. August 1929 (Hamburgisches Gesetz- und Verordnungsblatt Seite 439), geändert durch die Verordnung vom 24. März 1930 (Hamburgisches Gesetz- und Verordnungsblatt Seite 131), gelten mit den nachstehenden Änderungen als Anlagen 1 und 2 dieser Verordnung. Im übrigen verliert die Verordnung vom 30. August 1929 mit dem Inkrafttreten dieser Verordnung ihre Gültigkeit.

Gegeben in der Versammlung des Senats, Hamburg, den 3. September 1930.

Anlage 1 zur Seefrachtordnung.

Vorschriften über die bedingungsweise zur Beförderung mit Kauffahrteischiffen zugelassenen Gegenstände.

I. Teil. Allgemeine Bestimmungen.

§ 1.

Begriffsbestimmungen.

(1) Verladeschein ist der Schiffszettel, nicht das Konnossement.

(2) Personenschiff ist ein Schiff, das bei Reisen in der Nahfahrt, der Küstenfahrt und der kleinen Fahrt mehr als 12, bei weiteren Reisen mehr als 24 Fahrgäste an Bord hat, soweit nicht in den Verladungsvorschriften des II. Teils andere Bestimmungen getroffen werden.

(3) Auswandererschiff ist ein nach außereuropäischen Häfen bestimmtes Seeschiff, mit dem, abgesehen von den Kajütsreisenden, mindestens 25 Fahrgäste befördert werden sollen.

Personen, die infolge höherer Gewalt oder infolge der Verpflichtung des Kapitäns, Schiffbrüchige oder andere Personen aufzunehmen, an Bord sind, zählen nicht als Fahrgäste.

§ 2.

Zusammenpacken und Zusammenladen.

Die bedingungsweise zur Beförderung zugelassenen Gegenstände dürfen miteinander oder mit anderen Gegenständen in einem Versandstück nur zusammengepackt werden, soweit es in der Anlage 2 der Seefrachtordnung ausdrücklich gestattet ist. Sie dürfen miteinander und mit anderen Gegenständen in demselben Raum zusammengeladen werden, wenn dieses nicht in den Verladungsvorschriften des II. Teils verboten ist.

§ 3.

Bescheinigungen.

(1) Bei Verschiffung der bedingungsweise zugelassenen Gegenstände und Stoffe der Güterklassen I bis VIa des II. Teils hat der Ablader auf dem Verladeschein unter vollgültiger Firmenzeichnung folgende verantwortliche Erklärungen abzugeben:

a) bei allen Gütern, die nicht mit anderen in einem Versandstück zusammengepackt sind, die Erklärung, daß die Verpackung den Vorschriften der Anlage 1 der Seefrachtordnung entspricht, bei allen Gütern, die mit anderen in einem Versandstück zusammengepackt sind, die Erklärung, daß die in der Anlage 2 zur Seefrachtordnung gestatteten Gewichtsgrenzen innegehalten sind und daß sich die Güter in der dort vorgeschriebenen Sonderverpackung befinden;

b) weiter bei Sendungen aus den Gruppen Ia, b, c die Erklärung, daß die Beschaffenheit der Stoffe oder Gegenstände den Zulassungsbedingungen genügt, die im Güterverzeichnis der Anlage 1, II. Teil, der Seefrachtordnung gestellt werden;

c) endlich die besonderen Erklärungen, die für verschiedene Güter in den Verladungsvorschriften des II. Teils dieser Anlage gefordert werden.

(2) Diese Erklärungen können bei Sendungen von Sprengstoffen (Ia), Munition (Ib) und Gasen (Id) aus den Beständen der Verwaltung der Wehrmacht ohne weiteres abgegeben werden.

(3) Bei anderen als den im Absatz (2) bezeichneten bedingungsweise zugelassenen Sendungen der Klassen I bis VIa darf der Ablader die Erklärungen nur abgeben auf Grund entsprechender Bescheinigungen seines Auftraggebers. Bei der Erteilung eines Verladeauftrages für bedingungsweise zur Beförderung zugelassene Gegenstände hat der Auftraggeber des Abladers diesem für jedes Gut die Güterklasse und die Ziffer der Seefrachtordnung sowie die Eigenschaft des Gutes (z. B. „feuergefährlich") anzugeben.

(4) Bescheinigungen des Auftraggebers über Sprengstoffe und Munition müssen durch vereidete Sachverständige oder von der Eisenbahnverwaltung anerkannte Chemiker bestätigt sein unter ausdrücklicher Beziehung auf

die nach den Prüfungsbestimmungen des Reichsverkehrsministeriums gemäß Anlage C I der Eisenbahnverkehrsordnung vorgenommenen Prüfungen.

(5) Alle Bescheinigungen müssen für den Einzelfall ausgestellt sein.

§ 4.

Ausländische Durchfuhrgüter.

Sollen aus dem Auslande kommende bedingungsweise zur Beförderung zugelassene Gegenstände im Geltungsbereich dieser Bestimmungen in Kauffahrteischiffe weiterverladen werden, so gelten nachstehende Vorschriften:

1. Die Verladung explosionsgefährlicher Gegenstände, für die eine gültige, nach den Bestimmungen der Anlage C zur Eisenbahnverkehrsordnung vorgenommene inländische Prüfung nicht nachgewiesen werden kann, und selbstentzündlicher Stoffe (§ 1 Ziffer 1, I und II der Seefrachtordnung sowie Klassen I und II des II. Teils dieser Anlage) bedarf der besonderen Genehmigung der Polizeibehörde.

   Sie ist davon abhängig zu machen, daß die Gegenstände oder Stoffe ihrer Beschaffenheit nach nicht gefährlicher sind als die in den Klassen I und II des II. Teils dieser Anlage aufgeführten.

2. Die Verpackung muß mindestens gleiche Sicherheit gewähren wie die in den Klassen I bis VIa des II. Teils und in der Anlage 2 der Seefrachtordnung für die Gegenstände gleicher Gattung vorgeschriebene.

   Von der Übereinstimmung der Bezeichnung der Behälter mit den Vorschriften des II. Teils dieser Anlage und der Anlage 2 der Seefrachtordnung kann abgesehen werden, wenn die besondere Übergabe der Sendungen an den Verfrachter oder seinen Stellvertreter unter Angabe der behördlich auferlegten Verladungsvorschriften (s. 4) sichergestellt wird.

3. Die Genehmigung zur Verladung kann nach dem Ermessen der Behörde einem Unternehmer für Gegenstände derselben Art und Herkunft von Fall zu Fall, auf Zeit oder bis auf Widerruf erteilt werden.

4. In der schriftlich zu erteilenden Genehmigung ist zugleich festzusetzen, welche Verladungsvorschriften des II. Teils dieser Anlage anzuwenden sind. Der Ablader hat die Urschrift oder eine von ihm bestätigte Abschrift den Verladescheinen an Stelle der im § 3 vorgeschriebenen Erklärung beizufügen.

§ 5.

Verladungsanmeldung.

(1) Der Ablader hat die Verladescheine über bedingungsweise zur Beförderung zugelassene Gegenstände dieser Anlage dem Verfrachter oder seinem Vertreter so rechtzeitig zu übergeben, daß die Anordnungen für die den Vorschriften entsprechende Verladung, auch unter Berücksichtigung etwa schon eingenommener Teilladungen, getroffen werden können.

(2) Bestehen Zweifel darüber, ob dies auf Grund der Verladescheine selbst noch möglich sein wird, so ist eine besondere Anmeldung vorauszuschicken. Diese Anmeldung muß Art, Umfang und Eigenschaft der Sendung sowie deren Gattungsziffer oder sonstige Bezeichnung nach dem II. Teil enthalten.

§ 6.

Feuerverhütungsmaßnahmen für die Laderäume und andere Schiffsräume.

Die Räume, in denen sich Sprengstoffe und andere explosionsfähige Stoffe, Munition und Feuerwerkskörper (Ia, b, c Ziffer 3 des II. Teils) sowie leicht brennbare Ladungen jeder Art befinden, dürfen *nur mit elektrischen oder gut verschlossenen Kerzen- oder Pflanzenöllampen* betreten werden. Für Räume, in denen *entzündliche* verdichtete oder verflüssigte Gase (Id), Stoffe, die in Berührung mit Wasser entzündliche oder die Verbrennung unterstützende Gase entwickeln (Ie), brennbare Flüssigkeiten (IIIa) oder feste leicht entzündbare Stoffe (IIIb) verstaut sind oder in die Gase der genannten Ladungen eingedrungen sein können, sind ausschließlich tragbare elektrische Lampen ohne Kabelleitung, für Räume mit Kohlen und solche, die Kohlengasen zugänglich sind, nur sogenannte Sicherheits-(Gruben-)Lampen zu verwenden. In allen diesen Räumen ist es untersagt, Feuer oder glühende Körper außer den angeführten Leuchtmitteln in irgendeiner Form zu gebrauchen oder damit zu hantieren, insbesondere auch zu rauchen.

§ 7.

Sicherheitslampen.

(1) Die Sicherheits-(Gruben-)Lampen müssen vor Antritt längerer Reisen, sonst zweimal jährlich auf Explosionssicherheit geprüft und an Bord in gutem Zustand

gehalten werden. Über jede Prüfung ist ein Vermerk in das Schiffstagebuch einzutragen.

(2) Im übrigen sind die bezüglichen Unfallverhütungsvorschriften der Seeberufsgenossenschaft und die „Grundsätze für die Einrichtung, Aufbewahrung und Instandhaltung der Sicherheitslampen an Bord deutscher Schiffe" (Anlage 3 der im Auftrage des Reichswirtschaftsministeriums herausgegebenen Druckschrift „Steinkohlenladungen in Kauffahrteischiffen") zu beachten.

§ 8.

Laden und Löschen.

(1) Während des Ladens und Löschens der im § 6 bezeichneten Güter mit Ausnahme von Steinkohlen darf auch in der Nähe der Ladeluken und Transportwege nicht geraucht werden.

(2) Wird während des Ladens oder Löschens von Sprengstoffen und anderen explosionsfähigen Stoffen (Ia), von Munition (Ib) sowie von größeren Mengen selbstentzündlicher Stoffe (II), brennbarer Flüssigkeiten (IIIa) und fester leicht entzündbarer Stoffe (IIIb) Feuer auf dem Schiffe unterhalten, so sind geeignete Vorkehrungen zur Verhütung des Funkenflugs zu treffen; z. B. sind die Schornsteine der Schiffskombüsen, Öfen und Hilfskessel, sofern sie nicht in den Hauptschornstein eingeführt sind, im Umkreis von 30 m von den Luken und Transportwegen mit wirksamen Funkenfängern zu versehen.

(3) Wenn das Laden oder Löschen bei Dunkelheit stattfindet, müssen die Verladungsplätze durch hoch angebrachte feste Laternen beleuchtet werden, die nicht durch leicht entzündliche Öle, wie Petroleum, gespeist sein dürfen.

§ 9.

Behandlung der Versandstücke.

(1) Bei der Beförderung von Behältern mit bedingungsweise zugelassenen Gegenständen ist mit besonderer Sorgfalt zu verfahren, insbesondere sind die Verpackungen vor Beschädigungen, explosionsgefährliche Gegenstände auch schon vor Erschütterungen durch Stöße, Herabfallen, Umkanten oder Rollen zu bewahren. Fässer mit organischen Nitrokörpern der 1. Gruppe (Abschnitt Ia, A., 1. Gruppe, b) dürfen gerollt werden.

(2) Packgefäße, die eine die sichere Beförderung gefährdende Beschädigung erlitten haben, dürfen nicht verladen werden. Das gilt insbesondere von allen Packgefäßen, bei denen die vorgeschriebene Dichtheit nicht mehr vorhanden ist, also z. B. auch von Kalziumkarbidbehältern, bei denen sich Azetylengeruch bemerkbar macht. In Zweifelsfällen ist die Verladung davon abhängig zu machen, daß ein Sachverständiger sie nach sorgfältiger Prüfung der Behälter für zulässig erklärt.

(3) Während der Beförderung bemerkte Gefährdung der Ladung durch beschädigte Versandstücke hat der Schiffsführer unverzüglich durch geeignete Maßnahmen zu beseitigen.

§ 10.

Sprengstofferlaubnisschein.

Der Führer eines Kauffahrteischiffes, auf dem sich Sprengstoffe befinden, die dem § 1 Abs. 1 des Reichsgesetzes gegen den verbrecherischen und gemeingefährlichen Gebrauch von Sprengstoffen vom 9. Juni 1884 (Reichsgesetzblatt Seite 61) unterliegen, muß während des Aufenthaltes seines Schiffes im Reichsgebiete den vorgeschriebenen Erlaubnisschein zum Besitze von Sprengstoffen oder dessen beglaubigte Abschrift an Bord haben und auf Verlangen vorzeigen.

§ 11.

Abzeichen für Schiffe mit Sprengstoffladungen.

Auf deutschen Seewasserstraßen und Binnengewässern müssen Kauffahrteischiffe, die mehr als 35 kg (Rohgewicht) Sprengstoffe (Ia) oder Munition (Ib mit Ausnahme der Ziffern 1, 3 und 4) geladen haben, bei Nacht im Vortopp ein grünes Licht, bei Dampfschiffen mindestens zwei Meter höher als das Dampferlicht, bei Tage eine weit erkennbare, stets ausgespannt zu haltende schwarze Flagge mit weißem P führen[1].

§ 12.

Auswandererschiffe.

Die für Auswandererschiffe erlassenen besonderen Beschränkungen für die Beförderung gefährlicher Gegenstände werden von diesen Vorschriften nicht berührt.

[1] Vgl. § 17 der Seewasserstraßenordnung vom 31. März 1927 (Reichsgesetzblatt II Seite 157).

II. Teil. Einzelbestimmungen.[1]

Einteilung.

I. Explosionsgefährliche Gegenstände
  Ia. Sprengstoffe und andere explosionsfähige Stoffe
    A. Sprengmittel, 1., 2., 3. Gruppe . . . .
    B. Schießmittel 1., 2. Gruppe . . . . . .
    C. Andere explosionsfähige Stoffe . . .
  Ib. Munition . . . .
  Ic. Zündwaren, Feuerwerkskörper u. dgl. . .
  Id. Verdichtete oder verflüssigte Gase . . .
  Ie. Stoffe, die in Berührung mit Wasser entzündliche oder die Verbrennung unterstützende Gase entwickeln . . . . . .
II. Selbstentzündliche Stoffe . . . .
IIIa. Brennbare Flüssigkeiten . . . .
IIIb. Feste leicht entzündbare Stoffe . . . .
IV. Giftige Stoffe . . . .
V. Ätzende Stoffe . . . .
VI. Sonstige gefährliche Güter . . . .
  VIa. Feste. nicht selbstenzündliche, bei Temperaturen über 200° C durch Abgabe von Sauerstoff oder anderen, ähnlich wirkenden Gasen die Verbrennung unterstützende Stoffe . . . .
  VIb. Massengüter, die der Selbsterhitzung unterliegen . . . .

I. Explosionsgefährliche Gegenstände.

Ia. Sprengstoffe und andere explosionsfähige Stoffe.

Zur Beförderung sind nur die nachstehend aufgeführten Stoffe zugelassen:

A. Sprengmittel.

1. Gruppe.

Güterverzeichnis Ia. A. 1. Gruppe

a) Nachstehende Ammonsalpetersprengstoffe, sofern sie in allgemeinen Eigenschaften und

[1] Das Güterverzeichnis und die Verpackungsvorschriften der Abschnitte I bis VIa schließen sich im allgemeinen denen der Anlage C zur Eisenbahn-Verkehrsordnung an; sachliche Abweichungen davon sind durch fetten Druck hervorgehoben.
Die Verpackungsvorschriften, welche zu den einzelnen Positionen des Güterverzeichnisses gehören, sind anschließend an die jeweiligen Positionen des Güterverzeichnisses abgedruckt, die Verladungsvorschriften hinter den einzelnen Positionen des Güterverzeichnisses und den Verpackungsvorschriften. (Hinweis jeweils durch entsprechende Fußnote bei den Vorschriften für die Verpackung.) Der amtliche Text ist im übrigen unverändert.

Zusammensetzung den Anforderungen der Anlage C zur Eisenbahnverkehrsordnung unter a der 1. Gruppe der Sprengmittel entsprechen und vom Reichsverkehrsministerium zur Beförderung auf deutschen Bahnen zugelassen sind.

I. Sprengstoffe, die durch Polizeiverordnungen der Länder (Bergbaulisten) zum Vertrieb an den Bergbau zugelassen sind:

A. Gesteinssprengstoffe.

Ammonit 1 bis 7,
Ammongelatine 1.

B. Wettersprengstoffe.

Wetter-Ammoncahücit, Wetter-Bradit, Wetter-Dahmenit, Wetter-Detonit, Wetter-Donarit, Wetter-Fördit, Wetter-Lignosit, Wetter-Monachit, Wetter-Rhenanit, Wetter-Romperit, Wetter-Sonnit, Wetter-Westfalit, sämtlich mit angehängten Buchstaben A, B, C usw.

II. Sprengstoffe, die nicht durch Polizeiverordnungen der Länder (Bergbaulisten) zum Vertrieb an den Bergbau zugelassen sind: Ammoncahücit, auch Gesteins-Ammoncahücit, Ammoncarbonit, Ammon-Praeposit, Ammonraschit, Astralit, auch Gesteins-Astralit, Danolit, Dominit, auch Gesteins-Dominit, Donarit, auch Gesteins-Donarit, Dorfit, Fördit, auch Gesteins-Fördit, Halalit, auch Gesteins-Halalit, Lignosit, auch Gesteins- oder Kohlen-Lignosit, Monachit, auch Gesteins-Monachit, Rhenanit, auch Gesteins-Rhenanit, Rivalit, auch Gesteins-Rivalit, Romperit, auch Gesteins-Romperit, Tremonit, auch Gesteins-Tremonit, Walsroder Sicherheitssprengstoff, Gesteins-Westfalit, Kohlen-Westfalit, sämtlich auch mit angehängten Buchstaben und oder Zahlen.

Kammersprengstoff A.

Fulmenit 1, Fulmenit 2, Fulmenit 3.

Verpackung*

(1) Diese Sprengstoffe müssen mit Ausnahme des Kammersprengstoffs A und der Fulmenite 1, 2 und 3 patroniert sein. Die Patronen sind in luftdicht zu verschließende Blechbüchsen und diese in haltbare Holzbehälter zu verpacken. Der Kammersprengstoff A ist in Pakete von höchstens 2,5 kg Gesamtgewicht zu verpacken, die in haltbare Holzbehälter fest einzulegen sind. Die Fulmenite 1, 2 und 3, die auch nicht paketiert zu sein brauchen, sind in starke, dichte Holzbehälter zu verpacken, die mit zähem Papier gut auszulegen sind.

(2) Die Sprengstoffe können auch in Papierhülsen patroniert sein, die in Paraffin oder Zeresin getaucht werden. Diese Patronen müssen

---

* Verladungsvorschriften s. S. 88 ff.

durch eine feste Umhüllung von Papier zu Paketen vereinigt sein. Auch nicht getränkte Patronen bis zum Gesamtgewicht von 2,5 kg dürfen zu Paketen vereinigt werden, wenn diese durch einen Überzug von Zeresin oder Harz vollständig von der Luft abgeschlossen sind. Die Pakete sind in starke, dichte, sicher zu verschließende Holzbehälte fest zu verpacken.

(3) Der Inhalt eines Behälters darf höchstens 50 kg, bei den Fulmeniten 1, 2 und 3 höchstens 25 kg betragen.

(4) Die Behälter müssen in deutlicher, haltbarer Aufschrift den Sprengstoffnamen und die Angabe: „A S. | Explosiv |“ tragen.

Güterverzeichnis Ia. A. 1. Gruppe

b) Organische Nitrokörper von der in der Anlage C zur Eisenbahnverkehrsordnung unter b der 1. Gruppe der Sprengmittel bezeichneten Art, nämlich:

α) In Wasser unlöslich, keine explosiven Salze bildend:

Trinitrotoluol, auch im Gemenge mit Ammonsalpeter (60 : 40; gestrecktes Füllpulver) oder in anderem Gemenge, auch mit Trinitronaphthalin (Merkurit) oder mit Dinitrotoluol, Terpentin und höchstens 0,5 % Kollodiumwolle (Plastrotyl), ferner sogenanntes flüssiges Trinitrotoluol und plastisches Trinitrotoluol, ferner in grepreßtem Gemenge mit Ammonsalpeter und Aluminium (Ammonal),
Trinitroanisol,
Trinitroxylol,
Trinitromesitylen,
Trinitropseudokumol,
Trinitrobenzol,
Trinitrochlorbenzol,
Trinitroanilin,
Tetranitronaphtalin,
Hexanitrodiphenylamin,
Hexanitrodiphenylsulfid.

β) In Wasser löslich:

Pikrinsäure,
Trinitrobenzoesäure,
Trinitrokresol,
Tetranitronaphthol.

γ) Alle diese Stoffe (α und β), auch im Gemenge miteinander oder mit anderen aromatischen Nitrokörpern, die keine Sprengstoffe im Sinne des § 54 der Eisenbahnverkehrsordnung sind, wie z. B. Mononitrotoluol, auch mit anderen, die Gefahr nicht erhöhenden Zusätzen. Hierzu gehören:

I. Sprengstoffe, die durch Polizeiverordnungen der Länder (Bergbaulisten) zum Vertrieb an den Bergbau zugelassen sind, und zwar:
Pikrit,
Hexamit.

II. Sprengstoffe, die nicht durch Polizeiverordnungen der Länder (Bergbaulisten) zum Vertrieb an den Bergbau zugelassen sind, und zwar:
Silvit I und II.

Sprengstoffgemische, die aus den unter α), β) und γ) bezeichneten organischen Nitrokörpern auch ohne andere Zusätze bestehen und nach dem vorwiegenden Bestandteil bezeichnet werden (wie z. B, Trinitrotoluolgemisch für ein Gemenge aus viel Trinitrotoluol und wenig Dinitrotoluol).

Verpackung*

(1) Diese organischen Nitrokörper und Gemenge aus solchen müssen in starke, dichte, sicher zu verschließende Holzbehälter fest verpackt sein. Statt der Holzbehälter können auch widerstandsfähige, wasserdichte (sogen. amerikanische) Pappefässer verwendet werden. Das sogenannte flüssige Trinitrotoluol darf außer in starke, dichte, sicher zu verschließende Holzbehälter auch in eiserne Behälter verpackt sein; diese müssen einen völlig dichten Verschluß haben, der im Falle eines Brandes dem Drucke der im Innern des Behälters sich entwickelnden Gase nachgibt.

Merkurite, Silvite, Hexamit und Pikrit sind nach den Vorschriften für Ammonsalpetersprengstoffe α) zu verpacken, bei den beiden letzteren kann die Paraffinierung oder Zeresinierung fortfallen.

(2) Die Behälter müssen in deutlicher, haltbarer Aufschrift den Sprengstoffnamen und die Angabe: „N K. | Explosiv |" tragen, **bei den Stoffen unter β mit dem Zusatz „In Wasser löslich".**

Zu β. Die Verpackung der wasserlöslichen Nitrokörper muß wasserdicht sein; es darf dabei aber kein Blei verwendet werden.

Güterverzeichnis Ia. A. 1. Gruppe

c) Nitrozellulose[1] Schießbaumwolle, Kollodiumwolle), sofern sie den Stabilitätsanforderungen für den Versand auf deutschen Eisenbahnen genügt, und zwar:

α) Nitrozellulose, nicht gepreßt, bei einem Verhältnis von 75 Gewichtsteilen trockener Nitrozellulose auf mindestens 25 Gewichtsteile Wasser oder Alkohole (Äthyl-, Propyl-, Butyl-, Amyl-Alkohol)

[1] Die Beförderung von Nitrozellulose mit 50 und mehr v. H. Wassergehalt in Gummibeuteln unterliegt keiner Beschränkung. Auch Nitrozellulose mit 50 und mehr v. H. Alkoholgehalt, dessen Bestand durch die Verpackung sichergestellt ist, fällt nicht unter die Vorschriften für Sprengstoffe. Sie ist wie Alkohol (IIIa) zu behandeln.

* Verladungsvorschriften s. S. 88 ff.

oder eines Gemisches aus gleichen Teilen von diesen Alkoholen und Kampfer.

β) Nitrozellulose, gepreßt, mit mindestens 15 v. H. Wassergehalt (85 Teile Trockenstoff und 15 Teile Wasser) (Vgl. auch dritte Gruppe unter b).

Verpackung*

(1) Nitrozellulose, nicht gepreßt, mit mindestens 25 v. H. Wasser oder Alkoholen, oder Alkoholen und Kampfer (α), und gepreßte Nitrozellulose mit mindestens 15 v H. Wasser (β) sind luft-, wasser- und alkoholdicht in starke, dichte, sicher zu verschließende Holzbehälter oder in widerstandsfähige, wasserdichte (sogenannte amerikanische) Pappefässer oder in innen verzinkte (verbleite) Eisenfässer mit einem dichten Verschluß, der einem etwaigen inneren Drucke nachgibt, fest zu verpacken. Bei den Holzbehältern und den Pappefässern ist die geforderte Luft-, Wasser- und Alkoholdichtheit durch geeignete dichte Einlagen, z. B. Zinkblecheinsätze oder eine nicht unterbrochene Paraffinpapierauslegung, herzustellen.

(2) Die Behälter müssen die deutliche, haltbare Aufschrift: „Nasse Nitrozellulose, | Explosiv |" tragen.

Güterverzeichnis Ia. A. 1. Gruppe

d) Nachstehende schwarzpulverähnliche, handhabungssichere Sprengstoffe, sofern sie in allgemeinen Eigenschaften und Zusammensetzung den Anforderungen der Anlage C der Eisenbahnverkehrsordnung unter d) der 1. Gruppe der Sprengmittel entsprechen und vom Reichsverkehrsministerium zur Beförderung auf deutschen Bahnen zugelassen sind:

I. Sprengstoffe, die durch Polizeiverordnungen der Länder (Bergbaulisten) zum Vertrieb an den Bergbau zugelassen sind:

Sprengpulver 4,
Sprengsalpeter 2 bis 4.

II. Sprengstoffe, die nicht durch Polizeiverordnungen der Länder (Bergbaulisten) zum Vertrieb an den Bergbau zugelassen sind:

Rosenheimer Sicherheitssprengpulver, Sicherheitssprengpulver der Dynamit-Aktien-Gesellschaft vormals Alfred Nobel & Co.

Verpackung*

(1) Diese schwarzpulverähnlichen, handhabungssicheren Sprengstoffe müssen wie die Ammonsalpetersprengstoffe (a) verpackt sein. Die Patronenhüllen für Rosenheimer Sicherheitssprengpulver und für Sicherheitssprengpulver der Dynamit-Aktiengesellschaft vorm. Alfred Nobel & Co. dürfen aus Pergamentpapier hergestellt sein; auch dürfen diese Pulver in Mengen von höchstens 2,5 kg Gesamtgewicht in starkes, paraffiniertes Papier oder in Pergamentpapier verpackt sein. Der Inhalt eines Behälters darf höchstens 25 kg betragen.

(2) Die Packgefäße müssen in deutlicher, haltbarer Aufschrift den Sprengstoffnamen und die Angabe: „S P. | Explosiv |" tragen.

* Verladungsvorschriften s. S. 88 ff.

Güterverzeichnis Ia. A. 2. Gruppe

2. Gruppe.

a) Organische Nitrokörper (vergl. auch 1. Gruppe unter b), nasse, von der in der Anlage C zur Eisenbahn-Verkehrsordnung unter a) α) und β) der 2. Gruppe der Sprengmittel bezeichneten Art.

Verpackung*

(1) Diese mit Wasser angefeuchteten Nitrokörper sind in haltbare Holzgefäße mit Zinkblecheinsatz, die zwischen Deckel und oberem Rande eine Gummidichtung besitzen, zu verpacken. Für die in Wasser löslichen nassen Nitrokörper (Ia A 2a b der Eisenbahn-Verkehrsordnung) muß der Einsatz aus einem Stoff (z. B. Ton) bestehen, der mit den nassen Nitrokörpern keine Verbindungen bildet. Der Wassergehalt ist so zu bemessen, daß er während der gesamten Beförderungsdauer nicht unter 25 v. H. sinkt.

(2) Der Inhalt eines Behälters darf höchstens 25 kg betragen.

(3) Die Behälter müssen die deutliche und haltbare Aufschrift „Nasse Nitrokörper. ‖ Explosiv ‖" tragen.

Güterverzeichnis Ia. A. 2. Gruppe

b) Nachstehende Chlorat- und Perchloratsprengstoffe, sofern sie in allgemeinen Eigenschaften und Zusammensetzung den Anforderungen der Anlage C der Eisenbahn-Verkehrsordnung unter b der 2. Gruppe der Sprengmittel entsprechen und vom Reichsverkehrsministerium zur Beförderung auf deutschen Bahnen zugelassen sind:

I. Sprengstoffe, die durch Polizeiverordnungen der Länder (Bergbaulisten) zum Vertrieb an den Bergbau zugelassen sind:

A. Chloratsprengstoffe.
Chloratit 1 bis 3.

B. Perchloratsprengstoffe.
Perchloratit 1 bis 3.

II. Sprengstoffe, die nicht durch Polizeiverordnungen der Länder (Bergbaulisten) zum Vertrieb an den Bergbau zugelassen sind:

(Zur Zeit nicht im Verkehr.)

Verpackung*

(1) Diese Chlorat- und Perchloratsprengstoffe müssen patroniert sein. Die Patronen müssen mit Paraffin oder Zeresin überzogen oder in paraffiniertes oder zeresiniertes Papier eingeschlagen und durch eine feste Umhüllung von Papier zu Paketen bis 2,5 kg Gewicht vereinigt sein; bei Chloratit 3 darf anstatt der paraffinierten (zeresinierten) Überzugs oder statt des paraffinierten (zeresinierten) Umschlags eine Umhüllung aus gut geleimten Papier treten. Die Pakete müssen in starke, dichte, sicher zu verschließende Holzbehälter fest verpackt sein. In dem Behälter etwa leer bleibende Räume müssen mit geeigneten

---

* Verladungsvorschriften s. S. 88 ff.

Verpackungsstoffen derart ausgefüllt sein, daß die Pakete sich nicht bewegen können.

(2) Der Inhalt eines Behälters darf höchstens 25 kg betragen.

(3) Die Behälter müssen in deutlicher, haltbarer Aufschrift den Sprengstoffnamen und je nach der Art des Sprengstoffes die Angabe „Chl. ‖ Explosiv ‖" oder „Perchl. ‖ Explosiv ‖" tragen.

Güterverzeichnis Ia. A. 2. Gruppe
c) Nitrierte Chlorhydrine.

Verpackung*

(1) Nitrierte Chlorhydrine sind in starke, dicht zu verschließende Metallgefäße zu verpacken, die nur bis 9/10 ihres Fassungsraumes gefüllt sein und nicht mehr als 25 kg nitrierte Chlorhydrine enthalten dürfen. Jedes Gefäß ist einzeln in einen starken Holzbehälter mit Sägemehl so einzusetzen, daß es überall von einer mindestens 10 cm starken Schicht des Verpackungsstoffes umgeben ist.

(2) Die Holzbehälter müssen die deutliche, haltbare Aufschrift „Nitriertes Chlorhydrin. ‖ Explosiv ‖" tragen.

Güterverzeichnis Ia. A. 2. Gruppe

d) bis g). Sprengstoffe der unter d bis g genannten Art, soweit sie den in der Anlage C zur Eisenbahn-Verkehrsordnung unter d bis g der 2. Gruppe der Sprengmittel vorgeschriebenen Bedingungen entsprechen und vom Reichsverkehrsministerium in Mengen bis zu 200 kg zum Stückgutversand auf deutschen Eisenbahnen zugelassen sind.

d) Pyrolit 1, auch mit angehängten Buchstaben, Pyrolit 2, auch mit angehängten Buchstaben.

Verpackung*

(1) Pyrolite sind wie Chlorat- und Perchloratsprengstoffe b) zu verpacken, wobei auf die Güte der Zeresinierung gegen Verdampfen des Wassers besonderer Wert zu legen ist.

(2) Der Inhalt eines Behälters darf nicht mehr als höchstens 25 kg wiegen.

(3) Die Behälter müssen in deutlicher, haltbarer Aufschrift den Sprengstoffnamen und die Angabe „‖ Explosiv ‖" tragen.

Güterverzeichnis Ia. A. 2. Gruppe
e) Nitroglyzerinpulver 1, Nitroglyzerinpulver 2.

Verpackung*

(1) Nitroglyzerinpulver ist nach den Vorschriften für Ammonsalpetersprengstoffe der Gruppe a) zu verpacken.

(2) Die Behälter müssen in deutlicher, haltbarer Aufschrift den Sprengstoffnamen und die Angabe: ‖ Explosiv ‖" tragen.

---

* Verladungsvorschriften s. S. 88 ff.

Güterverzeichnis Ia. A. 2. Gruppe

f) Kammersprengstoff.

Verpackung*

(1) Kammersprengstoff braucht nicht patroniert und paketiert zu sein. Er ist in starke, dichte Holzbehälter zu verpacken, die mit zähem Papier gut auszulegen sind.

(2) Der Inhalt eines Behälters darf höchstens 40 kg betragen.

(3) Die Behälter müssen auf dem Deckel die deutliche und haltbare Aufschrift: „Kammersprengstoff, ‖ Explosiv ‖“ tragen.

Güterverzeichnis Ia. A. 2. Gruppe

g) Pentaerythrittetranitrat (Nitropentaerythrit) und Cyclotrimethyltrinitramin, beide fein kristallin und mit 30 v. H. Wasser gleichmäßig durchfeuchtet.

Verpackung*

(1) Nasses Pentaerythrittetranitrat (Nitropentaerythrit) ist in einer Gesamtmenge von höchstens 10 kg und nasses Cyclotrimethyltrinitramin in einer Gesamtmenge von höchstens 5 kg in einem dicht gewebten Leinenbeutel und mit diesem, nachdem er fest zugebunden ist, in eine Blechbüchse mit übergreifendem, dicht schließenden Deckel zu verpacken. Die Blechbüchse ist in einen haltbaren Holzbehälter derart einzusetzen, daß zwischen diesem und der Blechbüchse überall ein Zwischenraum von mindestens 3 cm verbleibt, der mit Holzmehl so dicht auszufüllen ist, daß er sich durch Rütteln während der Beförderung nicht ändern kann. Der Deckel des Holzbehälters ist mit Holzschrauben zu befestigen.

(2) Die Behälter müssen je nach ihrem Inhalt auf dem Deckel die deutliche, dauerhafte Aufschrift tragen: „Nasses Pentaerythrittetranitrat“ oder „Nasses Nitropentaerythrit“ oder „Nasses Cyclotrimethyltrinitramin“ und außerdem die Bezeichnung „‖ Explosiv ‖“.

Güterverzeichnis Ia. A. 3. Gruppe

3. Gruppe.

a) Organische Nitrokörper und Gemenge von solchen, von der in Anlage C zur Eisenbahn-Verkehrsordnung unter der 3. Gruppe der Sprengmittel bezeichneten Art.

Verpackung*

Diese organischen Nitrokörper und Gemenge von solchen sind zu verpacken, wenn sie trocken sind, wie die organischen Nitrokörper der 1. Gruppe b), wenn sie naß sind, wie die organischen Nitrokörper der 2. Gruppe a). Die Behälter müssen die deutliche, haltbare Aufschrift „Nitrokörper ‖ Explosiv ‖“ tragen.

* Verladungsvorschriften s. S. 88 ff.

Güterverzeichnis Ia. A. 3. Gruppe

b) Nitrozellulose (Schießbaumwolle, Kollodiumwolle), sofern sie den Stabilitätsanforderungen für den Versand auf deutschen Eisenbahnen genügt, und zwar:

Schießbaumwolle und Kollodiumwolle, ungepreßt, mit mindestens 15 v. H. Wassergehalt (85 Teile Trockenstoff und 15 Teile Wasser). (Vgl. auch 1. Gruppe unter c) α), β).

Verpackung*

(1) Schießbaumwolle und Kollodiumwolle müssen wasserdicht in haltbare Holzbehälter, die keine eisernen Reifen oder Bänder haben, so fest verpackt sein, daß der Inhalt sich nicht reiben kann. Außer den Holzbehältern sind auch widerstandsfähige, wasserdichte (sogenannte amerikanische) Pappefässer zulässig. Die Behälter dürfen nicht mit eisernen Nägeln verschlossen sein.

(2) Die Behälter müssen die deutliche, haltbare Aufschrift „Nitrozellulose. Explosiv" tragen.

Güterverzeichnis Ia. A. 3. Gruppe

c) Chlorat- und Perchloratsprengstoffe von der in Anlage C der Eisenbahn-Verkehrsordnung unter c der 3. Gruppe der Sprengmittel vorgesehenen Art und Zusammensetzung. (Sprengstoffe dieser Art sind zur Zeit weder im Bergbau noch sonst im Verkehr).

Verpackung*

(1) Diese Chlorat- und Perchloratsprengstoffe sind wie die gleichen Stoffe der 2. Gruppe zu verpacken.

(2) Der Inhalt eines Behälters darf höchstens 25 kg betragen.

(3) Die Behälter müssen in deutlicher, haltbarer Aufschrift den Sprengstoffnamen und je nach der Art des Sprengstoffes die Angabe „Chl. Explosiv" oder „Perchl. Explosiv" tragen.

Güterverzeichnis Ia. A. 3. Gruppe

d) Schwarzpulver und schwarzpulverähnliche Gemenge von der in Anlage C der Eisenbahnverkehrsordnung unter d der 3. Gruppe der Sprengmittel bezeichneten Art. Hierzu gehören beispielsweise folgende Sprengstoffe, die durch Polizeiverordnungen der Länder (Bergbaulisten) zum Vertrieb an den Bergbau zugelassen sind:

Sprengpulver 1 bis 3,
Sprengsalpeter 1.

Verpackung*

(1) Diese Schwarzpulver und schwarzpulverähnlichen Sprengstoffe müssen in haltbare, dichte, sicher zu verschließende Holzbehälter fest verpackt sein, die das Verstreuen und Verstauben des Inhalts sicher verhindern. Auch widerstandsfähige, wasserdichte (sogenannte ameri-

* Verladungsvorschriften s. S. 88 ff.

kanische) Pappefässer sind zulässig. Die Behälter dürfen keine eisernen Nägel, Schrauben oder sonstige eiserne Befestigungsmittel (Reifen, Bänder o. dgl.) haben. Bei Holzfässern mit einem Rohgewicht von höchstens 20 kg sowie bei Holzkisten sind jedoch auch verzinkte Drahtstifte mit versenkten Köpfen zulässig. Mit Ausnahme von eisernen sind auch metallene Packgefäße mit dichtem Verschluß zulässig, wenn entweder ihr Verschluß oder das Gefäß selbst im Falle eines Brandes dem Drucke der sich im Innern entwickelnden Pulvergase nachgeben kann.

(2) Vor der Verpackung in Holzbehälter muß loses Kornpulver in dichte, haltbare Säcke, Mehlpulver in Säcke aus Leder oder dichtem Kautschukstoff geschüttet werden.

Zur Ausfuhr über See bestimmtes Kornpulver in dichten Fässern bis höchstens 10 kg Inhalt braucht nicht zuvor in Säcke geschüttet zu sein.

(3) Das Rohgewicht eines Behälters darf höchstens 90 kg betragen.

(4) Die Behälter müssen in deutlicher, haltbarer Aufschrift den Sprengstoffnamen und die Angabe „P. Explosiv“ tragen.

Güterverzeichnis Ia. A. 3. Gruppe

e) Dynamite und dynamitähnliche Sprengstoffe aus einer zu ihrer Herstellung berechtigten deutschen oder aus einer zum Versand auf deutschen Bahnen besonders ermächtigten ausländischen Fabrik. Sie dürfen nicht gefährlicher sein als Sprenggelatine oder Gurdynamit.

Hierzu gehören beispielsweise — vorbehaltlich der den Bestimmungen der Anlage C der Eisenbahn-Verkehrsordnung unter e der 3. Gruppe der Sprengmittel entsprechenden Zusammensetzung — folgende Dynamite, die durch Polizeiverordnungen der Länder (Bergbaulisten) zum Vertrieb an den Bergbau zugelassen sind:

A. Gesteinssprengstoffe.
Dynamit 1 bis 5,
Gelatit,
Sprenggelatine.

B. Wettersprengstoffe.
a) halbgelatinöse Wettersprengstoffe.
Wetter-Astralit, Wetter-Baldurit, Wetter-Bavarit, Wetter-Salit und Wetter-Sigrit, sämtlich mit angehängten Buchstaben A, B, C usw.
b) Gelatinöse Wettersprengstoffe.
Wetter-Agesid, Wetter-Arit, Wetter-Barbarit, Wetter-Carbonit, Wetter-Markanit, Wetter-Nobelit und Wetter-Wasagit, sämtlich mit angehängten Buchstaben A, B, C usw.

Verpackung*

(1) Dynamite und dynamitähnliche Sprengstoffe müssen patroniert sein. Die Patronen, zu deren Hülsen kein gefettetes oder geöltes (wohl aber paraffiniertes) Papier verwendet sein darf, müssen durch

* Verladungsvorschriften s. S. 88 ff.

festes Umschlagpapier zu Paketen vereinigt sein. Die Pakete sind mit einer wasserdichten Umhüllung, z. B. von Wachstuch, Gummi oder geeigneten paraffinierten oder zeresinierten Stoffen (nicht aber von Pergamentpapier), in starke, dichte, sicher zu verschließende Holzbehälter, die keine eisernen Reifen oder Bänder haben, so fest einzusetzen, daß sie sich nicht verschieben können.

Bei Sendungen von Dynamiten, die zur Ausfuhr über See bestimmt sind, kann die Verpackung der Patronen in Pakete wegfallen, wenn die Verpackungskiste mit zähem, wasserdichtem Packpapier ununterbrochen und dicht ausgelegt ist, und wenn die Patronen beim Einlegen in die Kiste derart in Weichholzmehl, das bei Druck elastisch zusammenballt, eingebettet sind, daß überall, zwischen den Patronen und zwischen diesen und der Packpapierausfütterung, eine gute Ausfüllung mit Weichholzmehl vorhanden ist.

(2) Das Rohgewicht der Behälter darf höchstens 35 kg betragen.

(3) Die Behälter müssen in deutlicher, haltbarer Aufschrift den Sprengstoffnamen und die Angabe „Dyn. Explosiv" sowie die Bezeichnung des Ursprungsorts (Fabrikmarke) tragen.

Güterverzeichnis Ia. A. 3. Gruppe

f) Nicht handhabungsichere (d. h. den Bedingungen der 1. Gruppe a nicht entsprechende) Ammonsalpetersprengstoffe von der in Anlage C zur Eisenbahn-Verkehrsordnung unter f der 3. Gruppe der Sprengmittel bezeichneten Art. (Sprengstoffe dieser Art sind zur Zeit weder im Bergbau noch sonst im Verkehr.)

Für diese Ammonsalpetersprengstoffe gelten die vorstehend für Dynamit gegebenen Verpackungsvorschriften (1) bis (3).*

g) Proben anderer, neuer Sprengstoffe bis zum Gewichte von 15 kg, bei Aufgabe an amtlich anerkannte Prüfungsstellen des In- und Auslandes zur Untersuchung, soweit sie nicht gefährlicher sind als Sprenggelatine oder Gurdynamit.

Verpackung*

(1) Diese Sprengstoffproben müssen nach den Vorschriften (1) und (2) für Dynamite (vgl. e) verpackt sein.

(2) Die Behälter müssen die deutliche, haltbare Aufschrift „Sprengstoffproben. Explosiv" tragen.[1]

---

[1] Proben bis zu 5 kg Gewicht von patronierten Stoffen, die nicht gefährlicher sind als Vergleichs-Ammonit 1 (siehe A, 1. Gruppe a in der Anlage C der Eisenbahn-Verkehrsordnung), können auch in nachstehender Verpackung angenommen werden: Pakete von $2\frac{1}{2}$ kg in starker Holzkiste. Diese in hölzerner Überkiste. 5 cm Abstand zwischen den Wänden der Innenkiste und Überkiste, mit Kieselgur oder Sägemehl ausgefüllt. Bezeichnung „Explosiv" statt „Explosiv".

* Verladungsvorschriften s. S. 88 ff.

B. Schießmittel.

1. Gruppe.

Rauchschwache gelatinierte Nitrozellulosepulver und nitroglyzerinhaltige Nitrozellulosepulver — auch in Form von Kartuschen — soweit sie den Anforderungen der Anlage C der Eisenbahn-Verkehrsordnung unter Ia B, 1. Gruppe, entsprechen.

2. Gruppe.

Rauchschwache gelatinierte Nitrozellulosepulver und nitroglyzerinhaltige Nitrozellulosepulver, die den Anforderungen für die Pulver der 1. Gruppe nicht entsprechen[1].

Rauchschwache nicht gelatinierte Nitrozellulosepulver (sogenannte Mischpulver).

Schwarzpulver (gepreßt oder gekörnt) und ähnliche für Schießzwecke geeignete Pulver.

Verpackung*

a) Für die 1. und 2. Gruppe gemeinsam.

Die Schießmittel — auch in Form von Kartuschen — müssen fest in haltbare Holzbehälter verpackt sein, deren Fugen so gedichtet sind, daß kein Ausstreuen stattfinden kann. Auch widerstandfähige, wasserdichte (sogenannte amerikanische) Pappefässer sind zulässig. Die Behälter dürfen keine eisernen Nägel, Schrauben oder sonstige eisernen Befestigungsmittel (Reifen, Bänder o. dgl.) haben. Metallene Packgefäße (mit Ausnahme von eisernen) sind zulässig, wenn sie völlig dicht und nachgiebig genug sind, um die Entstehung eines eine Detonation bedingenden Innendrucks zu verhindern.

b) Für die 1. Gruppe.

Die Holzbehälter und metallenen Gefäße müssen die deutliche und haltbare Aufschrift „Rauchschwaches Pulver. | Explosiv |" tragen.

c) Für die 2. Gruppe.

(1) Loses Kornpulver muß vor der Verpackung in Tonnen oder Kisten in haltbare, dichte Säcke geschüttet sein. **Zur Ausfuhr über See bestimmtes Kornpulver in dichten Fässern bis höchstens 10 kg Inhalt braucht nicht zuvor in Säcke geschüttet zu sein.** Zum Verpacken von prismatischem Pulver in einzelnen Stücken sind starke, dichte, sicher zu verschließende Holzbehälter zu verwenden. Die Wände der Behälter müssen gezinkt, Boden und Deckel müssen durch verleimte hölzerne Nägel oder durch Messingschrauben gut befestigt sind. Innerhalb des Behälters müssen sich zur Festlegung der Pulverprismen zwei Platten von Filz oder einem ähnlichen elastischen Stoffe, die eine an einer Kopfwand, die andere unter dem Deckel befinden.

(2) Das Rohgewicht eines Behälters darf höchstens 90 kg betragen. Einzelne Kartuschen dürfen ein höheres Gewicht haben.

---

[1] Wegen poröser Nitrozellulose-Blättchenpulver (Jagdpulver) vgl. auch Verpackungsvorschriften unter d).

* Verladungsvorschriften s. S. 88 ff.

(3) Die Behälter müssen die deutliche und haltbare Aufschrift „Schießpulver. | Explosiv |" tragen.

c) Ausnahmen von den Vorschriften unter a und c für Schießmittel der 2. Gruppe in Mengen von höchstens 200 kg Gewicht und für poröse Nitrozellulose-Blättchenpulver (Jagdpulver) in unbeschränkten Mengen.

(1) Die Stoffe sind in dichte Beutel oder in gut (auch durch Umfalten) zu verschließende Tüten zu füllen, die das Verstauben und Ausstreuen verhindern. Die Beutel sind in dichte Blechbüchsen oder in sicher zu verschnürende dichte Kästchen aus starker Pappe mit gut schließendem Deckel zu verpacken. Diese sind in haltbare Holzbehälter, nötigenfalls durch Ausfüllung leerer Räume mit Holzwolle oder anderen geeigneten, trocknen Verpackungsstoffen, so fest zu verpacken, daß jedes Schlottern ausgeschlossen ist. Bei den Blechbüchsen muß der Verschluß im Falle eines Brandes dem Druck der sich im Innern entwickelnden Pulvergase nachgeben. Bei den Pappekästchen darf der Deckel eine doppelte Klappe mit sogenanntem Zungenverschluß sein, der durch ein überklebtes kräftiges Band, z. B. Isolierband, gedichtet und festgehalten sein muß. Das Schießmittel in jedem Beutel darf höchstens 1 kg wiegen.

(2) Poröse Nitrozellulose-Blättchenpulver (Jagdpulver) gelten als Schießmittel der 1. Gruppe, wenn sie in Blechbüchsen mit nachgiebigen Deckelverschluß, deren jede nicht mehr als 1 kg Pulver enthält, in kräftiges Papier eingewickelt und damit in haltbare Holzbehälter von nicht mehr als 25 kg Inhalt verpackt sind, ebenso bei Verpackung in dichte Säcke und damit in haltbare Behälter aus Zinkblech, die innen am Mantel mit 6 mm dicker Pappe und an Boden und Deckel mit Bretterscheiben dicht ausgefüttert sind. Ein Zinkblechbehälter darf nicht mehr als 30 kg Pulver enthalten.

(3) Eiserne Nägel zum Befestigen der Kistenbretter müssen verzinkt sein.

(4) In einem Behälter dürfen weder verschiedenartige Schießmittel noch Schießmittel mit anderen explosionsfähigen Stoffen zusammengepackt sein, jedoch dürfen Blechbüchsen oder Pappekästen (Abs. (1)) mit Nitrozellulosepulvern der 1. und 2. Gruppe in einem Versandbehälter zusammengepackt sein.

(5) Die Behälter müssen auf dem Deckel die deutliche und haltbare Aufschrift des Namens des Schießmittels und die Angabe tragen: „ | Explosiv | ". Außerdem sind sie mit einem Plombenverschluß oder mit einem auf zwei Schraubenköpfen des Deckels angebrachten Siegel (Abdruck der Marke) oder mit einem über Deckel und Wände geklebten, die Schutzmarke enthaltenden Zeichen zu versehen.

Güterverzeichnis Ia.

C. Andere explosionsfähige Stoffe.

Explosionsfähige Stoffe, die nicht unter A (Sprengmittel) und B (Schießmittel) aufgeführt sind, soweit sie den Prüfungsbedingungen der Anlage C der Eisenbahn-Verkehrsordnung unter I a, C genügt haben und nachstehend aufgeführt sind:

1. Benzoylperoxyd oder Benzoylsuperoxyd mit weniger als 25 v. H., aber mit mindestens 5 v. H. Wasser.
2. Baryumazid.

Verpackung*

(1) Benzoylperoxyd und Benzvylsuperoxyd sind in Pappebüchsen zu verpacken, die höchstens 2 kg Inhalt haben dürfen. Die Pappebüchsen sind in starke, dichte, sicher zu verschließende Holzkisten fest einzusetzen. Eine Kiste darf nicht mehr als 25 kg Benzoylperoxyd oder Benzoylsuperoxyd enthalten.

(2) Die Kisten müssen auf dem Deckel die deutliche, haltbare Aufschrift tragen: | Benzoylperoxyd 1 a C | oder | Benzoylsuperoxyd 1 a C .|

Verpackung*

(1) Baryumazid ist in Mengen von höchstens 500 g in Büchsen aus mindestens 1 mm starker Pappe zu verpacken. Um den Inhalt in der Büchse sicher festzulegen, ist er mit Zellstoffwatte oder einem ähnlichen elastischen Stoff, der durch den Deckel niederzuhalten ist, abzudecken. Der Deckelverschluß ist durch Umkleben mit Isolierband gegen Wasser zu dichten. Die Büchsen sind in haltbare, dicht zu verschließende Holzbehälter mit starken hölzernen Zwischenwänden unter Ausstopfung aller Hohlräume mit Holzmehl so zu verpacken, daß sie nicht schlottern können. Ein Holzbehälter darf nicht mehr als 1 kg Baryumazid enthalten.

(2) Die Holzbehälter müssen auf dem Deckel die deutliche, haltbare Aufschrift tragen: | Baryumazid I a. C .|

Verladungsvorschriften für Ia. A, B, C. Sprengstoffe und andere explosionsfähige Stoffe.

A. Verladescheine.

1. Die Sprengstoffe sind mit einem besonderen Verladeschein (Schiffszettel) anzuliefern, der mit einem mindestens 1 cm breiten roten Querstrich versehen ist und in dem andere Gegenstände nicht aufgeführt sind.
2. In den Verladescheinen ist außer Anzahl, Gattung, Zeichen und Nummer der Behälter deren Rohgewicht anzugeben.

   Bei der Inhaltsangabe sind die in der Spalte „Verpackung“ als Aufschrift für die Behälter vorgeschriebenen Bezeichnungen vollständig wiederzugeben.
3. Wegen Unterschrift und Erklärungen des Abladers siehe § 3 der Verordnung.

   Bei den Ammonsalpetersprengstoffen und den schwarzpulverähnlichen handhabungssicheren Sprengstoffen der 1. Gruppe sowie bei den Chlorat- und Perchloratsprengstoffen der 2. Gruppe der Sprengmittel und bei den unter d—g der letzten Gruppe bezeichneten Sprengstoffen muß angegeben werden, daß und wann der Sprengstoff vom Reichsverkehrsministerium zur Beförderung auf deutschen Bahnen zugelassen worden ist.

* Verladungsvorschriften s. S. 88 ff.

B. Verladung im allgemeinen.

1. Sprengstoffe dürfen, abgesehen von den unter D und E behandelten Ausnahmen, nicht in Personenschiffen befördert werden.

2. Sie müssen unter Deck in geschlossenen Räumen verladen werden, die durch wasserdichte Schotten von den Maschinen, Verbrennungsmotoren, Kesselräumen und Kohlenbunkern getrennt sind.

Die Räume dürfen keinesfalls durch die Nachbarschaft wärmeerzeugender Betriebe auf längere Zeit über 45° C erwärmt werden oder unter Dampf stehende Leitungen enthalten und müssen leicht zugänglich sein, so daß die Sprengstoffe bei Feuersgefahr ohne Aufenthalt entfernt werden können.

Als einer Verladung unter Deck entsprechend kann die zuständige Aufsichtsbehörde die Verstauung in solchen von ihr geprüften Aufbauten an Deck zulassen, die mit dem Schiffskörper fest verbunden, mit einem darüber liegenden Deck (Back, Hütte oder Bootsdeck) und mit der nötigen Lüftung versehen, in geeigneter Weise gegen äußere Wärmeeinflüsse (Sonnenbestrahlung auch auf die Bordwand, Maschinen- oder Kesselwärme u. dgl.) sowie gegen das Hineingelangen von Zündung erregenden Stoffen (glimmende Gegenstände, wie Zündhölzer, Zigarrenreste) geschützt sind, der Feuerlöscheinrichtung gut zugänglich sind und auch sonst den Vorschriften der Seefrachtordnung entsprechen.

3. Sprengstoffe dürfen nicht in derselben Schottenabteilung verladen werden mit:

Zündungen der Klasse Ib, Ziff. 2 (Ausnahmen für Segelschiffe usw. siehe 3. Absatz),

Zündwaren, Feuerwerkskörpern u. dgl., Ic, mit Ausnahme der Zündschnüre der Ziffer 1c der Klasse Ic,

den in den Verladungsvorschriften zu Id als entzündlich bezeichneten Gasen und flüssiger Luft,

Stoffen, die in Berührung mit Wasser entzündliche oder die Verbrennung unterstützende Gase entwickeln, Ie,

selbstentzündlichen Stoffen, II, mit Ausnahme der vorschriftsmäßig verpackten pyrophorischen Metalle (II Ziffer 10), brennbaren Flüssigkeiten jeder Art (z. B. IIIa), festen leicht entzündbaren Stoffen, IIIb,

Salpetersäure, Schwefelsäure und Gemischen daraus sowie Salzsäure, V Ziffer 1,

sonstigen gefährlichen Gütern, VI.

Mit anderen Gegenständen dürfen Sprengstoffe zwar zusammen in demselben Raume verladen werden, sie müssen aber durch eine geeignete Garnierung völlig getrennt und unmittelbar zugänglich gehalten werden.

Auf Segelschiffen, Motorschiffen und kleineren Dampfern ohne feste abschließbare Schottenabteilungen dürfen Sprengstoffe zusammen mit sprengkräftigen Zündungen (Ib Ziffer 2) befördert werden, wenn eine Trennung stattfindet derart, daß der eine Teil in einem unmittelbar unter einer Oberdecksluke fest und dicht hergestellten Raume, der andere Teile horizontal von diesem Raum in einem Abstand von wenigstens 15 m von dessen nächstliegender Wand untergebracht wird.

4. In ihren Räumen müssen die Sprengstoffe so gestaut werden, daß sie in horizontaler Richtung möglichst weit, mindestens aber 3 m von den Trennungswänden von Räumen entfernt bleiben, in denen Stoffe der unter 3 erwähnten Arten (einschließlich Bunkerkohlen) untergebracht sind. (Vgl. indes Vorbehalt unter 5.)

5. Mit den in der Verladungsvorschrift zu Id als entzündlich bezeichneten Gasen, den brennbaren Flüssigkeiten mit einem Flammpunkt unter 21° C (Gefahrklassen I A und I B des Abschnittes IIIa) und den festen leicht entzündbaren Stoffen, IIIb, dürfen Sprengstoffe nur dann auf demselben Schiffe befördert werden, wenn die erstgenannten Stoffe in horizontal weit von den Sprengstoffen entfernten Abteilungen (bei Dampfschiffen mindestens durch die Maschinen- und Kesselräume getrennt) oder an Deck so untergebracht werden, daß eine unmittelbare Gefährdung der mit Sprengstoffen belegten Räume bei Entzündung der Gase, der Flüssigkeiten oder der leicht entzündbaren Stoffe ausgeschlossen ist. (Ausnahme siehe E.)

6. Behälter mit Sprengstoffen sind so fest zu verstauen, daß sie gegen Scheuern, Rütteln, Stoßen, Umkanten und Herabfallen aus oberen Lagen gesichert sind.

C. Sondervorschriften für die Verladung einzelner Sprengstoffe.

1. In Wasser lösliche Nitrokörper (Sprengmittel 1. Gruppe b) β, 2. Gruppe a) und 3. Gruppe a) dürfen nicht mit Blei in demselben Raume verladen werden, also auch nicht in Räumen, die mit Blei ausgeschlagen sind.

2. Bei Verladung von Schwarzpulver und ähnlichen Gemengen (Sprengmittel 1. Gruppe d) und 3. Gruppe d), sowie Schießmittel 2. Gruppe) ist Vorsorge zu treffen, daß weder die Behälter noch der etwa ausgestreute Inhalt mit Eisen in Berührung kommen können. Beim Bewegen der Behälter darf kein eisernes Gerät (Stroppen, Stauerhaken) verwendet werden; eiserne Decke sind mit Segeltuch zu belegen; die Räume und Transportwege dürfen nicht mit Schuhen begangen werden, die mit Eisen beschlagen oder benagelt sind.

   Ausgestreuter Inhalt muß durch ausgiebiges Befeuchten unschädlich gemacht und sorgfältig entfernt werden.

D. Ausnahmsweise Zulassung auf Personenschiffen.

Sendungen von Sprengstoffen für im Auslande befindliche Teile der Wehrmacht des Deutschen Reiches sowie andere Sendungen von Nitrozellulose der 1. Gruppe der Sprengmittel und von Schießmitteln der 1. Gruppe, diese bis 500 kg, dürfen unter Beachtung der Vorschriften B 2 bis 6 und C auch in Personenschiffen befördert werden, wenn sie in einer besonderen Pulverkammer untergebracht sind, die unmittelbar zugänglich und mit Vorrichtungen zu ausgiebiger Bewässerung versehen sein muß.

E. Kleine Mengen von Sprengstoffen.

Die unter g) der 3. Gruppe der Sprengmittel bezeichneten Proben neuer Sprengstoffe bis zum Gesamtgewichte von 15 kg und gleiche Mengen anderer Sprengstoffe des Güterverzeichnisses dürfen auf allen Schiffen für sich verschlossen an einem vor Erwärmung und Feuersgefahr geschützten Orte befördert werden.

Ib. Munition.

Zur Beförderung sind nur die nachstehend aufgeführten Munitionsgegenstände zugelassen:

1. Nichtsprengkräftige Zündungen (Zündungen, deren Ladung so klein bemessen und so untergebracht ist, daß bei ihrer Entzündung keine bemerkenswerte Sprengwirkung erfolgt.)

a) Zündhütchen für Schußwaffen (Metallhütchen mit festsitzendem Zündsatz).

b) Reib- und Schlagzündschrauben, Schlagröhren und ähnliche Zündungen mit kleiner Schwarzpulverladung oder Zündmasse, Zünder für Handgranaten (auch in Stielen); Pulverkapseln für Übungsstielhandgranaten und für andere Munition, in beiden Fällen nach dem vom Reichsverkehrsministerium zur Bahnbeförderung zugelassenen und in der Chemisch-Technischen Reichsanstalt hinterlegten, auch die Schachtelverpackung mitumfassenden Muster.

c) Geschoßzünder ohne Sprengkapseln oder sonstige Einrichtungen, die eine brisante Wirkung hervorrufen. Zündmittel zu Geschoßzündern u. dgl.

d) Patronen- und Kartuschhülsen mit Zündvorrichtungen für Geschütze, Patronenhülsen für Handfeuerwaffen.

Verpackung*

Allgemein.

(1) Diese nichtsprengkräftigen Zündungen sind in starke, dichte, sicher verschlossene Behälter fest zu verpacken; zulässig sind Holzkisten, bei den Zündhütchen unter a) auch Blechkästen; die leeren Patronenhülsen unter d) können auch in Säcke verpackt werden.

(2) Die Behälter müssen die deutliche und haltbare Aufschrift tragen: „ | Nichtsprengkräftige Zündungen Ib. | Munition".

Zu a).

(1) Zündhütchen für Patronen und Kartuschen sowie Kleinkaliberzündhütchen ohne Kugel und Schrot sind in Papp- oder Blechschachteln mit übergreifendem Deckel von höchstens 250 ccm Inhalt zu füllen. Pappschachteln mit Drahtklammern müssen an der Heftstelle sorgfältig überklebt sein. Die Schachteln, durch Papierumhüllung zu Paketen vereinigt, sind in starke, dichte Holzkisten oder in Blechkästen zu verpacken. Hohlräume in den Behältern sind mit trockenen Füllstoffen wie Papier, Stroh, Holzwolle oder Hobelspänen so auszufüllen, daß jedes Schlottern verhindert wird.

---

* Verladungsvorschriften s. S. 102 ff.

(2) Zündhütchen für Geschoßzünder (Artilleriezündhütchen) oder für Schlagzündschrauben, ferner sogenannte Revolverzündhütchen sind in Pappkästen mit übergreifendem Deckel und höchstens 70 qcm Bodenfläche reihenweise nebeneinanderzustellen und durch Einlagen aus weicher Pappe und Abdecken mit Zellstoffwatte oder einem gleichartigen Füllstoff so festzulegen, daß sie sich auch bei starker Erschütterung nicht bewegen können. Die Pappkästen dürfen nur eine Schicht Zündhütchen enthalten. Sind die Wände mit Drahtklammern verbunden, so müssen die Heftstellen sorgfältig überklebt sein. Für die Vereinigung zu Paketen und Verpackung in Kisten gilt dasselbe wie für Patronenzündhütchen.

(3) Höchstes Rohgewicht eines Behälters 80 kg.

Zu b) bis d).

(1) Reib- und Schlagzündschrauben und ähnliche unter b) und c) aufgezählte Zündungen sind bis zu 100 Stück fest in Blech- oder Pappkästchen und diese in Holzkisten zu verpacken.

Pulverkapseln für Übungsstielhandgranaten und für andere Munition sind nach dem vom Reichsverkehrsministerium für die Bahnbeförderung zugelassenen und in der Chemisch-Technischen Reichsanstalt hinterlegten Muster zu verpacken.

(2) Für leere Patronenhülsen mit Zündvorrichtungen d) bestehen keine besonderen Verpackungsvorschriften.

Güterverzeichnis Ib.

2. A. Sprengkräftige Zündungen.

a) Sprengkapseln (auch mit Zeitzündung), und zwar:

α) Sprengkapseln mit einem Knallsatz aus Knallquecksilber und Kaliumchlorat,

β) Sprengkapseln mit anderen Füllungen, wenn das Reichsverkehrsministerium sie zur Bahnbeförderung besonders zugelassen hat:

Verpackung*

a) Sprengkapseln (auch mit Zeitzündung).

(1) Höchstens 100 Stück sind in einen starken Behälter aus Blech oder Pappe so zu stellen, daß auch bei starker Erschütterung die einzelnen Kapseln sich nicht bewegen können.

Der leere Raum in den einzelnen Kapseln und zwischen ihnen muß mit trockenem Hartholzmehl oder einem ähnlichen sandfreien Stoffe vollständig ausgefüllt sein. Die Ausfüllung der Kapseln kann wegfallen, wenn der Sprengsatz, z. B. durch eine innere Schutzhülse, so abgeschlossen ist, daß er bei der Beförderung nicht gelockert wird.

Bei den Blechbehältern sind Boden und Deckel mit einer Platte aus Filz, Tuch oder einem gleichartigen Stoff, die Seitenwände mit Kartonpapier so zu bedecken, daß eine unmittelbare Berührung der Sprengkapseln mit dem Blech ausgeschlossen ist.

Pappebehälter müssen außen mit Paraffin, Zeresin oder einem die Pappe in gleicher Weise wasserdicht machenden Stoff getränkt sein.

(2) Die gefüllten Behälter, welche dicht abgeschlossen sein müssen, sind mit je einem haltbaren Papierstreifen so zu umkleben, daß der Deckel fest auf den Inhalt gepreßt und ein Schlottern der Sprengkapseln verhindert wird. Je 5 Blechbehälter sind in einem Umschlag aus starkem Packpapier zu einem Paket zu vereinigen oder in eine Pappeschachtel fest einzulegen.

---

* Verladungsvorschriften s. S. 102 ff.

Die Pakete oder Schachteln sind in eine haltbare Holzkiste von mindestens 20 mm Wandstärke oder in einen starken Blechbehälter so zu verpacken, daß möglichst keine Hohlräume im Innern der Behälter entstehen. In jeder Schicht ist mindestens ein Paket oder eine Schachtel mit einem festen Bande zu umwinden; an diesem Bande muß das Paket oder die Schachtel ohne Schwierigkeit herausgenommen werden können. Hohlräume in den Behältern sind mit trockenen Füllstoffen wie Papier, Stroh, Holzwolle oder Hobelspänen auszustopfen, worauf der Deckel des Behälters, wenn dieser aus Blech besteht, aufzulöten, wenn er von Holz ist, mit Schrauben zu befestigen ist. Die Löcher für die Schrauben müssen im Deckel und in den Wänden schon vor dem Füllen der Behälter vorgebohrt sein.

(3) Der Behälter, dessen Deckel den Inhalt so niederzuhalten hat, daß ein Schlottern verhindert wird, ist in eine starke, dichte und mit Schrauben sicher zu verschließende hölzerne Überkiste von wenigstens 23 mm Wandstärke mit dem Deckel nach oben einzulegen. Zwischen dem inneren Behälter und der Überkiste muß überall ein Zwischenraum von mindestens 3 cm vorhanden sein. Der Zwischenraum muß mit trockenen Füllstoffen wie Sägespänen, Stroh, Holzwolle oder Hobelspänen fest ausgefüllt sein.

(4) Die Überkiste muß auf dem Deckel die deutliche und haltbare Aufschrift tragen: „Sprengkräftige Zündungen. | Explosiv | Ib **Munition.** Nicht stürzen!". Jede Überkiste ist mit einem Plombenverschluß oder mit einem auf zwei Schraubenköpfen des Deckels angebrachten Siegel (Abdruck oder Marke) oder mit einem über Deckel und Wände geklebten, die Schutzmarke enthaltenden Zeichen zu versehen.

(5) Eine Kiste darf höchstens 20 kg Knallsatz aus Knallquecksilber und Kaliumchlorat enthalten. Für Sprengkapseln mit anderen Füllungen als Knallquecksilber und Kaliumchlorat darf die Höchstmenge des Knallsatzes in einer Kiste die in den besonderen Zulassungsbedingungen des Reichsverkehrsministeriums für den Bahnversand erlaubte Menge nicht überschreiten.

Kisten, deren Gewicht 25 kg übersteigt, müssen mit Handhaben oder Leisten versehen sein.

(6) Für Sprengkapseln, die zu höchstens 26 Stück in ausgebohrten Holzklötzchen versandt werden, gelten folgende Vorschriften:

Die Löcher zur Aufnahme je einer Kapsel müssen durch eine mindestens 2 mm dicke Wand von einander getrennt sein. Die Sprengkapseln sind in den Löchern durch einen Schiebedeckel festzuhalten. Die die Sprengkapseln enthaltenden Holzklötzchen sind mit einer etwa 1 mm dicken Umhüllung von Pappe oder dünnem Blech zu umgeben und in eine haltbare Holzkiste von mindestens 20 mm Wandstärke wie die Schachtel mit Sprengkapseln zu verpacken. Ein Schlottern des Inhalts muß ausgeschlossen sein. Eine Überkiste ist nicht erforderlich. Verschluß und Aufschrift der Verpackungskiste wie unter (4) angegeben.

Güterverzeichnis Ib. 2. A.

b) Sprengkapseln mit elektrischen Zündern (auch mit Zeitzündung), und zwar:

α) Sprengkapseln mit einem Knallsatz aus Knallquecksilber und Kaliumchlorat,

β) Sprengkapseln mit anderen Füllungen, wenn das Reichsverkehrsministerium sie zur Bahnbeförderung besonders zugelassen hat;

Verpackung*

b) Sprengkapseln mit elektrischen Zündern.

Die Sprengkapseln sind zu höchstens 100 Stück in Pakete zu vereinigen. Die Zündungen müssen abwechselnd an das eine oder das andere Ende des Pakets gelegt sein. Höchstens 10 Pakete sind in starkes Papier einzuwickeln und zu verschnüren. Höchstens 5 solcher Sammelpakete sind in eine starke Holz- oder Blechkiste zu verpacken, in der sie mit trockenen Füllstoffen wie Papier, Stroh, Holzwolle oder Hobelspänen gegen Verschiebung gesichert sein müssen.

Im übrigen gelten die Vorschriften für Sprengkapseln unter a).

Güterverzeichnis Ib. 2. A.

c) Sprengkapseln in fester Verbindung mit Schwarzpulverzündschnur, und zwar:

α) Sprengkapseln mit einem Knallsatz aus Knallquecksilber und Kaliumchlorat,

β) Sprengkapseln mit anderen Füllungen, wenn das Reichsverkehrsministerium sie zur Bahnbeförderung besonders zugelassen hat;

Verpackung*

c) Sprengkapseln mit Schwarzpulverzündschnur.

Die Zündschnur ist zu einem Ring aufzurollen und festzubinden. Zehn Ringe sind zu einer Rolle zu vereinigen, die in starkes Packpapier einzuschlagen und zu verschnüren ist. Höchstens 10 Rollen sind in eine Holzkiste aus mindestens 12 mm starken Brettern zu legen und durch Ausfüllen der Zwischenräume mit trockenen Füllstoffen wie Papier, Stroh, Holzwolle oder Hobelspänen so zu verpacken, daß sie gegen Verschiebung gesichert sind. Diese Kisten müssen zu höchstens 10 Stück nach den Vorschriften zu a in eine Überkiste verpackt werden.

Im übrigen gelten die Vorschriften für Sprengkapseln unter a).

Güterverzeichnis Ib. 2. A.

d) Sprengkapseln mit Verzögerung und Zündhütchen (Echolotpatronen);

Verpackung*

d) Sprengkapseln mit Verzögerung und Zündhütchen (Echolotpatronen).

Sprengkapseln zu d) sind zu je 50 Stück in der von der herstellenden Fabrik eingeführten Packung und zu höchstens 10 solcher Packungen in einer haltbaren Holzkiste sicher festzulegen. Ein Muster der Packung muß bei der Chemisch-Technischen Reichsanstalt hinterlegt und von dieser als zulässig anerkannt sein. Im übrigen gelten die Vorschriften für Sprengkapseln unter a).

Güterverzeichnis Ib. 2. A.

e) Sprengkapseln in Verbindung mit einer Übertragungsladung aus gepreßtem Sprengstoff, nicht gefährlicher als Tetranitromethylanilin, sogenannte Zündladungen (Detonatoren);

---

* Verladungsvorschriften s. S. 102 ff.

Verpackung*

e) Sprengkapseln mit Übertragungsladung (Zündladungen, Detonatoren).

(1) Sprengkapseln zu e), sogenannte Zündladungen (Detonatoren) sind zu höchstens 100 Stück in Holzkisten aus 22 mm starken Brettern zu verpacken; die Kistenwände müssen gezinkt, Boden und Deckel durch Schrauben verschlossen sein. Bei Verwendung von Zinkblecheinsätzen muß die Holzkiste mindestens 16 mm Wandstärke haben. In den Holzkisten sind die Zündladungen mittels Einlagen aus Holz oder Metall derart zu lagern, daß sie unter sich und von den Kistenwänden mindestens 10 mm abstehen und gegen Verschiebung gesichert sind.

(2) Verpackung in die Überkiste, Verschluß und Aufschrift wie bei a) Sprengkapseln angegeben.

(3) Für Zündladungen, die zu höchstens 5 Stück in entsprechend ausgebohrten Holzklötzen verpackt sind, gelten folgende Vorschriften: Die Holzklötze und die sie dicht umschließenden Zinkblechbüchsen müssen dem in der Chemisch-Technischen Reichsanstalt hinterlegten Muster entsprechen. Der Deckel der Zinkblechbüchse ist durch ein über den unteren Rand des Deckels und den Büchsenunterteil geklebtes Band luftdicht zu verschließen. Höchstens 20 solcher Zinkblechbüchsen sind in eine haltbare Holzkiste von mindestens 22 mm Wandstärke so zu verpacken, daß ein Schlottern des Inhalts ausgeschlossen ist. Eine Überkiste ist nicht erforderlich.

Aufschrift wie bei a) für Sprengkapseln angegeben.

(4) Zündladungen für Torpedos (geladene Gefechtspistolen ohne Schlagbolzenvorrichtung) sind, wenn sie sich nicht in den eisernen Behältern befinden, in denen sie an Bord gegeben werden, zu höchstens 10 Stück in Holzkisten aus 22 mm starken Brettern zu verpacken; die Kistenwände müssen gezinkt, Boden und Deckel durch Schrauben verschlossen sein. Bei Verwendung von Zinkblecheinsätzen muß die Wandstärke der Holzkiste mindestens 16 mm betragen. In den Holzkisten sind die Gefechtspistolen mittels Holzeinlage derart festzulegen, daß sie unter sich und von den Kistenwänden mindestens 20 mm abstehen und gegen Verschiebung gesichert sind. Mehr als 5 Kisten dürfen nicht zusammengepackt werden. Verpackung in die Überkiste, Verschluß und Aufschrift wie bei a) für Sprengkapseln angegeben.

Güterverzeichnis Ib. 2. A.

f) Sprengkapseln in Geschoßzündern mit und ohne Übertragungsladung.

Verpackung*

f) Sprengkapseln in Geschoßzündern.

(1) Sprengkapseln in Geschoßzündern sind zu höchstens 25 Stück in Holzkisten aus 22 mm starken Brettern nach den Vorschriften für Zündladungen unter e) zu verpacken.

(2) Verpackung in die Überkiste und Verschluß wie bei a) für Sprengkapseln angegeben. Sendungen der Wehrmacht dürfen bei Verwendung der von der Heeres- oder Marineverwaltung eingeführten Versandbehälter ohne Überkiste befördert werden.

(3) Die Überkiste oder der Behälter muß die deutliche und haltbare Aufschrift tragen: „Sprengkräftige Zündungen. | Explosiv | Ib. Munition. Nicht stürzen!".

---

* Verladungsvorschriften s. S. 102 ff.

Güterverzeichnis Ib. 2.

B. Lotkapseln (Sprengkapseln, auch mit Zündhütchen, eingeschlossen in Blechgehäusen — Freilote oder Lotbomben —).

Verpackung*

(1) Lotkapseln sind zu je 24 Stück in der von der herstellenden Fabrik eingeführten Packung und zu höchstens 20 solcher Packungen in einer haltbaren Holzkiste sicher festzulegen. Ein Muster der Packung muß bei der Chemisch-Technischen Reichsanstalt hinterlegt und von dieser als zulässig anerkannt sein. Die in dem Blechgehäuse eingeschlossenen Sprengkapseln müssen zur Beförderung auf deutschen Eisenbahnen zugelassen sein.

(2) Die Kiste muß auf dem Deckel die deutliche und haltbare Aufschrift tragen: „Lotkapseln Ib. | Munition."

Güterverzeichnis Ib.

3. Zündschnüre.

Wegen Schwarzpulverzündschnüre siehe Ic, Ziffer 1c).

a) Schnellzündschnüre (Zündschnüre aus dickem Schlauch mit Schwarzpulverseele von großem Querschnitt oder mit einer Seele aus nitrierten Baumwollfäden).

b) Detonierende Zündschnüre nach dem vom Reichsverkehrsministerium zur Bahnbeförderung zugelassenen und in der Chemisch-Technischen Reichsanstalt hinterlegten, auch die Verpackung mitumfassenden Muster.

Verpackung*

(1) Zündschnüre sind in haltbare, dichte, sicher zu verschließende Holzbehälter so zu verpacken, daß ein Ausstreuen oder Verstäuben des Pulvers sicher verhindert wird. Statt der hölzernen Behälter können auch widerstandsfähige, wasserdichte, (sogenannte amerikanische) Pappefässer verwendet werden.

(2) Höchstgewicht der Zündschnüre in einem Behälter 60 kg.

(3) Detonierende Zündschnüre b sind nach dem vom Reichsverkehrsministerium für die Bahnbeförderung zugelassenen und in der Chemisch-Technischen Reichsanstalt hinterlegten Muster zu verpacken.

(4) Die Behälter müssen die deutliche und haltbare Aufschrift tragen: „Zündschnüre Ib Munition".

Güterverzeichnis Ib.

4. Patronen für Handfeuerwaffen.

a) Fertige Metallpatronen mit Hülsen aus Metall. Die Geschosse müssen mit den Hülsen so fest verbunden sein, daß sie sich nicht ablösen können und ein Ausstreuen der Pulverladung verhindert ist.

---

* Verladungsvorschriften s. S. 102 ff.

b) Fertige Patronen, deren Hülsen nur zum Teil aus Metall bestehen. Das Pulver muß durch einen Pfropfen oder Spiegel abgeschlossen, die Pappe der Patrone so beschaffen sein. daß sie bei der Beförderung nicht bricht.

c) Flobertmunition (Zündhütchen mit Kugel oder Schrot).

Verpackung*

(1) Die Patronen für Handfeuerwaffen sind in Behälter aus Blech, Holz oder steifer Pappe so festzulegen, daß sie sich nicht verschieben können. Die Behälter sind in starke, dichte, sicher zu verschließende Holzkisten neben- und übereinander unter Ausfüllung der Zwischenräume mit trockenen Füllstoffen wie Papier, Stroh, Holzwolle oder Hobelspänen so zu verpacken, daß jedes Schlottern verhindert wird.

(2) Das Rohgewicht einer Kiste darf 100 kg nicht überschreiten.

(3) Die Kisten müssen die deutliche und haltbare Aufschrift tragen: „| Patronen für Handfeuerwaffen Ib | Munition“.

5. Patronen und gefüllte Geschosse für Geschütze und Minenwerfer, Torpedoausstoßpatronen und Zündpatronen für Torpedos, sämtlich ohne Zünder, aus einer zu ihrer Herstellung berechtigten deutschen oder aus einer zum Versand auf deutschen Bahnen besonders ermächtigten ausländischen Fabrik.

a) Fertige Geschützpatronen (rauchschwaches Pulver in Metallhülsen, Geschoß fest in Hülse sitzend). Hierzu gehören insbesondere:
   Granatpatronen (brisanter Sprengstoff oder Schwarzpulver, auch mit Rauch- oder Nebelmasse).
   Schrapnellpatronen (Schwarzpulver in Form einer Bodenkammerladung und Kammerhülsenladung im Geschoß, Kugeln in Kolophonium o. dgl. oder in Schwarzpulver gelagert).
   Kartätschpatronen, bei denen die Kugeln in einer Metallbüchse mit einem ungefährlichen, keine explosiven Eigenschaften besitzenden Mittel festgelegt sind.
   Brandgeschoßpatronen.
   Leuchtgeschoßpatronen.

b) Geschützpatronen in getrenntem Zustand (Schüsse für Geschütze).
   Geschützladungen (Rauchschwaches Pulver in Metallhülsen oder in Kartuschbeuteln, auch mit Beiladung aus Schwarzpulver).
   Gefüllte Geschosse, Arten und Füllung wie unter a).

* Verladungsvorschriften s. S. 102 ff.

c) Wurfminen mit Treibladung (Mine gefüllt, in Bodenhöhlung: Treibladung aus rauchschwachem Pulver, im Bodenverschlußdeckel: Zündschraube).

Hierzu gehören insbesondere:

Wurfminen mit brisanter Ladung.

Leuchtminen.

Nachrichtenminen und andere Wurfminen mit Rauchladung.

d) Wurfminen ohne Treibladung, Arten wie unter c).

e) Torpedoausstoßpatronen und Zündpatronen für Torpedos.

Verpackung*

(1) Gefüllte Geschosse dürfen nicht mit sprengkräftigen Zündungen versehen sein; sie müssen an deren Stelle Verschlußschrauben haben.

(2) Die Patronen und Kartuschhülsen und die mit Treibladung versehenen Wurfminen dürfen Zündschrauben oder Zündhütchen enthalten.

(3) Die Zündschrauben und Zündhütchen müssen durch Metallbügel mit Gummieinlage, die mit drei Armen den Rand der Patronenhülse umgreifen und dadurch in ihrer Lage gesichert sind, oder durch entsprechende Einrichtungen der Packmittel (Aussparungen, mit Löchern versehene Pappeinlagen usw.) gegen Stoßwirkungen geschützt sein. Die Munition ist in haltbare Holzkisten sicher oder in andere von der Heeres- oder Marineverwaltung eingeführte, zu verschließende Behälter so fest zu verpacken, daß sie sich nicht verschieben kann.

(4) Zum Schließen von gewöhnlichen Holzkisten dürfen nur Schrauben verwendet werden.

(5) Die Packgefäße müssen mit sicheren Handhaben versehen sein und die deutliche und haltbare Aufschrift tragen: „Fertige Geschützpatronen Ib | Explosiv | **Munition.**" oder „Geschützpatronen in getrenntem Zustand Ib | Explosiv | **Munition.**" oder „Geschützladungen in Kartuschbeuteln Ib | Explosiv | **Munition.**" oder „Gefüllte Geschosse Ib | Explosiv | **Munition.**" oder „Gefüllte Wurfminen Ib | Explosiv | **Munition.**" oder „Torpedoausstoßpatronen Ib | Explosiv | **Munition.**" oder „Zündpatronen für Torpedos Ib | Explosiv | **Munition.**"

Güterverzeichnis Ib.

6. Hand- und Gewehrgranaten ohne Zünder.

Hand- und Gewehrgranaten. (Ladung: brisanter Sprengstoff, Schwarzpulver, Rauch- oder Nebelmasse).

Verpackung*

(1) Handgranaten sind zu höchstens 25 Stück in die durch die Heeres- oder Marineverwaltung eingeführten Packgefäße oder in Holzkisten aus 16 mm starken Brettern zu verpacken. In den Holzkisten sind die Handgranaten mittels Einlagen aus Holz festzulegen. In einem

* Verladungsvorschriften s. S. 102 ff.

besonderen Verschlag der Kiste können bis zu 26 Sprengkapseln in ausgebohrten Holzklötzchen, wie bei 2 A a (6) für Sprengkapseln angegeben, untergebracht werden.

(2) Gewehrgranaten sind zu höchstens 50 Stück in die durch die Heeres- oder Marineverwaltung eingeführten Packgefäße oder in Holzkisten aus 16 mm starken Brettern zu verpacken. In den Holzkisten sind die Gewehrgranaten mittels Einlagen aus Holz festzulegen.

(3) Die Behälter der Hand- und Gewehrgranaten sind mit einem Plombenverschluß oder mit einem auf zwei Schraubenköpfen des Deckels angebrachten Siegel (Abdruck oder Marke) oder mit einem über Deckel und Wände geklebten, die Schutzmarke enthaltenden Zeichen zu versehen.

(4) Die Behälter sind mit sicheren Handhaben und mit der deutlichen und haltbaren Aufschrift zu versehen: „Geladene Nahkampfmittel Ib | Explosiv | Munition.“

Güterverzeichnis Ib.

7. Brisante Sprengladungen für Geschosse, Torpedos und Minen, ferner Sprengbüchsen u. dgl., Tetrylhülsen, sämtlich ohne Sprengkapseln.

Brisante Sprengladungen für Geschosse, Torpedos und Minen; Füll- und Zündladungskörper; geballte Ladungen, Sprengbüchsen, auch sogenannte Eissprengbüchsen, Sprengkörper, Bohrpatronen, Tetrylhülsen (Kupferhülsen mit höchstens 0,7 g Tetranitromethylanilin).

Verpackung*

(1) Diese Gegenstände sind in starke, dichte. sicher zu verschließende Holzkisten so zu verpacken, daß sie sich nicht verschieben können. Die Körper aus gepreßter Pikrinsäure müssen mit einer wasserdichten Umhüllung versehen sein. Torpedogefechtsköpfe und Seeminenladungen können in ihrer Stahlhülle oder auch in den bei der Heeres- oder Marineverwaltung üblichen Packgefäßen versandt werden. Kisten von mehr als 25 kg Gewicht müssen mit starken Handhaben versehen sein

Tetrylhülsen sind zu je 100 Stück in Blechschachteln einzusetzen; von diesen Blechschachteln sind höchstens 100 Stück in einer starken, dichten, sicher zu verschließenden Holzkiste so einzusetzen, daß sie sich nicht verschieben können.

Pentaerythrittetranitrat-Körper sind in Mengen von höchstens 3 kg in starke Pappekästen derart zu verpacken, daß sie einander nicht berühren können (Fächereinsätze oder Umwicklung der Körper mit Papier). Drei solcher Kästen sind dicht nebeneinander in einen haltbaren, dichten Holzbehälter derart zu verpacken, daß zwischen den nach außen liegenden Flächen der Pappekästen und der Innenwandung des Holzbehälters ein Zwischenraum von mindestens 3 cm verbleibt. Dieser Zwischenraum ist mit Holzmehl so dicht auszufüllen, daß er sich durch Rütteln während der Beförderung nicht ändern kann. Der Deckel des Holzbehälters ist mit Holzschrauben zu befestigen.

(2) Die Kisten müssen die deutliche und haltbare Aufschrift tragen: „Brisante Sprengladungen I b | Explosiv | **Munition.**“

* Verladungsvorschriften s. S. 102 ff.

Güterverzeichnis Ib.

8. Leucht- und Signalmittel.

Hierzu gehören insbesondere:

Leuchtpatronen, M.-Patronen, Signalpatronen, R.-Patronen, Granatsignale, Hochsteigende Granatsignale, Gefüllte Lichtspurhülsen	für das Heer, die Marine, für Polizei-, Verkehrs- und Sportzwecke oder das Rettungswesen. Der Treib- oder Leuchtsatz muß so stark verdichtet sein, daß die Gegenstände beim Abbrennen nicht mehr explodieren.

Verpackung*

(1) Leucht- und Signalmittel sind in der von der Fabrik hergestellten (Ursprungs-) Verpackung in haltbare, dichte, mit Ölpapier ausgelegte Holzkisten aus mindestens 18 mm starken Brettern so festzulegen, daß sie sich bei der Beförderung nicht verschieben können. Die Wände der Kisten müssen gezinkt, Boden und Deckel durch Schrauben befestigt sein.

(2) Höchstes Rohgewicht eines Behälters 100 kg.

Die Kisten sind mit Handhaben und mit der deutlichen und haltbaren Aufschrift zu versehen: „Leuchtmittel Ib | Explosiv | Munition." oder „Signalmittel Ib | Explosiv | Munition."

Güterverzeichnis Ib. 2. B.

9. Signalfeuerwerk.

a) Kanonenschläge u. dgl. für das Heer, die Marine, für Polizei-, Verkehrs- und Sportzwecke oder das Rettungswesen, bestehend aus einer mit Bindfaden umschnürten und geleimten Papierhülse, die höchstens 200 g Kornpulver mit Zündschnur, aber ohne Sprengkapsel enthält. (Wegen Signalfeuerwerk mit höchstens 75 g Kornpulver vgl. Ic Ziffer 3b.)

b) Handleuchtzeichen.

c) Zielfeuer mit Feuer oder Stauberscheinung.

d) Blitzpatronen (Mündungsblitze).

e) Knallkapseln (früher auch Petarden genannt) für Haltesignale der Eisenbahnen.

Verpackung*

Zu a) bis d).

(1) Signalfeuerwerk muß in der von der Fabrik hergestellten (Ursprungs-) Verpackung in haltbare Holzbehälter fest verpackt sein, deren Fugen so gedichtet sind, daß kein Ausstreuen stattfinden kann. Auch widerstandsfähige, wasserdichte (sogenannte amerikanische) Pappefässer sind zulässig.

---

* Verladungsvorschriften s. S. 102 ff.

Die Behälter dürfen keine eisernen Nägel, Schrauben oder sonstige eisernen Befestigungsmittel (Reifen, Bänder o. dgl.) **haben.**

(2) Die Anzündestelle muß so verwahrt sein, daß ein Ausstreuen des Satzes ausgeschlossen ist.

(3) Höchstes Rohgewicht eines Behälters 100 kg.

(4) Die Behälter müssen die deutliche und haltbare **Aufschrift** tragen: „Signalfeuerwerk Ib | Explosiv | **Munition.**"

Zu e).

(1) Knallkapseln sind in dichtschließenden Kisten aus mindestens 22 mm starken gespundeten Brettern, die durch Verzinkung oder Holzschrauben zusammengehalten werden, zu verpacken. Jede Kiste ist in eine dicht zu verchließende Überkiste von höchstens 0,06 cbm Fassungsraum zu bringen. Die Knallkapseln müssen fest in Papierschnitzel, Sägemehl oder Holzwolle gebettet oder auf andere Weise so fest und getrennt gelegt sein, daß sie weder einander noch die Kistenwände berühren können.

(2) Die Kisten müsen die deutliche und haltbare Aufschrift **tragen:** „Signalfeuerwerk (Knallkapseln für Haltesignale) Ib | Explosiv | **Munition.**"

Güterverzeichnis Ib. 2. B.

10. Rauchentwickler. Mischungen von amorphem (rotem) Phosphor mit Harzen oder Fetten, deren Schmelzpunkt über 35° liegt, oder anderen Stoffen, sofern die Mischung nicht gefährlicher als die vorerwähnte ist.

Verpackung*

(1) Rauchentwickler sind in haltbare Holzbehälter fest zu verpacken.

(2) Die Behälter müssen die deutliche und haltbare **Aufschrift** tragen: | Rauchentwickler Ib | **Munition.**"

Güterverzeichnis Ib. 2. B.

11. Nebelmittel.

Hierzu gehören insbesondere:
Nebelbüchsen,
Nebeltrommeln und Nebelapparate,
Nebelbojen.

Verpackung*

(1) Für Nebelmittel ist nur die von der Fabrik hergestellte (Ursprungs-) Doppelverpackung zulässig.

(2) Die Behälter müssen die deutliche und haltbare **Aufschrift** tragen: | Nebelmittel Ib | **Munition.**"

Verladungsvorschriften für Ib. Munition.

A. Verladescheine.

1. Die Munitionsgegenstände sind mit einem besonderen Verladeschein (Schiffszettel) anzuliefern, der mit

* Verladungsvorschriften s. S. 102 ff.

einem wenigstens 1 cm breiten roten Querstrich versehen ist und in dem andere Gegenstände nicht aufgeführt sind.

2. In den Verladescheinen ist außer Anzahl, Gattung, Zeichen und Nummer der Behälter deren Rohgewicht anzugeben.

Bei der Inhaltsangabe sind die in der Spalte „Verpackung" als Aufschrift für die Behälter vorgeschriebenen Bezeichnungen vollständig wiederzugeben.

Die Zündungen der Ziffer 2 sind von anderen Munitionsgegenständen gesondert aufzuführen mit dem Vermerke: „Nicht mit Munitionsgegenständen der Ziffern 5, 6, 7, 8 und 9 und mit Sprengstoffen zusammenzustauen. Siehe Verladevorschrift B, Ziffer 3."

3. Wegen Unterschrift und allgemeiner Erklärungen des Abladers siehe § 3 der Verordnung.

Der Ablader hat außerdem unter Bestätigung durch einen vereidigten Sachverständigen oder einen von der Eisenbahn anerkannten Chemiker zu bescheinigen:

a) bei Sprengkapseln mit anderem Knallsatz als Knallquecksilber und Kaliumchlorat (Ziffer 2 A a), b) und c)), daß das Reichsverkehrsministerium diese Sprengkapseln zur Bahnbeförderung besonders zugelassen hat (Tag der Mitteilung des Reichsverkehrsministeriums ist anzugeben) und daß die Höchstmenge des Knallsatzes in einer Kiste den besonderen Zulassungsbedingungen für den Bahnversand entspricht,

b) bei Sprengkapseln mit Verzögerung und Zündhütchen (Echolotpatronen) — Ziffer 2 Ad) — und bei Lotkapseln (Sprengkapseln, auch mit Zündhütchen, eingeschlossen in Blechgehäusen — Freiloten oder Lotbomben —) — Ziffer 2 B —, daß ein Muster der gewählten inneren Packung bei der Chemisch-Technischen Reichsanstalt hinterlegt und von dieser als zulässig anerkannt ist.

c) bei Pulverkapseln für Übungsstielhandgranaten und für andere Munition (Ziffer 1 b) und bei detonierenden Zündschnüren (Ziffer 3 b), daß das Muster nebst seiner inneren Verpackung vom Reichsverkehrsministerium zur Bahnbeförderung zugelassen ist (Tag der Mitteilung des Reichsverkehrsministeriums ist anzugeben), und daß das Muster in der Chemisch-Technischen Reichsanstalt hinterlegt ist,

d) bei Patronen und gefüllten Geschossen der Ziffer 5, bei Hand- und Gewehrgranaten (Ziffer 6) sowie bei den Munitionsgegenständen der Ziffer 7, daß die verwendeten Schieß- und Sprengmittel den unter Ia vorgeschriebenen Bedingungen genügen.

B. Verladung im allgemeinen.

1. Munition darf, abgesehen von den unter C behandelten Ausnahmen, nicht in Personenschiffen befördert werden.

2. Sie muß unter Deck in geschlossenen Räumen verladen werden, die durch wasserdichte Schotten von den Maschinen, Verbrennungsmotoren, Kesselräumen und Kohlenbunkern getrennt sind. Die Räume dürfen keinesfalls durch die Nachbarschaft wärmeerzeugender Betriebe auf längere Zeit über 45 °C erwärmt werden oder unter Dampf stehende Leitungen enthalten und müssen leicht zugänglich sein, so daß die Munition bei Feuersgefahr ohne Aufenthalt entfernt werden kann.

Als einer Verladung unter Deck entsprechend kann die zuständige Aufsichtsbehörde die Verstauung in solchen von ihr geprüften Aufbauten an Deck zulassen, die mit dem Schiffskörper fest verbunden, mit einem darüberliegenden Deck (Back, Hütte oder Bootsdeck) und mit der nötigen Lüftung versehen, in geeigneter Weise gegen äußere Wärmeeinflüsse (Sonnenbestrahlung auch auf die Bordwand, Maschinen- und Kesselwärme u. dgl.) sowie gegen das Hineingelangen von Zündung erregenden Stoffen (glimmende Gegenstände wie Zündhölzer, Zigarrenreste) geschützt sind, der Feuerlöscheinrichtung gut zugänglich sind und auch sonst den Vorschriften der Seefrachtordnung entsprechen.

3. Munition darf nicht in derselben Schottenabteilung verstaut werden mit:
Zündwaren, Feuerwerkskörpern u. dgl., Ic, mit Ausnahme der Zündschnüre der Ziffer 1c) der Klasse Ic, und der Feuerwerkskörper I c Ziffer 3b),

den in den Verladungsvorschriften zu Id als entzündlich bezeichneten Gasen und flüssiger Luft,

Stoffen, die in Berührung mit Wasser entzündliche oder die Verbrennung unterstützende Gase entwickeln, Ie),

selbstentzündlichen Stoffen, II, mit Ausnahme der vorschriftsmäßig verpackten pyrophorischen Metalle (II, Ziffer 10),

brennbaren Flüssigkeiten jeder Art (z. B. IIIa),

festen leicht entzündbaren Stoffen, IIIb,

Salpetersäure, Schwefelsäure und Gemischen daraus sowie Salzsäure, V, Ziffer 1,

sonstigen gefährlichen Gütern, VI. Nicht sprengkräftige Zündungen (Ib, 1), Zündschnüre der Ziffer 3 der Klasse Ib und Patronen für Handfeuerwaffen (Ib, 4) dürfen aber mit Ammonsalpeter und Ammonsalpeter enthaltenden Düngemitteln (VIa, 6) in derselben Schottenabteilung verstaut werden.

Die sprengkräftigen Zündungen der Ziffer 2 dürfen **außerdem** nicht in derselben Schottenabteilung verstaut werden mit:

Sprengstoffen, Ia,

Patronen und gefüllten Geschossen für Geschütze und Minenwerfer, Torpedoausstoßpatronen und Zündpatronen für Torpedos, Ziffer 5,

Hand- und Gewehrgranaten, Ziffer 6,

brisanten Sprengladungen, Ziffer 7,

Leucht- und Signalmitteln, Ziffer 8,

Signalfeuerwerk, Ziffer 9.

(Ausnahmen für Segelschiffe, Motorschiffe und kleinere Dampfer siehe hierunter.)

Mit anderen Gegenständen darf Munition zwar in einem Raume zusammengestaut werden, sie muß aber durch eine geeignete Garnierung völlig getrennt und unmittelbar zugänglich gehalten werden.

Auf Segelschiffen, Motorschiffen und kleineren Dampfern ohne feste abschließbare Schottenabteilungen dürfen sprengkräftige Zündungen der Ziffer 2 zusammen mit Munitionsgegenständen der Ziffern 5, 6, 7, 8, und 9 und mit Sprengstoffen (Ia) befördert werden, wenn eine Trennung stattfindet derart, daß der eine Teil in einem unmittelbar unter einer Oberdecksluke fest und dicht hergestellten Raume, der andere Teil horizontal von diesem Raume in einem Abstande von wenigstens 15 m von dessen nächstliegender Wand untergebracht wird.

4. In ihren Räumen muß die Munition so gestaut werden, daß sie in horizontaler Richtung möglichst weit, mindestens aber 3 m von den Trennungswänden von Räumen entfernt bleibt, in denen Stoffe der unter 3 erwähnten Art (einschließlich Bunkerkohlen) untergebracht sind.

5. Mit den in der Verladungsvorschrift zu Id als entzündlich bezeichneten Gasen, den brennbaren Flüssigkeiten mit einem Flammpunkt unter 21° C (Gefahrklassen IA und IB des Abschnittes IIIa) und den festen leicht entzündbaren Stoffen, IIIb, darf Munition überhaupt nur dann auf demselben Schiffe verladen werden, wenn die erstgenannten Stoffe in horizontal weit von der Munition entfernten Abteilungen (bei Dampfschiffen mindestens durch die Maschinen- und Kesselräume getrennt) oder an Deck so untergebracht werden, daß eine unmittelbare Gefährdung der mit Munition belegten Räume bei Entzündung der Gase, der Flüssigkeiten oder der leicht entzündbaren Stoffe ausgeschlossen ist.

6. Die Behälter mit Munition sind so fest zu stauen, daß sie gegen Scheuern, Rütteln, Stoßen, Umkanten und Herabfallen aus oberen Lagen gesichert sind.

C. Ausnahmsweise Zulassung auf Personenschiffen.

Munitionssendungen für im Ausland befindliche Teile der Wehrmacht des Deutschen Reiches sowie andere Sendungen von:

nicht sprengkräftigen Zündungen (Ziffer 1),
Zündschnüren der Ziffer 3 und
Patronen für Handfeuerwaffen (Ziffer 4)

dürfen unter Beachtung der Vorschriften B2 bis 6 auch in Personenschiffen befördert werden, sofern sie bei Überschreitung eines Gesamtgewichts von 200 kg in einer besonderen Pulverkammer untergebracht werden, die unmittelbar zugänglich und mit Vorrichtungen zu ausgiebiger Bewässerung versehen sein muß.

Diese Beschränkung erstreckt sich nicht auf Sicherheitspatronen, das sind folgende Patronen für Handfeuerwaffen:

Zentralfeuerpatronen der unter 4a bezeichneten Art;

Randfeuerpatronen der unter 4a bezeichneten Art mit einem Durchmesser bis zu 9 mm;

Zentralfeuerpatronen der unter 4b bezeichneten Art, sofern sich die ganze Menge des Pulvers in dem metallenen Patronenunterteil befindet, oder sofern es sich um Pappepatronen mit metallenem Boden handelt, bei denen die Hülse anstatt eines metallenen Einsatzes eine bis zur Höhe der Pulverladung reichende innere Verstärkung besitzt und so stark ist, daß ein Brechen bei der Beförderung ausgeschlossen ist.

Solche Patronen können auf Personenschiffen unter den gleichen Bedingungen wie auf Frachtschiffen (B) befördert werden.

Güterverzeichnis Ic.

Ic. Zündwaren, Feuerwerkskörper u. dergl.

Zur Beförderung sind nur die nachstehend aufgeführten Gegenstände dieser Art zugelassen, soweit sie nach Beschaffenheit, Anordnung und Verteilung des explosiven Satzes und nach Erfüllung der sonstigen Bedingungen den Anforderungen der Anlage C zur Eisenbahn-Verkehrsordnung unter Klasse Ic für die 1. und 2. Gruppe entsprechen und, soweit vorgeschrieben, vom Reichsverkehrsministerium zur Beförderung auf deutschen Eisenbahnen besonders zugelassen sind:

1. Zündkörper.

a) Zündhölzer.

α) **Gewöhnliche Sicherheitszündhölzer und andere Sicherheitsreib- und- streichzünder, d. h. solche, deren Köpfe sich nur an besonders zubereiteten Streichflächen entzünden,** z. B. Feka-Pappezünder, das sind Pappezünder, deren Schäfte als Streifen aus einer runden, durchlochten Pappescheibe ausgeschnitten sind und in sternförmiger Anordnung am freien Ende der Strahlen die gewöhnliche Zündmasse tragen (1 g für 54 Strahlen).

Verpackung*

a) Sicherheitszündhölzer usw.

(1) Zur Verpackung sind zu verwenden starke, dichte, sicher zu verschließende Holzkisten mit Blecheinsätzen oder mit Kartoneinsätzen aus guter, hartgeleimter, wenigstens 1,3 mm dicker Pappe, die gegen die Aufnahme von Wasser durch geeignete Imprägnierung geschützt ist, oder mit einer Einlage aus feuersicherem und wasserdichtem Papier. Blech- und Kartoneinsätze und Papiereinlagen können fehlen im unmittelbaren Verkehr mit den nordeuropäischen Häfen und außerdem, wenn die Bretter der Kisten gefedert und genutet sind.

Ferner sind zur Verpackung zugelassen haltbare, gut verlötete Blechbehälter bis 27,5 kg Rohgewicht und gut verschlossene Kistchen aus guter, hartgeleimter, wenigstens 2 mm dicker Pappe bis 19 kg Rohgewicht, beide Behälter ohne Überkisten. Die Pappe der Kistchen muß durch geeignete Imprägnierung gegen die Aufnahme von Wasser geschützt sein. Von den Pappekistchen muß ein Muster bei der Chemisch-Technischen Reichsanstalt hinterlegt und von dieser ohne Überkiste als zulässiger Verpackungsbehälter für den Seeversand von Sicherheitsreib- und -streichzündern anerkannt sein.

(2) Vor dem Einlegen in die Behälter (1) sind die Gegenstände in starke Umhüllungen (Papierumschläge oder Schachteln) fest derart zu verpacken, daß die Zündköpfe der Hölzer nicht aus ihrer Umhüllung hervortreten und mit den Reibflächen benachbarter Schachteln in Berührung kommen können; sind in einer Umhüllung mehrere Staffeln Zündhölzer vorhanden, so müssen diese so angeordnet sein, daß die Köpfe der verschiedenen Staffeln nicht unmittelbar gegeneinanderstehen. Ein Pappekistchen darf höchstens 1200 Schachteln mit Zündhölzern enthalten.

Von den Feka-Pappezündern sind je 10 Sterne vor dem Einsetzen in die Holzkisten in steife, widerstandsfähige, dicht zu verschließende Pappeschachteln so zu verpacken, daß durch Einlagen zwischen den Sternen in der Mitte die gleiche Dicke wie am Rande bei den Köpfen hergestellt wird.

(3) Die Pakete müssen in den Behältern derart verpackt sein, daß sie sich nicht bewegen können. Die äußeren Behälter müssen deutlich und dauerhaft als Aufschrift die Inhaltsangabe unter Hinzufügung von Ic, z. B. „Sicherheitszündhölzer Ic“ oder „Sicherheitsstreichzündhölzer Ic“ tragen.

Güterverzeichnis Ic, 1a..

β) Zündhölzer, Reib- und Streichzünder, deren Köpfe sich auch an anderen als besonders zubereiteten Streichflächen entzünden — Überallzünder — (z. B. Paraffinzündhölzer, sogenannte parlourmatches, gewöhnliche Schwefelhölzer usw.).

Verpackung*

2. Überallzünder.

a) (1) Paraffinzündhölzer sind in Kisten aus gehobelten und gefugten Brettern zu verpacken. Bei Kisten über 0,4 cbm Innenmaß muß die Bretterstärke überall mindestens 18 mm betragen. Bei kleineren Kisten kann auf 12 mm für Böden und Deckel und 16 mm für die Seitenbretter zurückgegangen werden. Die Kisten müssen mit Kopfleisten oder starken Eisenbändern versehen sein.

---

* Verladungsvorschriften s. S. 117 ff.

(2) Für die Einzelpackung der Hölzer sind Holzschachteln zu verwenden. Übersteigt der Inhalt einer Schachtel 120 Stück, so müssen die Zündköpfe mit einer starken Papierumlage bedeckt sein. Bei einem Inhalte von mehr als 450 Stück ist die Schachtel außerdem durch eine hölzerne Einlage in zwei gleich große Abteile zu trennen. Mehr als 800 Hölzer dürfen nicht in einer Schachtel enthalten sein.

(3) Bis zu je 20 Schachteln sind durch einen gut zu schließenden Umschlag von starkem Papier zu Paketen zu vereinigen und diese vor dem Einlegen in die Kiste einzeln oder zu mehreren in haltbares Blech einzulöten. Diese Einzelpackung in Blech kann fortfallen, wenn die Außenkiste (1) mit einem starken, gut verlöteten Blecheinsatz versehen wird.

(4) Der Inhalt einer Kiste darf 150 kg nicht übersteigen.

b) Schwefelhölzer müssen wie Sicherheitszündhölzer, jedoch stets in Holzkisten mit Blecheinsatz verpackt sein.

Zu a) und b). Die Pakete mit Überallzündern müssen in den Kisten derart verpackt sein, daß sie sich nicht bewegen können. Auf Behältern mit Überallzündern muß der Inhalt deutlich und dauerhaft angegeben sein mit dem Zusatz: „Überallzünder, Ic, Vorsicht".

Güterverzeichnis Ic, 1.

b) Zündbänder und Paraffinzündbänder für Sicherheitslampen, enthaltend einen Satz aus Kaliumchlorat oder Salpeter, geringen Mengen von Phosphor, Schwefelantimon, Schwefel, Milchzucker, Ultramarin, Kreide, Klebemitteln (Dextrin, Gummi) o. dgl. 1000 Zündpillen dürfen im ganzen höchstens 7,5 g Knallsatz enthalten. Wegen Zündbänder (Amorcesbänder) vgl. 2 e)).

Verpackung*

b) Zündbänder und Paraffinzündbänder für Sicherheitslampen.

(1) Zur Verpackung sind starke, dichte, sicher zu verschließende Holzkisten zu verwenden. Die Kisten müssen mit gutem, zähem Papier oder mit Einsätzen aus dünnem Zinkblech vollständig ausgefüttert sein. Außerdem müssen die Kistenbretter mindestens 18 mm dick und gefügt sein. Die Seitenteile dieser Kisten müssen durch Zinken oder Kopfleisten miteinander verbunden sein (sogenannte französische Kisten).

(2) Vor dem Einlegen in die Kisten sind Zündbänder und Paraffinzündbänder fest zu verpacken, entweder wie die Gegenstände der Ziffer 2c) oder in kräftige zylindrische Blechbüchsen oder in kräftige zylindrische Pappebüchsen mit oben und unten dicht aufgeschobenen Deckeln. Jede Büchse darf höchstens 12 gerollte Bandstreifen mit je 50 Zündpillen enthalten. Höchstens je 30 Büchsen sind durch Papierumschlag zu einem festen Paket zu vereinigen. Zwischen je zwei Zündbandrollen ist eine Pappescheibe zu legen, die genau in die Büchse paßt.

(3) Die Pakete müssen in den Kisten derart verpackt sein, daß sie sich nicht bewegen können. Die Zwischenräume in den äußeren Behältern müssen mit geeigneten trockenen Verpackungsstoffen (Holzwolle, Papier o. dgl.) fest ausgestopft sein. Feuchtes Heu, Putzwolle oder ähnliche zur Selbstentzündung neigende Stoffe dürfen nicht verwendet werden.

---

* Verladungsvorschriften s. S. 117 ff.

(4) Auf den äußeren Behältern muß der Inhalt unter Hinzufügung von I c deutlich und dauerhaft angegeben sein, z. B. „Zündbänder I c".

(5) Das Rohgewicht eines Versandstückes darf 100 kg nicht übersteigen.

Güterverzeichnis Ic, 1.

c) Schwarzpulverzündschnüre, Zündschnüre (Zündschnüre aus dünnem, dichtem Schlauch mit Schwarzpulverseele von geringem Querschnitt).

Wegen anderer Zündschnüre vergl. I b Ziffer 3.

Verpackung*

c) Schwarzpulverzündschnüre, Zündschnüre.

(1) Zur Verpackung sind starke, dichte, sicher zu verschließende Holzkisten zu verwenden. Die Kisten müssen mit gutem, zähem Papier oder mit Einsätzen aus dünnem Zinkblech vollständig ausgefüttert sein.

(2) Die Pakete müssen in den Kisten derart verpackt sein, daß sie sich nicht bewegen können.

(3) Die äußeren Behälter müssen die deutliche und dauerhafte Aufschrift „Schwarzpulverzündschnüre I c" bzw. „Zündschnüre I c" tragen.

Güterverzeichnis Ic, 1.

d) Zündgarn (Nitrogarn, Pyrogarn), nitrierte Baumwollfäden zum Schnellzünden von Feuerwerk usw., und zwar nach dem vom Reichsverkehrsministerium zur Bahnbeförderung zugelassenen Muster.

Verpackung*

d) Zündgarn.

(1) Zur Verpackung sind starke, dichte, sicher zu verschließende Holzkisten zu verwenden, die im Innern mit gutem, zähem Papier oder mit dünnen Zinkeinsätzen vollständig ausgefüttert sein dürfen.

(2) Vor dem Einlegen in die Kisten sind Stücke von höchstens 20 m Zündgarn auf mindestens fünffach gefaltete Pappestreifen in einer Lage aufzuwickeln. In jede Falte ist ein an den Außenseiten mindestens 1 cm überstehender Pappestreifen zu legen. Die Stücke sind in Packpapier einzuwickeln und fest zu umschnüren. Je 10 davon sind durch doppelte Umwicklung mit starkem Packpapier zu einem Paket zu vereinigen, das kreuzweise umschnürt und in ein Holzkästchen von mindestens 10 mm Brettstärke so eingepackt sein muß, daß zwischen dem Paket und dem Holzkästchen überall ein Zwischenraum von mindestens 6 cm vorhanden ist, der mit Holzmehl[1] fest ausgefüllt sein muß. Ein Frachtstück darf höchstens 30 solcher Kästchen enthalten. Die Pakete müssen in den Kisten derartig verpackt sein, daß sie sich nicht bewegen können.

(3) Auf den äußeren Behältern muß der Inhalt unter Hinzufügung von Ic, z. B. „Zündgarn Ic", deutlich und dauerhaft angegeben sein.

---

[1] Holzmehl (nicht zu verwechseln mit Sägemehl oder gar Sägespänen) wird durch Mahlen von Holz gewonnen. Es hat ein gleichmäßiges, feines Gefüge, bei Weichholzmehl von solcher Beschaffenheit, daß es unter Druck zusammenballt.

* Verladungsvorschriften s. S. 117 ff.

Güterverzeichnis Ic, 1.

e) Zündschnuranzünder, Zündfackeln und ähnliche Zündvorrichtungen (mit einer kleinen Menge Brandsatz aus Sauerstoffträgern — Chloraten, Nitraten — und organischen Stoffen, auch mit aromatischen Nitrokörpern gefüllte, dünne, an beiden Enden verschlossene Papier- oder Papperöhren), auch sogenannte Thermitkapseln mit Zündpillen, sämtlich nach dem vom Reichsverkehrsministerium zur Bahnbeförderung zugelassenen, in der Chemisch-Technischen Reichsanstalt und (als von der Chemisch-Technischen Reichsanstalt beglaubigtes Doppel) in der herstellenden Fabrik hinterlegten, auch die Schachtelverpackung mitumfassenden Muster.

Verpackung*

e) Zündschnuranzünder u. dgl.

(1) Zur Verpackung sind starke, dichte, sicher zu verschließende Holzkisten zu verwenden, die im Innern mit gutem, zähem Papier oder mit dünnen Zinkeinsätzen vollständig ausgefüttert sein dürfen.

(2) Vor dem Einlegen in die Kisten sind sie hinsichtlich der ersten inneren Verpackung gemäß der zugelassenen Musterverpackung fest zu verpacken. Die einzelnen dieser Musterverpackung entsprechenden Innenpackungen sind mit mindestens 1 cm Abstand in der Kiste unverrückbar festzulegen; die Zwischenräume sind mit Holzmehl[1] fest auszustopfen. In einer Kiste dürfen nicht mehr als 40 Innenpackungen untergebracht sein. Diese müssen so unterteilt sein, daß aus je 20 eine Gruppe gebildet wird und daß die beiden Gruppen unveränderlich durch eine mindestens 3 cm dicke Schicht fest eingestopften Holzmehls[1] voneinander getrennt sind.

(3) Das Gesamtgewicht an explosivem Satz (Brandsatz) darf in einem Behälter 20 kg und das Rohgewicht des Frachtstücks selbst 100 kg nicht übersteigen.

(4) Auf den äußeren Behältern muß der Inhalt nach der Bezeichnung im Güterverzeichnis unter Hinzufügung von Ic deutlich und dauerhaft angegeben sein, z. B. „Zündschnuranzünder Ic".

Güterverzeichnis Ic, 1.

f) Sicherheitszündschnuranzünder, bestehend aus einem durchlochten Zündhütchen mit durchgehendem Reibzünder- oder Abreißdraht in einer starken Papier- oder Pappehülse oder von ähnlicher Bauart.

g) Elektrische Zünder ohne Sprengkapseln.

Verpackung*

Zu f) und g).

(1) Die Stoffe der Ziffern 1 f) und g) sind in starke, dichte, sicher zu verschließende Holzbehälter zu verpacken.

(2) Auf den Versandstücken muß deutlich und dauerhaft angegeben sein: „Sicherheitszündschnuranzünder Ic" oder „Elektrische Zünder ohne Sprengkapseln Ic".

---

* Verladungsvorschriften s. S. 117 ff.

2. Pyrotechnische Scherzgegenstände und Spielwaren; Zündblättchen und Zündbänder; Knallkörper.

a) Pyrotechnische Scherzgegenstände (Boskozylinder, Konfettibomben, Kotillonfrüchte und ähnliche Erzeugnisse, die eine kleine Ladung von nicht mehr als 1 g Kollodiumwolle im einzelnen Körper zum Ausstoßen einer ungefährlichen Füllung wie Wattekugeln, Konfetti u. dgl. enthalten).

b) Knallspielwaren.

α) Knallbonbons, Blumenkarten, Blättchen von Kollodiumpapier und ähnliche Erzeugnisse, die ganz geringe Mengen von Kollodiumpapier oder Knallsilber enthalten.

β) Knallerbsen, Knallgranaten und ähnliche Erzeugnisse mit Knallsilber; 1000 Stück dürfen nicht über 1 g Knallsilber enthalten.

c) Pyrotechnische Zündstäbchen (Bengalische Zündhölzer mit höchstens 20 g Brenn- und Zündmasse auf eine Schachtel mit 20 bis 24 Zündhölzern, **Sturmzündhölzern,** Goldregenhölzer, Blumenregenhölzer u. dgl.), **jedoch nicht mit Überallzündern und, sofern sie länger sind als 5 cm, nur ohne Zündköpfe irgendwelcher Art.**

d) Wunderkerzen mit einem Satz aus Barytsalpeter, Eisenspänen, Aluminiumschliff und Klebemitteln. Die Wunderkerzen dürfen keinen Zündkopf haben.

e) Zündblättchen (Amorces) und Zündbänder (Amorcesbänder), enthaltend einen Knallsatz aus Kaliumchlorat oder Salpeter, geringen Mengen von rotem Phosphor, Schwefelantimon, Schwefel, Milchzucker, Ultramarin, Kreide, Klebemitteln (Dextrin, Gummi) o. dgl. 1000 Zündpillen dürfen im ganzen höchstens 7,5 g Knallsatz enthalten. (Wegen Zündbänder für Sicherheitslampen vgl. 1b.)

f) Knallkörper, die mittels Schlagbolzenvorrichtung zur Explosion gebracht werden, und zwar:

α) Knallkorke mit Phosphorchlorat-Knallsatz nach dem vom Reichsverkehrsministerium zur Bahnbeförderung besonders zugelassenen, in der Chemisch-Technischen Reichsanstalt und in der herstellenden Fabrik hinterlegten, auch die Schachtelverpackung mitumfassenden Muster.

β) Knallscheiben mit Phosphor-Chlorat-Knallsatz. Jedes Muster nebst seiner Schachtelverpackung muß nach Prüfung in der Chemisch-Technischen Reichsanstalt vom Reichsverkehrsministerium ausdrücklich zur Bahnbeförderung zugelassen sein. Muster der Knallscheiben und ihrer Schachtelverpackung müssen in der Chemisch-Technischen Reichsanstalt und (als von der Chemisch-Technischen Reichsanstalt beglaubigtes Doppel) in der herstellenden Fabrik hinterlegt sein.

γ) Knallkorke mit einem Fulminat- oder einem ähnlichen Knallsatz, eingepreßt in Pappehütchen, die in der Bohrung des Knallkorkes festsitzen. Jedes Muster nebst seiner Schachtelverpackung muß nach Prüfung in der Chemisch-Technischen Reichsanstalt vom Reichsverkehrsministerium ausdrücklich zur Bahnbeförderung zugelassen sein. Muster der Knallkorke und ihrer Schachtelverpackung müssen in der Chemisch-Technischen Reichsanstalt und (als von der Chemisch-Technischen Reichsanstalt beglaubigtes Doppel) in der herstellenden Fabrik hinterlegt sein.

δ) Pappezündhütchen (Liliputmunition) mit einem eingepreßten Fulminat- oder einem ähnlichen Knallsatz. Jedes Muster nebst seiner Schachtelverpackung muß nach Prüfung in der Chemisch-Technischen Reichsanstalt vom Reichsverkehrsministerium ausdrücklich zur Bahnbeförderung zugelassen sein. Muster der Pappezündhütchen und ihrer Schachtelverpackung müssen in der Chemisch-Technischen Reichsanstalt und (als von der Chemisch-Technischen Reichsanstalt beglaubigtes Doppel) in der herstellenden Fabrik hinterlegt sein.

ε) Pappezündhütchen (Liliputmunition) mit Phosphor-Chlorat-Knallsatz nach dem vom Reichsverkehrsministerium zur Bahnbeförderung besonders zugelassenen, in der Chemisch-Technischen Reichsanstalt und in der herstellenden Fabrik hinterlegten, auch die Schachtelverpackung mitumfassenden Muster.

g) Knallplatten und Martinikas (sogenanntes spanisches Feuerwerk), enthaltend eine

Mischung aus höchstens 50 v. H. gelbem und rotem Phosphor und Kaliumchlorat und mindestens 50 v. H. trägen Stoffen, die sich an der Zersetzung der Phosphorchloratmischung nicht beteiligen. Das Gewicht des einzelnen Körpers darf bei den Knallplatten höchstens 2,5 g und bei den Martinikas 0,1 g betragen.

Verpackung*

Pyrotechnische Scherzgegenstände usw.

(1) Zur Verpackung sind starke, dichte, sicher zu verschließende Holzkisten zu verwenden. Bei den Gegenständen der Ziffer 2a) 2b) β, 2 c), 2 e) 2 f) und 14 a) müssen die Kistenbretter mindestens 18 mm dick und gefügt sein. Die Seitenteile dieser Kisten müssen durch Zinken oder Kopfleisten miteinander verbunden sein (sogenannte französische Kisten).

Bei den Gegenständen der Ziffer 2 c) müssen die Kisten außerdem mit Eisenbandarmierung versehen sein oder Kisten mit sogenannter Kreuznagelung[1] verwendet werden.

Die Kisten, ausgenommen die für die Gegenstände unter 2 b) α und 2 d), müssen mit gutem, zähem Papier oder mit Einsätzen aus dünnem Zinkblech vollständig ausgefüttert sein, **die Kisten für Gegenstände der Ziffer 2 c) stets mit Einsätzen aus dünnem Zinkblech.**

(2) Vor dem Einlegen in die Kisten sind fest zu verpacken die Gegenstände:

der Ziffer 2 a) und 2 b) α in starke Umhüllungen (Papierumschläge oder Schachteln);

der Ziffer 2 b) β in Holzkistchen oder in starke mit Papier umwickelte Pappeschachteln, wobei jeder Behälter höchstens 1000 Stück enthalten darf; zur Festlegung ist Sägemehl zu verwenden;

der Ziffer 2 c) in Schachteln und je 10 bis 12 Schachteln in einen Papierumschlag.

der Ziffer 2 d) in Schachteln und je 10 bis 12 Schachteln in einen Papierumschlag oder in Papiertüten. Die Tüten sind durch Umschlagen des offenen Endes zu verschließen. Schachteln oder Tüten sind mit einem Umschlag aus starkem Papier zu festen Paketen zu vereinigen, die nicht mehr als 1 Gros Wunderkerzen enthalten dürfen;

der Ziffer 2 e) in starke Pappeschachteln, von denen jede höchstens 100 Zündpillen zu 5 mg Knallsatz enthalten darf. 7,5 mg Knallsatz sind nur bei einem Schachtelinhalt von höchstens 50 Zündblättchen zulässig. Je 12 Schachteln mit Zündblättchen sind zu einer Rolle und je 12 Rollen wieder mit einem Umschlag aus starkem Papier zu einem festen Pakete zu vereinigen;

der Ziffer 2 f)

α) Knallkorke mit einem Phosphor-Chlorat-Knallsatz zu höchstens 50 Stück für das Ausland und zu höchstens 20 Stück für das Inland in eine Pappeschachtel mit übergreifendem Deckel. Die Korke sind auf dem Boden der Schachtel festzukleben oder in mindestens gleichwertiger Weise in ihrer Lage festzuhalten. Die Zwischenräume sind mit trockenem Holzmehl[2] oder Korkmehl dicht aufzufüllen. Auf das Mehl ist eine passende Schicht von Watte oder einem anderen, mindestens gleichwertigen elastischen Abdeckungs-

---

[1] Unter Kreuznagelung versteht man eine solche Nagelung, bei der die Längsrichtungen der in einer Ecke zusammenstoßenden Bretter und die Richtung der Nägel in diesen Brettern um 90° einander kreuzen, damit die Nägel immer in Langholz und niemals in Hirnholz getrieben werden.

[2] Vgl. Fußnote S. 110

* Verladungsvorschriften s. S. 117 ff.

stoff zu legen, und die Schachtel ist mit einem übergreifenden Deckel zu schließen. Die fertigen Schachteln sind zu Päckchen durch Umkleben eines Papierbandes oder durch Umschnüren mit Bindfaden derart zu vereinigen, daß ein Päckchen nicht mehr als 100 Knallkorke enthält. Die Umklebung oder Umschnürung muß so fest und sicher sein, daß das Holzmehl[1] in den Schachteln weder darin hin und her fließen noch aus ihnen herausfallen kann. Höchstens je 5 Päckchen sind mit einem Umschlag aus starkem Papier zu einem festen Paket zu vereinigen.

β) Knallscheiben mit einem Phosphor-Chlorat-Knallsatz zu höchstens 5 Stück in eine Pappeschachtel mit übergreifendem Deckel. Je 5 Schachteln sind in Papier einzurollen. Je 20 solcher Rollen sind in einem Paket und je 2 Pakete in einem Karton aus starker Pappe mit übergreifendem Deckel zu vereinigen. Der Deckel ist auf dem Schachtelunterteil durch Überkleben eines haltbaren Papierstreifens sicher zu befestigen. Eine Kiste darf höchstens 50 Kartons enthalten.

Knallscheiben dürfen auch zu je 24 Stück in starke Pappeschachteln verpackt sein, auf deren Boden eine durchlochte Pappeeinlage zur Aufnahme der Scheiben geklebt ist. Die Knallscheiben sind durch eine ebene federnde Auflage (z. B. Wellpappe) sicher niederzuhalten und abzudecken. Die Schachteln sind fest zu verschließen und zu Paketen zu vereinigen. Eine Kiste darf nicht mehr als 96 Gros Knallscheiben enthalten.

γ) Knallkorke mit einem in ein Pappehütchen eingepreßten Fulminat- oder ähnlichen Knallsatz wie die Knallkorke mit einem Phosphor-Chlorat-Knallsatz unter α).

δ) Pappezündhütchen (Fulminat-Liliputmunition) zu höchstens 10 Stück unter Ausfüllung aller Hohlräume mit Holzmehl[1] in eine Pappeschachtel mit übergreifendem Deckel; auf den Boden und unter den Deckel der Schachtel ist je eine 1 mm dicke Pappescheibe zu legen; der Deckel ist auf der Schachtel durch einen über beide Teile zu klebenden Streifen aus haltbarem Papier festzuhalten. Je 10 Schachteln sind in Papier einzurollen; 10 solcher Rollen sind mit einem Umschlag aus starkem Papier zu einem festen Pakete zu vereinigen. Eine Kiste darf höchstens 25 Pakete enthalten.

ε) Pappezündhütchen (Liliputmunition) mit Phosphor-Chlorat-Knallsatz zu höchstens 50 Stück für das Ausland und zu höchstens 10 Stück für das Inland in eine Pappeschachtel mit übergreifendem Deckel gemäß der zugelassenen Musterverpackung;

der Ziffer 2 g

α) Knallplatten zu höchstens 144 Stück, mit Holzmehl oder feinem Sägemehl gut vermischt, in einen dichten Pappekasten (Schiebekarton) aus Lederpappe oder Strohpappe. Eine Kiste darf höchstens 50 Schiebekartons enthalten mit einem Höchstgewicht der Knallplatten von 18 kg.

β) Martinikas zu höchstens 65 Stück in runde Pappeschachteln, die innen mit Seidenpapier ausgelegt sind, und 36 oder 72 solcher Pappeschachteln in einen dichten Pappekasten (Schiebekarton) aus Lederpappe oder Strohpappe. Eine Kiste darf höchstens 100 Schiebekartons mit je 36 Schachteln oder 50 Schiebekartons mit je 72 Schachteln enthalten mit einem Höchstgewicht der Martinikas von 24 kg.

(3) Die Pakete müssen in den Kisten derart verpackt sein, daß sie sich nicht bewegen können. Bei den Gegenständen der Ziffern 2 a), 2 b) β), 2 e), 2 f) und 2 g) müssen die Zwischenräume in den äußeren Behältern mit geeigneten trockenen Verpackungsstoffen (Holzwolle, Papier o. dgl. — bei Knallkorken, Knallscheiben u. dgl. mit Holzmehl[1] oder Sägespänen —) fest ausgestopft sein. Feuchtes Heu, Putzwolle oder ähnliche zur Selbstentzündung neigende Stoffe dürfen nicht verwendet werden.

---

1 Vgl. Fußnote S. 110

(4) Das Rohgewicht eines Versandstückes mit Gegenständen der Ziffern 2 a), 2 b) β), 2 e), 2 f) und 2 g) darf 100 kg nicht übersteigen.

(5) Auf den äußeren Behältern muß der Inhalt nach der Bezeichnung im Güterverzeichnis unter Hinzufügung von Ic deutlich und dauerhaft angegeben sein, z. B. „Zündblättchen Ic", „Martinikas Ic".

Güterverzeichnis Ic.

3. Feuerwerkskörper.

a) Bomben und Feuertöpfe, aus Mörsern geschossene Ladungen[1] mit einem Höchstgewicht von 3,5 kg einschließlich Treibladung (Rohgewicht 5 kg), und zwar nach den vom Reichsverkehrsministerium zur Bahnbeförderung besonders zugelassenen Mustern.

Brander, Raketen, römische Lichter, Fontänen, Feuerräder u. dgl. mit Füllungen, die 500 g im einzelnen Körper nicht übersteigen dürfen.

b) Kanonenschläge, bestehend aus einer mit Bindfaden umschnürten und geleimten Papierhülse mit höchstens 75 g Kornpulver, und Gewehrschläge (Petarden)[2], bestehend aus einer zylindrischen, an beiden Enden verschlossenen Papierhülse mit höchstens 20 g Kornpulver, beide mit Zündschnur.

Wegen großer Kanonenschläge und wegen Signal- und Alarmfeuerwerks, das aus Pistolen u. dgl. abgeschossen wird, vgl. Ib Ziffer 8 und 9.

c) Kleinfeuerwerk (Frösche, Schwärmer, Goldregen, Silberregen u. dgl.) mit einem Höchstgehalt an Schwarz- (Korn-)Pulver von 1000 g auf 144 Stück. Vulkane, Handkometen u. dgl. mit einem Höchstgehalt an Schwarz- (Korn-)Pulver von 30 g im einzelnen Körper.

d) Bengalische Beleuchtungsgegenstände[3] (Fackeln, Feuer, Flammen u. dgl.) ohne Zündkopf.

---

[1] Die Feuerwerkskörper enthalten als Treibladung Kornpulver, als Ausstoßladung Mehlpulver, auch mit Sprengpulver, Salpeter, Schwefel oder Kohle oder Metallspänen oder -flittern, als Leuchtstern- oder Leuchtkugelsätze je nach der Farbe verschiedene Mischungen, die auch Chlorat enthalten dürfen; etwaige Knallsätze in den Feuerwerkskörpern dürfen kein Chlorat enthalten.

[2] Wegen der früher auch Petarden genannten Knallkapseln für Eisenbahn-Haltesignale vgl. Ib Ziffer 9 e.

[3] Gemischte Blitzlichtpulver, die infolge Vereinigung von verbrennlichen und Sauerstoff abgebenden Bestandteilen explosionsgefährlich sind, sind zur Beförderung nicht zugelassen.

Feuerwerkskörper.

(1) Zur Verpackung sind starke, dichte, sicher zu verschließende Holzkisten aus mindestens 18 mm starken, gefügten Brettern zu verwenden. Die Seitenteile müssen durch Zinken oder Kopfleisten miteinander verbunden sein (sogenannte französische Kisten). Im Innern müssen die Kisten mit gutem, zähem Papier oder mit Einsätzen aus dünnem Zinkblech vollständig ausgefüttert sein.

(2) Vor dem Einlegen in die Kisten sind fest zu verpacken:

die Gegenstände der Ziffer 3 a), 3 c) und 3 d) in starke Pappeschachteln oder Holzkistchen; für die Gegenstände unter 3 d) sind auch Papierbeutel zulässig; größere Kunstfeuerwerkskörper sind in Papierumschläge zu verpacken, wenn nicht ihre Anzündstelle mit einer Papierkappe bekleidet ist — in beiden Fällen muß ein Ausstreuen des Satzgemenges verhindert sein —;

die Gegenstände der Ziffer 3 b) in starke Schachteln. Kanonenschläge müssen fest eingebettet sein. Die einzelnen Körper sind durch eine starke Schicht Holzmehl oder einen ähnlichen geeigneten Stoff voneinander getrennt zu halten.

(3) Die Pakete müssen in den Kisten derart verpackt sein, daß sie sich nicht bewegen können. Die Zwischenräume in den äußeren Behältern müssen mit geeigneten trockenen Verpackungsstoffen (Holzwolle, Papier o. dgl.) fest ausgestopft sein. Feuchtes Heu, Putzwolle oder ähnliche zur Selbstentzündung neigende Stoffe dürfen nicht verwendet werden. Bei größeren Feuerbildern (Transparenten) genügt sicheres Befestigen in der Kiste.

(4) Das Rohgewicht eines Versandstückes darf 100 kg nicht übersteigen.

Dabei darf in einem Behälter das Gesamtgewicht an explosivem Satz (Treibladung, Ausstoßladung und Leuchtsatz) bei den eigentlichen Feuerwerkskörpern der Ziffer 3 a) 20 kg, bei Kleinfeuerwerk der Ziffer 3 c) 25 kg, das Gesamtgewicht an Feuerwerkskornpulver bei den eigentlichen Feuerwerkskörpern der Ziffer 3 a) und bei Kleinfeuerwerk der Ziffer 3 c) 2,5 kg nicht übersteigen.

(5) Auf den äußeren Behältern muß der Inhalt nach der Bezeichnung im Güterverzeichnis unter Hinzufügung von Ic deutlich und dauerhaft angegeben sein, z. B. „Feuerwerkskörper Ic".

Verladungsvorschriften für Ic. Zündwaren, Feuerwerkskörper u. dgl.

A. Verladescheine.

1. Die Zündwaren, Feuerwerkskörper u. dgl. mit Ausnahme der Sicherheitszündhölzer und der gewöhnlichen Schwefelhölzer sind mit besonderem Verladeschein (Schiffszettel) anzuliefern, der mit einem mindestens 1 cm breiten roten Querstreifen versehen ist und in dem andere Gegenstände nicht aufzuführen sind.

   Über Sendungen von Sicherheitszündhölzern und gewöhnlichen Schwefelhölzern sind Verladescheine der sonst gebräuchlichen Art auszustellen, auf denen jedoch andere Gegenstände nicht aufgeführt werden dürfen.

2. In den Verladescheinen sind Anzahl, Gattung, Zeichen und Nummer, dazu bei Gegenständen der Ziffern 1a)

[1] Holzmehl s. Fußnote auf S. 110.

β), 1b), 1e), 2a), 2b), β), 2e), 2f), **2g)** und 3a) bis d) das Rohgewicht der einzelnen Versandstücke anzugeben. Bei der Inhaltsangabe sind die in der Spalte „Verpackung" als Aufschrift für die Behälter vorgeschriebenen Bezeichnungen vollständig wiederzugeben.

3. Wegen Unterschrift und Erklärungen des Abladers siehe § 3 der Verordnung.

Auf dem Verladeschein muß auch bescheinigt sein: bei Sicherheitsreib- und -streichzündern (Ziff. 1a) α) in Pappekistchen ohne Überkisten,
daß ein Muster der verwendeten Pappekistchen bei der Chemisch-Technischen Reichsanstalt hinterlegt und von dieser ohne Überkiste als zulässiges Verpackungsmittel für den Seeversand von Sicherheitsreib- und -streichzündern anerkannt ist;

bei Zündgarn (Ziff. 1d)) sowie bei Bomben und Feuertöpfen (Ziff. 3a)), daß das Muster vom Reichsverkehrsministerium zur Bahnbeförderung besonders zugelassen ist (der Tag der Mitteilung des Reichsverkehrsministeriums ist anzugeben), bei Zündgarn außerdem, daß es den Stabilitätsbedingungen unter Ia B 1. Gruppe, (1)) der Anlage C zur Eisenbahn-Verkehrsordnung genügt;

bei Wunderkerzen (Ziff. 2d)), daß sie keinen Zündkopf haben;

bei Zündschnuranzündern, Thermitkapseln u. dgl. (Ziff. 1e)),

bei Knallkorken mit einem Phosphor-Chlorat-Knallsatz (Ziff. 2f) α)),

bei Knallscheiben mit einem Phosphor-Chlorat-Knallsatz (Ziff. 2f) β)),

bei Knallkorken mit einem in ein Pappehütchen eingepreßten Fulminat- oder ähnlichen Knallsatz (Ziff. 2f) γ)),

bei Pappezündhütchen (Liliputmunition) mit einem Fulminat-Knallsatz Ziff. 2f) δ)),

bei Pappezündhütchen (Liliputmunition) mit einem Phosphor-Chlorat-Knallsatz (Ziff. 2f) ε)),
daß das Muster nebst seiner Schachtelverpackung vom Reichsverkehrsministerium zur Eisenbahnbeförderung besonders zugelassen ist (der Tag der Mitteilung des Reichsverkehrsministeriums ist anzugeben), und daß je ein Muster in der Chemisch-Technischen Reichsanstalt und in der herstellenden Fabrik hinterlegt ist.

Bei pyrotechnischen Zündstäbchen (Ziff. 2c)) ist anzugeben, ob die Zündköpfe mit einem Lacküberzug versehen sind.

B. Verladung im allgemeinen.

1. Zündwaren, Feuerwerkskörper u. dergl. dürfen nicht verstaut werden:
   a) in oder unmittelbar über Räumen, in denen sich Dampfmaschinen, Verbrennungsmotoren, Kessel, Herde oder Öfen im Betriebe befinden. Von den Wänden solcher Räume sind sie möglichst weit, mindestens aber 3 m entfernt zu halten;
   b) in derselben Schottenabteilung mit:
      Sprengstoffen, Ia (Schwarzpulverzündschnüre und Zündschnüre der Ziff. 1c) dürfen mit Sprengstoffen zusammen verstaut werden),
      Munition, Ib (Schwarzpulverzündschnüre und Zündschnüre der Ziff. 1c) und Feuerwerkskörper der Ziff. 3b) dürfen mit Munition zusammen verstaut werden),
      den in den Verladungsvorschriften zu Id als entzündlich bezeichneten Gasen und flüssiger Luft,
      Kalziumkarbid und Kalziumhydrür sowie Kalkstickstoff mit einem Kalziumkarbidgehalt von mehr als 0,1 v. H., Ie, Ziff. 2a) und 2b).

2. Von selbstentzündlichen Stoffen, II,

   brennbaren Flüssigkeiten, IIIa,
   festen leicht entzündbaren Stoffen, IIIb,
   Salpetersäure, Schwefelsäure und Gemischen daraus sowie Salzsäure, V, Ziff. 1, und
   sonstigen gefährlichen Gütern, VI,

   müssen sie, wenn in derselben Schottenabteilung verstaut, im wirksamen räumlichen Abschluß gehalten werden.

C. Zusatz für Unterdeckverladung.

1. Sicherheitsreib- und -streichzünder. Auf Pappekistchen ohne Überkisten mit Sicherheitsreib- und -streichzündern (Ziff. 1a) α)) dürfen keine Frachtstücke gepackt werden, die schwerer sind als die Pappekistchen nebst Inhalt.

2. Wenn *Überallzünder* (1a) β)) und *pyrotechnische Zündstäbchen* (2c)) unter Deck verladen werden, müssen sie in unmittelbarer Nähe von unbehindert zugänglichen Luken verstaut werden. Pyrotechnische Zündstäbchen mit Zündkopf dürfen unter Deck nur verladen werden, wenn der Zündkopf mit einem Lacküberzug versehen ist.

Güterverzeichnis.

Id. Verdichtete oder verflüssigte Gase.

Zur Beförderung sind nur die nachstehend aufgeführten Gase zugelassen:

a) *Verdichtete Gase.*

1. Kohlensäure.
2. Leuchtgas, Wassergas, Mischgas (Ölgas mit nicht mehr als 30 v. H. Azetylen).
3. Ölgas (Fettgas).
4. Sauerstoff[1], Wasserstoff[1], Grubengas (Methan), Kohlenoxyd, Stickstoff, Preßluft und Edelgase[2] (Helium, Neon, Argon, Metargon, Krypton und Xenon oder deren Gemische).

b) *Verflüssigte Gase*[3].

5. Äthylen, Kohlensäure[4], verflüssigtes Ölgas, dessen Druck bei Temperaturen bis 45° C den Druck der verflüssigten Kohlensäure nicht übersteigt, z. B. Blaugas, Stickoxydul, Äthan.

5a. Z-Gas (verflüssigtes Ölgas, dessen höchster Arbeitsdruck bei 40° C 25 Atmosphären nicht übersteigt).

---

[1] *Verdichteter Sauerstoff* darf höchstens mit 4 Volumenprozenten Wasserstoff, *verdichteter Wasserstoff* höchstens mit 2 Volumenprozenten Sauerstoff verunreinigt sein.

Wegen Gefäße mit *verdichtetem Sauerstoff in Fischbehältern* und wegen *verdichteten Sauerstoffs in Säcken aus Gummi usw.* vgl. (9 d) und (9 c) 3 der Verpackungsvorschriften.

Wegen *leerer Behälter*, die verdichteten Wasserstoff enthalten haben, vgl. Verpackungsvorschriften Absatz (8).

[2] Wegen *Edelgase in verschlossenen Glaskolben ohne Überdruck* s. (9) c) 4 der Verpackungsvorschriften.

[3] Wegen reiner *flüssiger Blausäure* s. Klasse IV.

[4] Wegen *metallener Kohlensäurekapseln (Sodor, Sparklet)*, die höchstens 25 g flüssige Kohlensäure enthalten, s. (9) c) 1 der Verpackungsvorschriften.

6. Propylen, Ammoniak[1], Chlorkohlenoxyd[6] (Phosgen).

7.[2] Chlor, schweflige Säure[1], Stickstofftetroxyd.

8. Chlormethyl, Chloräthyl, letzteres auch parfümiert (Lance Parfum), Methyläther, Methylamin, Äthylamin, Äthylenoxyd, Butadien.

9. Flüssige Luft, flüssiger Sauerstoff, flüssiger Stickstoff.

c) Verdichtete gelöste Gase.

10. In Wasser unter Druck gelöstes Ammoniak in Lösungen, die über 30[3] und nicht mehr als 50 v. H. Gewichtsteile Ammoniak enthalten.

11. In Azeton gelöstes und in porösen Massen aufgesaugtes Azetylen.

Verpackung*

(1) a) Bei den Gasen der Ziffern 1 bis 8 sowie 10 und 11 sind Behälter aus Flußeisen oder Flußstahl zu verwenden; für Chlorkohlenoxyd (Phosgen), Chlormethyl, Chloräthyl und Metyläther ist auch Kupfer zulässig. Für Gase mit einem Füllungsdruck über 20 Atm. sind nahtlose Behälter zu verwenden; bis zu 20 Atm. Füllungsdruck dürfen die Behälter auch geschweißt sein (aber nicht autogen). Die Gefäße dürfen zum Schutz in Kisten verpackt sein.

b) Bei den Gasen der Ziffer 9 sind zu verwenden:

α) Glasgefäße mit luftleeren Doppelwänden.

Sie müssen mit Filz umkleidet und mit einem Filzpfropfen so verschlossen sein, daß die verdampfenden Gase entweichen können, ohne im Innern einen erheblichen Überdruck zu erzeugen, daß aber ein Ausfließen des Inhalts verhindert wird. Der Filzpfropfen muß so befestigt sein, daß er sich beim Kippen oder Umkehren der Flasche nicht lockert. Jede Flasche oder mehrere Flaschen gemeinschaftlich müssen durch einen sicher stehenden Drahtkorb oder durch ein ähnliches Gefäß gegen Stöße geschützt sein. Die Drahtkörbe oder anderen Gefäße sind in Metallkasten oder in Holzkisten mit Blecheinsatz einzustellen, die oben offen oder nur durch ein Drahtnetz, einen mit Löchern versehenen Deckel oder eine ähnliche Vorrichtung zu schließen sind. Die Metallkasten oder Holzkisten mit flüssiger Luft oder flüssigem Sauerstoff müssen an dem unteren Teile bis zu einer solchen Höhe dicht sein, daß im Falle eines Bruches der Flaschen die Flüssigkeit nicht auslaufen kann. In den Kisten dürfen sich keine leicht brennbaren Verpackungsstoffe wie Sägespäne, Torf, Stroh, Heu befinden, dagegen sind Filz und Wolle, auch Holzwolle zulässig.

---

[1] Wegen Behälter von Eismaschinen mit flüssigem Ammoniak und flüssiger schwefliger Säure s. (9) c) [2] der Verpackungsvorschriften.
Wegen leerer Gefäße, die verflüssigte Gase der Ziffer oder Chlorkohlenoxyd (Ziffer 6) enthalten haben, vgl. Absatz (8) der Verpackungsvorschriften.

[3] Ammoniakwasser mit nicht mehr als 30 v. H. Gewichtsteilen Ammoniak und Kohlensäure enthaltende Getränke gelten nicht als explosionsgefährlich und werden bedingungslos befördert.

* Verladungsvorschriften s. S. 126 ff.

β) Gefäße aus anderem Stoffe.

Sie dürfen nur dann verwendet werden, wenn sie gegen Wärmedurchgang so geschützt sind, daß sie nicht beschlagen oder bereifen. Eine weitere Verpackung dieser Gefäße ist nicht erforderlich. Die Vorschriften für den Verschluß der Glasflaschen unter α) gelten sinngemäß auch für Gefäße aus anderem Stoffe (β)).

c) Bei Azetylenlösungen der Ziffer 11 müssen die Gefäße ganz ausgefüllt sein mit einer feinporigen, gleichmäßig verteilten Masse, die

1. die eisernen Gefäße nicht angreift und weder mit dem Lösungsmittel für Azetylen (Azeton) noch mit diesem selbst schädliche Verbindungen eingeht,
2. auch bei längerem Gebrauch und bei Erschütterungen nicht zusammensinkt oder gefährliche Hohlräume bildet,
3. mit Sicherheit verhindert, daß explosionsähnliche Zersetzungen des Azetylens — sogar bei hohen Wärmegraden und heftigen Stößen — eintreten oder sich durch die Masse fortpflanzen.

Es darf nur so viel von dem Lösungsmittel eingefüllt werden, daß die durch Aufnahme des Azetylens eintretende Volumenvergrößerung einen Raum frei läßt, der — bezogen auf 15° — mindestens 15 v. H. des Wasservolumens entspricht, das das Gefäß fassen kann.

(2) Die Beschaffenheit des Materials, die Herstellung und die amtliche Prüfung der Gefäße müssen den Vorschriften der Anlage C zur Eisenbahnverkehrsordnung entsprechen.

Für die Versendung verflüssigter Gase der Ziffern 5 bis 8 in heiße Gegenden — (7) b, Spalte 2 — muß der bei der Wasserprobe anzuwendende innere Druck betragen:

bei Kohlensäure, Stickoxydul und verflüssigtem Ölgas	250	Atmosphären
bei Äthylen	225	„
bei Äthan	140	„
bei Stickstofftetroxyd	50	„
bei Z-Gas	45	„
bei Ammoniak (Ziff. 6)	35	„
bei Propylen	35	„
bei Chlor, Chlorkohlenoxyd, Methylamin und Äthylamin	30	„
bei schwefliger Säure, Methyläther und Chlormethyl	20	„
bei Chloräthyl	12	„
bei Äthylenoxyd und Butadien	10	„

(3) Die Gefäße für Stoffe der Ziffern 1 bis 8, 10 und 11 müssen mit mindestens einem Ventil zum Füllen und Entleeren versehen sein. Bei Azetylenlösungen (Ziff. 11) dürfen die mit dem Gase in Berührung kommenden Teile der Ventile nicht mehr als 70 v. H. Kupfer enthalten. Die Ventile an Behältern für Sauerstoff und Sauerstoff abgebende Gase dürfen nur aus Messing, Bronze oder nichtrostendem Stahl hergestellt sein; für Behälter mit Ammoniak sind nur Ventile aus Stahl zulässig. Bei Mischgas (Ziff. 2) und Ölgas (Ziff. 3) sind statt der Ventile eingeschraubte Stopfen zulässig; diese müsssen so dicht schließen, daß sich der Inhalt des Gefäßes nicht durch Geruch bemerkbar macht.

(4) Nicht in Kisten verpackte Gefäße mit Gasen der Ziffern 1 bis 8, 10 und 11 müssen mit Vorrichtungen versehen sein, die ein Rollen verhindern. Diese Vorrichtungen dürfen nicht mit den Schutzkappen verbunden sein. Die das Rollen verhindernde Vorrichtung ist entbehrlich für große Gefäße, die nicht getragen, sondern gerollt werden und für diesen Zweck mit besonderen Rollreifen versehen sind. Solche Gefäße sind bis auf weiteres nur für Gase der Ziffern 6, 7, 8 und 10 zulässig. Ihr Rauminhalt darf nicht kleiner als 100 l sein und 500 l

nicht übersteigen. Die Ventile müssen von eisernen Schutzkappen, die eine oder mehrere Öffnungen haben, umgeben sein; bei Gefäßen aus Kupfer sind kupferne Schutzkappen zulässig. Keiner Kappe bedürfen Ventile, die im Innern des Flaschenhalses angebracht und durch einen aufgeschraubten, gut sitzenden Metallstöpsel geschützt sind.

Bei den Ausrüstungsteilen der Gefäße für Sauerstoff und Sauerstoff abgebende Gase dürfen keine fett- oder ölhaltigen Dichtungs- und Schmierstoffe verwendet werden.

(5) Auf Kisten, worin Gefäße mit verdichteten Gasen oder mit verflüssigten Gasen der Ziffern 5, 6, 7 und 8 verpackt sind, muß der Inhalt deutlich und haltbar angegeben sein. Die Gefäße sind in den Kisten so zu verpacken, daß die Prüfungsstempel leicht gefunden werden können. Holzkisten und Metallkästen mit Stoffen der Ziffer 9 müssen die deutlichen Aufschriften: „Flüssige Luft", „Flüssiger Sauerstoff" oder „Flüssiger Stickstoff", „Oben", „Unten", „Sehr zerbrechlich" tragen.

(6) Die Gefäße dürfen nur befördert werden, wenn auf ihnen in dauerhafter und leicht sichtbarer Weise vermerkt ist:

a) bei allen Gasen:

α) die Bezeichnung des Gases, die Bezeichnung des Herstellers oder des Eigentümers und die laufende Nummer des Gefäßes,

β) das Gewicht des leeren Behälters einschließlich Ventil, Metallstöpsel, Schutzkappe, Stopfen u. dgl.,

γ) die Höhe des Probedrucks,

ε) der Tag der letzten Prüfung und der Stempel des Sachverständigen, der die Prüfung vorgenommen hat.

Der Tag der letzten Prüfung darf bei Gefäßen für Chlor, Stickstofftetroxyd, schweflige Säure und Chlorkohlenoxyd nicht länger als zwei Jahre, bei den Gefäßen für die übrigen verdichteten oder verflüssigten Gase oder für das verdichtete gelöste Ammoniak nicht länger als fünf Jahre zurückliegen.

b) bei den verdichteten oder verdichteten gelösten Gasen:

die Höhe des zulässigen Füllungsdrucks,
ferner für Gefäße mit gelöstem Azetylen
das Gesamtgewicht des leeren Behälters (wie unter α), β)) mit der porösen Masse und der in den Gefäßen zulässigen Azetonmenge;

c) bei den verflüssigten Gasen:

das zulässige Höchstgewicht der Füllung.

Die vorgeschriebenen Bezeichnungen dürfen bei neuen Behältern nur auf einem verstärkten Wandungsteil, bei Flaschen insbesondere nur in einer solchen Größe angebracht werden, daß sie auf dem verstärkten Flaschenhals Platz finden. Das Beseitigen von Bezeichnungen, die in den Behälter eingeschlagen und nicht mehr gültig sind, durch Feilen, Hämmern oder auf ähnliche Weise ist unzulässig, wenn dadurch eine Schwächung der Wandstärke unter das rechnungsmäßige oder festgestellte geringste Maß herbeigeführt werden kann. Die Entfernung oder Änderung von Bezeichnungen darf nur an völlig entleerten und gereinigten Behältern und nach Zustimmung des zuständigen Sachverständigen vorgenommen werden. Dieser hat solche Behälter vor der Wiederbenutzung einer neuen Druckprobe zu unterziehen.

Wenn die Bezeichnung der Gase auf den Behältern nur durch chemische Formeln geschieht, so ist außerdem der ungekürzte Name des Gases auf einem auf den Behälter aufzuklebenden Zettel in deutlichen Buchstaben zu verzeichnen.

Werden Behälter für verdichtete oder verflüssigte oder verdichtete gelöste Gase mit einem Farbanstrich zwecks besserer äußerer Kennzeichnung des Inhalts versehen, so ist dieser entweder auf dem ganzen Behälter (aber so, daß die Einstempelungen dadurch nicht undeutlich werden) oder in Gestalt eines mindestens 5 cm breiten, deutlich sichtbar zu erhaltenden Farbringes anzubringen. Für Sauerstoff ist blaue, für Wasserstoff rote, für Stickstoff grüne, für gelöstes Azetylen weiße und für alle anderen Gase graue Farbe zu wählen.

(7) a) Der zulässige höchste Füllungsdruck der Gefäße für verdichtete Gase, bezogen auf 15° C, beträgt:

für gasförmige Kohlensäure	20	Atmosphären Überdruck
für Mischgas (Ziffer 2) und Wassergas . . .	10	
für Ölgas (Fettgas, Ziffer 3)	125	
für Grubengas (Methan), Kohlenoxyd, Leuchtgas, Stickstoff, Preßluft und Edelgase (Helium, Neon, Argon, Metargon, Krypton und Xenon oder deren Gemische) sowie für Sauerstoff und Wasserstoff . .	200	

Bei jeder Sendung von verdichteten Gasen (Ziffer 1 bis 4), ausgenommen für Fett- oder Mischgas in Seebojen oder ähnlichen Gefäßen, hat der Absender auf Verlangen den in den Behältern vorhandenen Druck durch ein richtig zeigendes Manometer nachzuweisen.

b) Die zulässige höchste Füllung der Gefäße für verflüssigte Gase der Ziffern 5 bis 8 beträgt

für	bei Versendung in Gebiete:			
	1. nördl. des 30° Nordbreite ausschließlich der Häfen an der afrikanischen und der asiatischen Küste des Mittelmeeres und des Schwarzen Meeres und einschließlich der Kanarischen Inseln. (Höchsttemperatur 40° C) 1 kg Flüssigkeit für je		2. südlich der unter 1. genannten Grenzen. (Höchsttemperatur 50° C) 1 kg Flüssigkeit für je	
Kohlensäure; Stickoxydul .	1,34	Liter Fassungsraum des Gefäßes	1,34	Liter Fassungsraum des Gefäßes
Äthylen	3,5		3,5	
Äthan	3.3		3,3	
Propylen	2,25		2,25	
verflüssigtes Ölgas, Z-Gas . .	2,5		2,5	
Ammoniak	1,86		1,88	
Butadien	1,85		1,85	
Chlor, Chlorkohlenoxyd u. Stickstofftetroxyd	0,8		0,8	
schweflige Säure	0,8		0,81	
Methylamin, Äthylamin . . .	1,7		1,85	
Methyläther	1,65		1,65	
Äthylenoxyd	1,30		1,30	
Chlormethyl u. Chloräthyl .	1,25		1,25	

c) Für die verdichteten, in Flüssigkeiten gelösten Gase gilt folgendes:

1. Der zulässige höchste Füllungsdruck bei der Füllung der Behälter für gelöstes Azetylen beträgt bei 15° C 15 Atmosphären. Wegen der Füllung des Behälters mit Azeton vgl. (1) c), letzter Absatz.

2. Die zulässige höchste Füllung der Gefäße für verdichtetes gelöstes Ammoniak beträgt:

bei Gewichtsteilen Ammoniak	für Versendung in:	
	a) Gebiete mit gemäßigter Temperatur (höchstens 40° C, vgl. (7) b))	b) heiße Gebiete (Höchsttemperatur 50° C, vgl (7) b))
	1 kg für je l	
mehr als 30 bis 40 v. H.	1,25 } Füllungsraum des Gefäßes	1,26 } Füllungsraum des Gefäßes
mehr als 40 bis 50 v. H.	1,30	1,31

d) Die Behälter sind vor jeder Füllung von einem Sachverständigen des Füllwerks auf ihren ordnungsmäßigen Zustand zu prüfen. Etwa angesammelte Rückstände sind zu beseitigen. Auf Reinigung ist besonders dann Wert zu legen, wenn sich beim Schütteln der leeren Behälter lose feste Bestandteile bemerkbar machen. Behälter, deren Prüfungsvermerke mangelhaft oder unvollständig sind oder deren Prüfung nicht einwandfrei nachzuweisen ist, dürfen ohne vorherige Prüfung nicht gefüllt werden.

e) Behälter für verflüssigte oder verdichtete gelöste Gase sind während ihrer Füllung abzuwiegen und zur Feststellung etwaiger Überfüllungen nachzuwiegen.

(8) Die Gefäße für verflüssigte Gase der Ziffer 7 sowie für Chlorkohlenoxyd (Ziffer 6) müssen trocken sein.

Leere Gefäße, die verflüssigte Gase der Ziffer 7 oder Chlorkohlenoxyd, Ziffer 6, oder verdichteten Wasserstoff, Ziffer 4, enthalten haben, müssen verschlossen sein.

(9) Ausnahmen von den Vorschriften unter (1) bis (7).

a) Die verflüssigten Gase der Ziffern 5, 6 und 7 dürfen in kleinen Mengen, und zwar Kohlensäure, Äthan und Stickoxydul bis 3 g, Ammoniak, Chlor und Stickstofftetroxyd bis 20 g, wasserfreie schweflige Säure und Chlorkohlenoxyd (Phosgen) bis 100 g, auch in starken, zugeschmolzenen Glasröhren unter folgenden Bedingungen befördert werden: Die Glasröhren dürfen für Kohlensäure, Äthan und Stickoxydul nur bis zur Hälfte, für Ammoniak, Chlor und Stickstofftetroxyd nur bis zu zwei Dritteln, für schweflige Säure und Chlorkohlenoxyd (Phosgen) nur bis zu drei Vierteln gefüllt sein. Jede Glasröhre muß in einer zugelöteten, mit Kieselgur gefüllten Blechkapsel und diese in einer starken Holzkiste verpackt sein. Es ist zulässig, mehrere Blechkapseln in eine Kiste einzulegen, doch dürfen Röhren mit Chlor nicht mit Ammoniak oder schweflige Säure enthaltenden Röhren in dieselbe Kiste gelegt werden.

Kleine Flaschen mit verflüssigter Kohlensäure zum Aufpumpen von Fahrzeugreifen und zur Verwendung für sanitäre Zwecke dürfen unter folgenden Bedingungen befördert werden:

1. Die Flaschen müssen nahtlos aus Flußstahl mit einer Festigkeit von mindestens 40 kg auf das Quadratmillimeter bei 25 v. H. Dehnung hergestellt sein; ihr Inhalt darf 200 ccm und ihr innerer Durchmesser 30 mm nicht übersteigen.

2. Die erste und wiederholte Druckprobe kann durch Werksbeamte vorgenommen werden und ist durch Werksbescheinigung nachzuweisen.

3. Als Kennzeichen auf der Flasche genügen: die Bezeichnung CO_2, die Angabe des erforderlichen Probedrucks, die Fertigungsnummer und das Fertigungsjahr. Eine Stempelung der einzelnen Flaschen durch den amtlichen Sachverständigen erübrigt sich, es genügt eine gekürzte

Sammelprüfungsbescheinigung über die Abnahme aller zu einer Serie gehörigen Fertigungsnummern.

4. Von der Anbringung eines Flaschenventiles, einer Schutzkappe und einer das Rollen verhindernden Vorrichtung kann abgesehen werden.

5. Die Einhaltung der Fristen für die wiederholte Druckprobe ist durch geeignete Listenführung bei den Füllwerken dem Sachverständigen nachzuweisen. Bei Vornahme der wiederholten Druckprobe genügt die Angabe der Zehnerstellen des Prüfungsjahres hinter dem Fertigungsjahr.

b) Die verflüssigten Gase der Ziffer 8 dürfen unter Beachtung der Vorschriften über den Füllungsgrad (Vorschrift (7) b)) in Mengen bis 150 g in starken Glas- oder Metallröhren befördert werden. Die Röhren müssen mit einem fest angebrachten, starkwandigen Kapillarröhrchen versehen und entweder durch Zuschmelzen (Zulöten) des letzteren oder mittels Schraubkappe oder Hebelverschluß, beide mit Gummieinlage, vollkommen dicht und sicher verschlossen sein. Die Röhren müssen einzeln in eine dicke Schicht Watte, Wellpapier, Zellstoff o. dgl. eingewickelt und die Kapillarspitzen, wenn sie nicht durch Metallverschlüsse gedeckt sind, durch sorgfältig aufgesetzte Pappehülsen oder sonstige geeignete Vorkehrungen gegen Bruch gesichert sein. Die Röhren sind in haltbare Kästchen aus Holz oder starker Pappe fest und sicher zu lagern. Ein Kästchen darf bis 600 g Flüssigkeit enthalten.

Zur Verpackung der Kästchen sind starke Holzkisten zu verwenden, die bei mehr als 5 kg Flüssigkeit mit einem verlöteten Blecheinsatz versehen sein müssen. Höchstes Rohgewicht eines Versandstückes 60 kg, bei Chloräthyl und Lance-Parfüm 75 kg. Auf den äußeren Behältern ist der Inhalt deutlich und dauerhaft anzugeben.

c) Ohne Beschränkung werden befördert:

1. Metallene Kohlensäurekapseln (Sodor, Sparklet), die höchstens 25 g flüssige Kohlensäure und höchstens 1 g Flüssigkeit auf 1,34 ccm Fassungsraum enthalten, wenn die Kohlensäure nicht mehr als ½ v. H. Luft enthält.

2. Behälter von Eismaschinen, welche die für den Betrieb erforderliche Menge von flüssiger schwefliger Säure oder von flüssigem Ammoniak dauernd enthalten, wenn der Inhalt an schwefliger Säure oder an flüssigem Ammoniak 20 Liter nicht übersteigt.

3. Bis zu 3 Atmosphären verdichteter Sauerstoff in Säcken aus Gummi, imprägnierten Geweben oder ähnlichen Stoffen.

4. Edelgase in verschlossenen Glaskolben ohne Überdruck.

d) Gefäße mit verdichtetem Sauerstoff, die in Fischbehältern befestigt sind, werden auch zugelassen, wenn sie nicht dicht verschlossen, sondern mit Vorrichtungen zum allmählichen Abgeben des Sauerstoffes versehen sind.

Verladungsvorschriften für Id. Verdichtete oder verflüssigte Gase.

A. Verladescheine.

1. Die Gase — mit Ausnahme der nach den Verpackungsvorschriften unter (9)a), b) und c) verpackten — sind mit besonderem Verladeschein (Schiffszettel) anzuliefern, der mit einem mindestens 1 cm breiten roten Querstreifen versehen ist und in dem andere Gegenstände nicht aufgeführt sind.

2. In den Verladescheinen ist Anzahl, Gattung, Zeichen und Nummer der Versandstücke anzugeben. Bei der Inhaltsangabe, die den in der Spalte „Verpackung“ als Aufschrift der Behälter vorgeschriebenen Bezeichnungen entsprechen muß, sind die Eigenschaften der Gase nach Maßgabe des nachstehenden Verzeichnisses auffällig hervorzuheben:

a) entzündlich und giftig	b) entzündlich	c) giftig
Leuchtgas, Wassergas, Mischgas (Ölgas), Ziff. 2	Wasserstoff, Ziff. 4	Kohlensäure, Ziff. 1 und 5
Ölgas (Fettgas), Ziff. 3	Chlormethyl, Chloräthyl, Methyläther, Methylamin, Äthylamin } Ziff. 8	Kohlenoxyd, Ziff. 4
Grubengas (Methan), Ziff. 4		Stickoxydul, Ziff. 5
Verflüssigtes Ölgas (Blaugas), Äthan, Äthylen, Ziff. 5		Ammoniak, Chlorkohlenoxyd (Phosgen), Ziff. 6
Propylen, Ziff. 6		Chlor, schweflige Säure, Stickstofftetroxyd, Ziff. 7
Äthylenoxyd, Butadien, Ziff. 8		Gelöstes Ammoniak, Ziff. 10
Azetylen, Ziff. 11		

Flüssige Luft, Ziff. 9, ist als „Feuergefährlich“ zu bezeichnen.

3. Wegen Unterschrift und Erklärungen des Abladers s. § 3 der Verordnung.

Bei Sendungen von leeren Gefäßen, die verflüssigte Gase der Ziffer 7 oder Chlorkohlenoxyd, Ziff. 6, oder verdichteten Wasserstoff, Ziffer 4, enthalten haben, muß im Verladeschein bescheinigt sein, daß die leeren Gefäße verschlossen sind.

B. Verladung im allgemeinen.

1. Die Behälter mit verdichteten oder verflüssigten Gasen der Ziff. 1 bis 8 und der verdichteten gelösten Gase, Ziff. 10 und 11, unterliegen bei außergewöhnlicher Erwärmung des Inhalts der Gefahr, gesprengt zu werden. Sie dürfen deshalb niemals verstaut werden:

a) bei Verladung unter Deck: in oder im Wirkungsbereich von Räumen, in denen sich Wärmequellen (Maschinen, Kessel, Öfen und sonstige Heizkörper) befinden, oder in denen der selbständigen Erhitzung unterworfene Stoffe (Klassen II und VIb einschl. Bunkerkohlen) sowie die unter Umständen die Entzündung oder Erhitzung brennbarer Gegenstände hervorrufenden Stoffe (Säuren, V, 1, flüssige Luft, Id, 9, sowie Stoffe der Klasse VIa, Ziff. 1 bis 5) verstaut sind;

b) bei Verladung an Deck: den Sonnenstrahlen ausgesetzt oder in der Nähe von Schornsteinen, Maschinen- und Kesselschächten. Kohlensäure und Stickstoff dürfen aber in und im Wirkungsbereich von Räumen, in denen Stoffe der Klasse VIa verstaut sind, verladen werden.

2. Die Behälter sind fest zu lagern und auch beim Löschen und Laden vor Erschütterung und Erwärmung zu bewahren.

C. Weitere Vorschriften für einzelne Gasarten.

1. Die entzündlichen Gase, die zum Teil auch mit Luft explosive Gemische bilden (Spalte a und b der Tabelle unter A), sowie flüssige Luft dürfen nicht in derselben Schottenabteilung verstaut werden mit

Sprengstoffen, Ia,
Munition, Ib,
Zündwaren, Feuerwerkskörpern u. dgl., Ic,
selbstentzündlichen Stoffen, II, mit Ausnahme der vorschriftsmäßig verpackten pyrophorischen Metalle, II, Ziff. 10,
Gemischen von Schwefelsäure und Salpetersäure, V, 1.

2. Die entzündlichen Gase dürfen mit Sprengstoffen, Ia, und Munition, Ib, nur dann auf demselben Schiffe verladen werden, wenn sie in horizontal weit von den Sprengstoffen und der Munition entfernten Abteilungen (auf Dampfschiffen mindestens durch Maschinen- und Kesselraum getrennt) oder so an Deck untergebracht sind, daß bei Entzündung der Gase eine unmittelbare Gefährdung der mit Sprengstoffen oder Munition belegten Räume ausgeschlossen ist.

3. Die giftigen (oder erstickenden) Gase (Spalte a und c) dürfen nicht so verstaut werden, daß sie beim Entweichen in bewohnte oder dem Verkehr dienende Räume dringen können.

4. Chlor (Ziff. 7) darf sich auch keinesfalls mit den nachstehenden anderen Gasen vermischen können:
Wasserstoff, Ziff. 4,
Leuchtgas, Wassergas, Mischgas, Ölgas, Ziff. 2, 3 und 5,
Grubengas, Ziff. 4,
Azetylen, Ziff. 11.
Derartige Mischungen sind sehr explosiv.

5. Behälter mit flüssiger Luft, Ziff. 9, müssen aufrecht stehen, dürfen nicht belastet werden und nicht in der Nähe von leicht brennbaren kleinstückigen oder leicht brennbaren flüssigen Stoffen verstaut werden.

Güterverzeichnis Ie.

Ie. Stoffe, die in Berührung mit Wasser entzündliche oder die Verbrennung unterstützende Gase entwickeln[1].

Zur Beförderung sind nur die nachstehend aufgeführten Stoffe dieser Art zugelassen:

1. Die Metalle der Alkalien und der alkalischen Erden, wie Natrium, Kalium, Kalzium u. dgl., sowie Legierungen dieser Metalle miteinander.

Verpackung*

(1) Zur Verpackung sind starke, dichte, sicher zu verschließende Gefäße aus Eisen (auch Weißblech) zu verwenden. Mengen bis zu 5 kg dürfen auch in starken, sicher und dicht zu verschließenden Glasgefäßen befördert werden. Die Gefäße dürfen mit Petroleum beschickt, müssen aber sonst völlig trocken sein.

(2) Die Gefäße aus Eisen oder Weißblech sind in Holzkisten oder in dichte eiserne Übergefäße einzusetzen, Glasgefäße in Holzkisten mit einem gegen das Eindringen von Wasser gedichteten Weißblecheinsatz. Die in solche Kisten eingesetzten Glasgefäße sind mit trockener Kieselgur oder mit ähnlichen, nicht brennbaren Stoffen fest einzubetten. Bei Glasgefäßen mit Mengen bis zu 250 g dürfen statt der Holzkisten sicher und dicht zu verschließende Weißblechgefäße verwendet werden. Schutzumhüllungen können wegfallen, wenn die Stoffe in starke Eisenfässer (Trommeln) mit wasserdichtem Verschluß (in geschmolzenem Zustande eingefüllt) verpackt sind.

(3) Die äußeren Behälter müssen die deutliche und dauerhafte Inhaltsangabe und den Vermerk „vor Nässe zu schützen" tragen.

Güterverzeichnis Ie.

2a. Kalziumkarbid, auch imprägniert, Kalziumhydrür (Hydrolith) **sowie Kalkstickstoff (Kalziumzyanamid) mit mehr als 0,5 v. H. Kalziumkarbid[2].**

---

[1] Wegen Natriumazid siehe Klasse IV, 12.

[2] Entleerte Behälter, welche nicht gründlich von Resten dieser Stoffe befreit sind, dürfen nicht zur Beförderung zugelassen werden.

* Verladungsvorschriften s. S. 131 ff.

Verpackung*

(1) Diese Stoffe müssen in neuen, noch nicht benutzten eisernen Gefäßen (auch Schwarzblech, verzinntes oder verbleites Eisenblech) luft- und wasserdicht verschlossen sein.

Die Gefäße sind in feste Holzumschließungen zu verpacken. Das Gewicht eines solchen Versandstückes darf 135 kg nicht überschreiten.

Die Blechdicke muß für Gefäße bis zu 135 kg Rohgewicht mindestens 0,6 mm und für Gefäße, die höchstens 50 kg fassen, mindestens 0,4 mm betragen. Für Dosen von 10 kg und weniger Fassungsvermögen genügen geringere, der Größe angemessene Blechstärken. Solche Dosen sind in mindestens 12 mm starke Holzkisten festliegend zu verpacken, die mit Bandeisen oder Kopfleisten versehen sein müssen. Die Kisten sind mit einem dicht verlöteten Blecheinsatz zu versehen. Eine Kiste mit Dosen darf das Gewicht von 65 kg (mit Blecheinsatz 70 kg) nicht überschreiten.

(2) Die Holzumschließung kann für Versandstücke bis höchstens 108 kg Rohgewicht wegfallen bei eisernen Trommeln aus zähem, kastengeglühtem Blech von wenigstens 0,6 mm Dicke, wenn das Rohgewicht der Trommeln bis zu 54 kg beträgt, von wenigstens 0,8 mm Dicke, wenn es höher ist. Der Mantel solcher Trommeln muß aus gewelltem Blech bestehen, die Längsnähte müssen entweder autogen geschweißt oder doppelt gefalzt und punktgeschweißt sein. Die Böden müssen entweder autogen mit dem Mantel verschweißt oder mit ihm doppelt gefalzt sein. Der Deckel der Einfüllöffnung muß entweder gelötet oder geschweißt oder mit einem Überdeckel versehen sein, der auf dem Boden aufgeschweißt oder aufgefalzt ist. Die Falzbreite darf in keinem Falle unter 6 mm betragen.

(3) Schwarzblechbehälter sind stets mit einem Schutzanstrich zu versehen.

(4) Jedes Versandstück muß deutlich und haltbar die Inhaltsangabe und die Anweisung „Vor Nässe zu schützen" tragen. Die Innenbehälter sind mit dauerhafter Inhalts- und Mengenangabe zu versehen.

Güterverzeichnis Ie.

2b. Kalkstickstoff (Kalziumzyanamid) mit mehr als 0,1 bis höchstens 0,5 v. H. Kalziumkarbid.

Verpackung*

Kalkstickstoff dieser Art ist in luft- und wasserdicht zu verschließenden, eisernen Trommeln von mindestens 0,3 mm Blechstärke zum Versand zu bringen, die deutlich und haltbar die Inhaltsangabe und die Anweisung „vor Nässe zu schützen" tragen.

Güterverzeichnis Ie.

2c. Kalkstickstoff mit einem vom Absender bescheinigten Gehalt von höchstens 0,1 v. H. Kalziumkarbid.

Verpackung*

Kalkstickstoff dieser Art darf außer in den zu 2b bezeichneten Trommeln auch in starken, gegen Feuchtigkeit gedichteten Säcken befördert werden.

---

* Verladungsvorschriften s. S. 131 ff.

Güterverzeichnis Ie.

3. Natriumsuperoxyd, auch in Mischungen, die nicht gefährlicher sind als Natriumsuperoxyd.

Verpackung*

(1) Zur Verpackung sind starke, dichte, sicher zu verschließende Gefäße aus Eisen (auch Weißblech) zu verwenden, die völlig trocken sein müssen.

(2) Die Packgefäße müssen in Holzkisten eingesetzt sein, die mit einem gegen das Eindringen von Wasser gesicherten Weißblecheinsatz versehen sind. Die Holzkisten können wegfallen, wenn starke, dichte eiserne Fässer verwendet werden, die im Mantel und an den Böden mit einem mindestens 2,5 cm starken, durch Reifen und Winkel aus Bandeisen sicher befestigten Holzbelag versehen sind.

(3) Die Versandstücke müssen deutlich und dauerhaft die Inhaltsangabe und den Vermerk „Vor Nässe zu schützen!“ tragen.

Verladungsvorschriften für Ie. Stoffe, die in Berührung mit Wasser entzündliche oder die Verbrennung unterstützende Gase entwickeln.

A. Verladescheine.

1. Diese Stoffe sind mit einem besonderen Verladeschein (Schiffszettel) anzuliefern, der mit einem mindestens 1 cm breiten roten Querstrich versehen ist und in dem andere Gegenstände nicht aufgeführt sind.

2. In den Verladescheinen sind Anzahl, Gattung, Zeichen und Nummer der Versandstücke anzugeben.

Bei der Inhaltsangabe, die der Aufschrift der Behälter (vgl. Verpackungsvorschrift) entsprechen muß, ist in auffälliger Schrift darauf hinzuweisen, daß bei Zutritt von Wasser die Stoffe der Ziffer 3 „feuergefährlich“, die Stoffe der Ziffern 1 und 2 „explosionsgefährlich“ sind.

3. Über leere Behälter, welche Stoffe der Ziffern 2a und 2b enthalten haben, ist unter Angabe des früheren Inhalts ein besonderer Verladeschein auszustellen.

4. Wegen Unterschrift und Erklärungen des Abladers siehe § 3 der Verordnung.

In den Verladescheinen über Kalkstickstoff der Ziffer 2c ist zwecks Befreiung von den besonderen Verladevorschriften C zu bescheinigen, daß der Karbidgehalt 0,1 v. H. nicht übersteigt, und falls der Stoff in Säcken zur Verladung kommt, auf die Bedingung durchaus trockener Verladung hinzuweisen.

---

* Verladungsvorschriften s. S. 131 ff.

B. Verladung im allgemeinen.

1. Die Stoffe sind, wenn unter Deck verladen, in trockenen und dauernd trocken zu haltenden, besonders gut gelüfteten Räumen und möglichst abgeschlossen von brennbaren Flüssigkeiten und leicht entzündlichen Stoffen unterzubringen. Natriumsuperoxyd (Ziffer 3) ist von brennbaren Flüssigkeiten (IIIa) und von festen leicht entzündbaren Stoffen (IIIb) räumlich derart getrennt zu halten, daß weder diese Flüssigkeiten und Stoffe noch die durch die Verdunstung der Flüssigkeiten entstandenen Gase oder explosiven Luftgemische sich an Brand- oder Erhitzungsherden entzünden können, die etwa durch Natriumsuperoxyd erzeugt sind. Natriumsuperoxyd muß von allen Säuren (V) räumlich so wirksam abgeschlossen gehalten werden, daß eine Mischung auch bei Beschädigung der Behälter ausgeschlossen ist.
2. Verboten ist die Verladung der Stoffe in derselben Schottenabteilung mit:
   Sprengstoffen, Ia,
   Munition, Ib.
3. Die Versandstücke sind besonders sorgfältig zu behandeln und fest zu lagern.
4. Feuchte Säcke mit Kalkstickstoff, Ziff. 2c, sind von der Verladung auszuschließen.

C. Weitere Vorschriften für Stoffe der Ziffern 2a und 2b.

1. Diese Stoffe dürfen auch nicht in derselben Schottenabteilung verladen werden mit:

   Zündwaren, Feuerwerkskörpern u. dgl., Ic,

   selbstentzündlichen Stoffen, II, mit Ausnahme der vorschriftsmäßig verpackten pyrophorischen Metalle (II, Ziffer 10),

   Gemischen von Schwefelsäure und Salpetersäure, V, Ziffer 1,

   sonstigen gefährlichen Gütern, VI.
2. Die Stoffe dürfen unter Deck nur in Räumen verladen werden, die nicht unter bewohnten Räumen liegen, Heizanlagen und Einrichtungen für Flammenbeleuchtung nicht enthalten und auch nicht mit Räumen, die solche Anlagen und Einrichtungen besitzen, in Verbindung stehen. Die Stoffe dürfen in den Räu-

men nicht an Stellen verstaut werden, wo die Behälter dem Zutritt von Wasser ausgesetzt sind, also nicht unmittelbar an der Bordwand oder zu unterst im Schiff. Die Behälter dürfen nicht mit anderen Gegenständen derart belastet werden, daß die Gefahr des Undichtwerdens der Gefäße eintritt.

3. Bei der Verladung ist darüber zu wachen, daß nur unbeschädigte und nicht solche Gefäße übergenommen werden, bei denen sich ausgeprägter Azetylengeruch bemerkbar macht. Während der Seebeförderung ist auf die Laderäume besonders zu achten.

4. Für Personenschiffe gelten außerdem folgende Bestimmungen:

Die Verladung von Kalziumkarbid in Auswandererschiffe ist verboten; andere Personenschiffe dürfen, wenn sie mehr als 50 Reisende an Bord haben, bis zu 50 Tonnen, sonst bis zu 200 Tonnen Kalziumkarbid befördern. Von den übrigen Stoffen der Ziffer 2a und b dürfen bis zu 200 Tonnen in Personenschiffe verladen werden.

Die Güter der Ziffer 2a und b dürfen auf Personenschiffen auf oder unter Deck befördert werden. Wenn sie unter Deck verladen werden, so muß das in Räumen geschehen, die in und über dem Zwischendeck, und zwar unmittelbar zugänglich liegen, so daß die Güter im Notfall schnell beseitigt werden können. Durch eine Beiladung anderer Gegenstände darf diese Möglichkeit nicht beeinträchtigt werden. Eine Beiladung brennbarer Stoffe oder solcher, die durch Reibung mit organischen Stoffen Brände verursachen können, wie z. B. Natriumsuperoxyd (Ie, Ziffer 3), darf nicht stattfinden.

Güterverzeichnis II.

II. Selbstentzündliche Stoffe[1].

Vorbemerkung: Werden bei den Stoffen der Ziffern 2, 4 bis 7, 7a, 7b, 9 und 11 des Güterverzeichnisses sowie bei Eisen- und Stahlspänen der Ziffer 8 die in den Fußnoten dazu vorgesehenen Bescheinigungen von dem Ablader nicht abgegeben, so sind sie nach den Vorschriften der Klasse II zu behandeln. In diesem Falle gelten roter (amorpher) Phosphor und Phosphorsesquisulfid als nicht völlig frei von gelbem Phosphor, die Stoffe der Ziffern 4 und 5 als frisch geglüht, der Ziffer 6 als derart beschwert, daß Selbstentzündung eintreten kann, der Ziffer 7 als gefettet oder geölt und dabei feucht oder

[1] Gebrauchte Gasreinigungsmasse gilt nicht als selbstentzündlich.

als gefirnißt und dabei nicht trocken und nicht abgelagert, die Eisen- und Stahlspäne der Ziffer 8 als fettig oder ölig und, weil nicht abgelagert, zur Selbstentzündung neigend, die Stoffe der Ziffern 7a, 7b und 9 als hinsichtlich ihrer Tränkungsmittel nicht vollkommen trocken und noch der Selbstoxydation unterliegend, der Ziffer 11 als ungereinigt.

Zur Beförderung sind nur die nachstehend aufgeführten selbstentzündlichen Stoffe zugelassen:

1. Gewöhnlicher (weißer oder gelber) Phosphor.

2.[1] Alkali- und Erdalkaliphosphide, wie Phosphorkalzium, Phosphorstrontium. **Roter (amorpher) Phosphor und Phosphorsesquisulfid, soweit sie nicht völlig frei von gelbem Phosphor sind.**

Verpackung*

(1) Die Stoffe der Ziffern 1 und 2 müssen in starke, dichte, gut zu verlötende Weißblechgefäße verpackt und diese in starke, sicher zu verschließende Holzbehälter fest eingesetzt sein. Gewöhnlicher Phosphor (Ziffer 1) darf auch in widerstandsfähige, dichte und dicht zu verschließende Fässer aus starkem Eisenblech verpackt werden. Der Inhalt eines solchen Fasses darf 300 kg nicht übersteigen. Bei einem Inhalt von mehr als 100 kg muß das Faß Roll- und Kopfreifen haben. Bei den Stoffen der Ziffer 2 in Mengen bis zu 2 kg dürfen statt der Weißblechgefäße auch Glasgefäße, Kruken oder Kisten verwendet werden. Gewöhnlicher Phosphor muß mit Wasser umgeben sein.

(2) Auf den Kisten muß der Inhalt deutlich und dauerhaft angegeben sein, bei gewöhnlichem Phosphor ist die Bezeichnung „Oben" beizufügen.

Güterverzeichnis II.

3. Zinkäthyl, Zinkmethyl, auch in ätherischer Lösung.

Verpackung*

(1) Diese Stoffe, auch in ätherischer Lösung, sind in starke, dichte, gut zuzuschmelzende oder in gleichwertiger Weise gut zu verschließende Gefäße aus Glas, Ton (Steinzeug o. dgl.) oder Metall zu verpacken.

(2) Gefäße aus Glas oder Ton sind einzeln oder zu mehreren unter Verwendung von Asche oder trockener Kieselgur in starke Blechgefäße einzusetzen, die dicht zu verlöten sind. Gefäße aus Metall sind einzeln oder zu mehreren unter Verwendung geeigneter

---

[1] Verbindungen von Phosphor mit Metallen, wie Phosphoreisen, Phosphorkupfer, gelten nicht als selbstentzündliche Stoffe. **Roter (amorpher) Phosphor und Phosphorsesquisulfid gelten als selbstentzündlich, wenn nicht vom Ablader im Verladeschein bescheinigt ist, daß die Ware völlig frei von gelbem Phosphor ist.**

* Verladungsvorschriften s. S. 137 ff.

Verpackungsstoffe in starke, starre, **geschlossene Übergefäße (Kübel oder Kisten)** fest einzusetzen.

(2) Die äußeren Behälter müssen deutlich und dauerhaft die **Inhaltsangabe** tragen. Übergefäße mit Glasballons müssen ferner mit der deutlichen Aufschrift „Vorsichtig tragen“ versehen sein.

Güterverzeichnis II.

4.[1] Frisch geglühter Ruß.

5.[1] Frisch geglühte Holzkohle und Lederkohle, gemahlen oder körnig.

Verpackung*

Die Stoffe der Ziffern 4 und 5 sind in dichte, gut zu verschließende **Metallbehälter** zu verpacken.

Güterverzeichnis II.

6.[2] Hochbeschwerte Seide (Cordonnet-, Souple-, Bourre de Soie- und Chappe-Seide) in Strängen..

Verpackung*

Hochbeschwerte Seide **muß** in **starke Kisten** verpackt sein. Sind die Kisten höher als 12 cm, so müssen zwischen den einzelnen Lagen der Seide durch Holzroste ausreichende Hohlräume geschaffen sein, die mit Öffnungen in den Kistenwänden in Verbindung stehen, so daß die Luft durchziehen kann. An den äußeren Kistenwänden sind Leisten anzubringen, die das Zustellen der Luftlöcher verhindern.

Güterverzeichnis II.

7.[3] Folgende Stoffe gefettet, gefirnißt oder geölt: Wolle, Haare, Kunstwolle, Baumwolle, Kunstbaumwolle, Seide, Flachs, Hanf, Jute — in rohem Zustand, als Abfälle, Lumpen oder Lappen —.

---

[1] Die in den Ziffern 4 und 5 bezeichneten Stoffe gelten als frischgeglüht, wenn nicht vom Ablader im Verladeschein bescheinigt ist, daß sie nach der Abkühlung mindestens 48 Stunden dünn ausgebreitet frischem Luftzug ausgesetzt waren. Liegt diese Bescheinigung vor, so sind jene Stoffe ohne Beschränkung zugelassen.

[2] Die Beförderung von Seide in Strängen, die laut Bescheinigung in den Verladescheinen nicht in solcher Weise beschwert ist, daß Selbstentzündung eintreten kann, unterliegt keinen Beschränkungen.

[3] Die Beförderung von Stoffen dieser Ziffer unterliegt keiner Beschränkung, wenn in den Verladescheinen bescheinigt ist, daß die Stoffe

a) überhaupt nicht gefettet, geölt oder gefirnißt sind,
b) wenn sie gefettet oder geölt sind, daß sie frei von Feuchtigkeit sind,
c) wenn sie gefirnißt sind, daß sie trocken und abgelagert sind.

* Verladungsvorschriften s. S. 137 ff.

7a.[1] Gefettete, gefirnißte oder geölte Erzeugnisse aus den Stoffen der Ziffer 7, z. B. Schutzdecken, **Persenninge, Ölzeug,** Seilerwaren, Treibriemen aus Baumwolle oder Hanf, Weber-, Harnisch- und Geschirrlitzen, Garne und Zwirne, Netzwaren (Ölfischnetze u. dgl.), **sofern die Tränkungsmittel wegen nicht vollkommener Trocknung noch der Selbstoxydation unterliegen und deshalb Wärme entwickeln können.**

7b.[1] Gemenge aus körnigen oder porösen brennbaren Stoffen mit Leinöl, Harz, Harzöl, Petroleumrückständen u. dgl., sofern die letzteren Bestandteile noch der Selbstoxydation unterliegen können (z. B. sogenannte Korkfüllmasse, Lupulin), ferner ölhaltige Rückstände der Sojabohnenöl-Bleichung.

7c. Gummi (Kautschuk), gemahlen, Gummi-(Kautschuk-) Staub.

8. Staub und Pulver von Aluminium oder Zink sowie Gemische von Aluminium- und Zinkstaub oder -pulver, auch fettig oder ölig; Hochofenfilterstaub, nicht abgelagerte, zur Selbstentzündung neigende fettige oder ölige Eisen- oder Stahlspäne (Dreh-, Bohrspäne u. dgl.).[2]

9.[1] Mit Fett, Öl oder Firnis getränkt: Papier **(auch Pappe) und Fabrikate daraus[3])** (z. B. Hülsen, Pappringe), **sofern die Tränkungsmittel wegen unvollkommener Trocknung noch der Selbstoxydation unterliegen und deshalb Wärme entwickeln können.**

---

[1] Die Stoffe der Ziffern 7a, 7b und 9 gelten als selbstentzündlich, wenn nicht vom Ablader im Verladeschein bescheinigt ist:
1. bei den Stoffen der Ziffer 7a, daß die Tränkungsmittel vollkommen getrocknet und daher Selbstoxydation und Wärmeentwicklung ausgeschlossen sind,
2. bei den Stoffen der Ziffer 7b, daß sie derart abgelagert sind, daß eine Selbsterhitzung ausgeschlossen ist,
3. bei den Stoffen der Ziffer 9, daß
   a) Papierhülsen nach der Tränkung mit Fett oder Öl erhitzt und dann in Wasser völlig abgekühlt sind,
   b) andere Gegenstände der Ziffer 9 trocken und derartig abgelagert sind, daß eine Selbsterhitzung ausgeschlossen ist.

Gewöhnliches Tauwerk gilt ohne weiteres als nicht gefettet.

[2] Die Beförderung von Eisen- und Stahlspänen, die laut Bescheinigung in den Verladescheinen nicht fettig oder ölig sind, unterliegt keiner Beschränkung.

[3] Gewisse japanische Fabrikate dieser Art haben sich als besonders gefährlich erwiesen.

Verpackung*

Die Stoffe und Fabrikate der Ziffern 7, 7a, 7b, 7c, 8 und 9 (mit Ausnahme von Netzen) müssen in starken Behältern luftdicht verpackt sein, d. h. in metallenen Gefäßen oder in Kisten mit dichten Blecheinsätzen. Geölte Netze sind in gut gelüfteten Räumen lose aufzuhängen.

Güterverzeichnis II.

10. Pyrophorische Metalle[1]

Verpackung*

Die pyrophorischen Metalle müssen in Glasröhren eingeschmolzen und diese in verlötete Blechgefäße verpackt sein, die mit Kieselgur oder mit anderen geeigneten trockenerdigen Stoffen ausgefüllt sind.

Güterverzeichnis II.

11. Gebrauchte Hefebeutel, ungereinigt.[2]

Verpackung*

Gebrauchte ungereinigte Hefebeutel sind in luftdicht schließende Behälter zu verpacken

Verladungsvorschriften für II. Selbstentzündliche Stoffe.

A. Verladescheine.

1. Die aufgeführten Stoffe, mit Ausnahme der nach Vorschrift verpackten pyrophorischen Metalle, Ziff. 10, sind mit besonderen Verladeschein[1] (Schiffszettel) anzuliefern, der mit einem mindestens 1 cm breiten roten Querstrich versehen ist und in dem andere Gegenstände nicht aufgeführt sind.
2. In den Verladescheinen sind Anzahl, Gattung, Zeichen und Nummer der Behälter (bzw. Netzballen, vgl. Ziffer 7) aufzuführen und der Inhaltsangabe, abgesehen von Ziffer 10, der Vermerk „Selbstentzündlich" in auffälliger Schrift hinzuzufügen.
3. Wegen Unterschrift und Erklärungen des Abladers siehe § 3 der Verordnung und die Fußnoten zu den Stoffen des Güterverzeichnisses.

B. Verladung.

1. Die Stoffe, mit Ausnahme der vorschriftsmäßig verpackten pyrophorischen Metalle, Ziffer 10, dür-

[1] Zu den pyrophorischen Metallen gehören die äußerst fein verteilten Metallpulver, z. B. von reduziertem Eisen, dagegen nicht (trotz ihrer Handelsbezeichnung „Pyrophormetall") die im wesentlichen aus Eisen und Zer bestehenden Legierungen und die daraus hergestellten sogenannten Zündsteine.

[2] Gebrauchte Hefebeutel gelten als ungereinigt, wenn nicht vom Verlader im Verladeschein bescheinigt ist, daß sie gereinigt sind.

* Verladungsvorschriften s. S. 137 ff.

fen nicht in derselben Schottenabteilung verladen werden mit:

Sprengstoffen, Ia,

Munition, Ib,

den in der Verladungsvorschrift zu Id als entzündlich bezeichneten Gasen und flüssiger Luft,

Kalziumkarbid und Kalziumhydrür sowie Kalkstickstoff mit einem Kalziumkarbidgehalt von mehr als 0,1 v. H., Ie, Ziffer 2a und b,

Massengütern, die der Selbsterhitzung unterliegen, VIb.

2. Im übrigen sind sie von leicht brennbaren Gegenständen jeder Art, insbesondere Zündwaren, Feuerwerkskörpern u. dgl., Ic, brennbaren Flüssigkeiten, IIIa, festen leicht entzündbaren Stoffen, IIIb, sowie von Behältern mit anderen als brennbaren Gasen, die Stoffe der Ziffer 11 auch von Säuren wirksam räumlich abgeschlossen und überall leicht zugänglich zu verstauen. Übergefäße mit Glasballons, die Zinkäthyl oder Zinkmethyl, auch in ätherischer Lösung enthalten, dürfen nicht auf der Schulter oder dem Rücken getragen, auch nicht auf Karren gefahren werden.

Güterverzeichnis.

III. Brennbare Flüssigkeiten. Feste leicht entzündbare Stoffe.

IIIa. Brennbare Flüssigkeiten.

Nachstehende Flüssigkeiten und damit hergestellte flüssige oder bei 15° C noch salbenförmige künstliche Mischungen (im folgenden alle als brennbare Flüssigkeiten bezeichnet) sind besonderen Bedingungen unterworfen.

A. Brennbare Flüssigkeiten der Gefahrklassen[1] IA, II und III, das sind solche, die entweder selbst oder deren brennbare flüssige Anteile sich mit Wasser nicht vermischen lassen:

1. Brennbare Flüssigkeiten der Gefahrklasse IA, das sind solche, die einen Flammpunkt

[1] Zur Erläuterung der Gefahrklassen mögen folgende Beispiele dienen:
Gefahrklasse IA: Benzol, Leichtbenzin, Schwefeläther, Schwefelkohlenstoff.
Gefahrklasse II: Leuchtpetroleum, Schwerbenzin, Terpentinöl.
Gefahrklasse III: Heizöle.
Gefahrklasse IB: Äthylalkohol von 70 und mehr Prozent, Azeton.

unter 21° C[1] haben und von festen, in den Flüssigkeiten gelösten und/oder aufgeschlämmten (suspendierten Stoffen[2] nicht mehr als 30 v. H. enthalten (feuergefährliche Flüssigkeiten):

a) Brennbare Flüssigkeiten, die einen Siedepunkt[1] bis zu 40° C haben, oder die, wenn sie keinen einheitlichen Siedepunkt haben, bei fraktionierter Destillation bis zu 40° C mehr als 5 Volumprozente Destillate geben.

b) Brennbare Flüssigkeiten, die einen Siedepunkt von mehr als 40° C haben, oder die, wenn sie keinen einheitlichen Siedepunkt haben, bei fraktionierter Destillation bis zu 40° C höchstens 5 Volumprozente Destillate geben.

2. Brennbare Flüssigkeiten der Gefahrklasse II, das sind solche, die einen Flammpunkt von 21° C bis zu 55° C haben und von festen, in den Flüssigkeiten gelösten und/oder aufgeschlämmten Stoffen[2] nicht mehr als 30 v. H. enthalten.

3. Brennbare Flüssigkeiten der Gefahrklasse III, das sind solche, die einen Flammpunkt von mehr als 55° bis zu 100° C haben und von festen, in den Flüssigkeiten gelösten und/oder aufgeschlämmten Stoffen[2] nicht mehr als 30 v. H. enthalten.

B. Brennbare Flüssigkeiten der Gefahrklasse IB, das sind solche, die entweder selbst oder deren brennbare flüssige Anteile sich mit Wasser in beliebigem Verhältnis vermischen lassen und einen Flammpunkt unterhalb 21° C haben und von festen, in den Flüssigkeiten gelösten und/oder aufgeschlämmten Stoffen[2] nicht mehr als 30 v. H. enthalten.

Verpackung*

(1) a) Zur Verpackung dürfen nur starke, dichte, sicher zu verschließende Gefäße aus solchem Werkstoff (Metall, Glas, Ton, Holz) verwendet werden, der von den darin enthaltenden Flüssigkeiten nicht angegriffen wird.

Gefäße aus Glas, Ton oder Weißblech, diese mit mehr als 20 kg Inhalt, sind einzeln oder zu mehreren unter Verwendung geeigneter Verpackungsstoffe in starke Übergefäße (Weiden- oder Metallkörbe, Kübel oder Kisten) fest einzusetzen. Diese Übergefäße, ausgenommen Kisten, müssen mit guten, festen Handhaben versehen sein. Offene Übergefäße müssen eine Schutzdecke haben, die, wenn sie aus Stroh,

---

[1] Flamm- und Siedepunkte beziehen sich auf einen Barometerstand von 760 mm. Der Flammpunkt wird mit dem Apparat Abel-Pensky bestimmt. Die fraktionierte Destillation ist nach dem Verfahren Engler-Ubbelohde vorzunehmen.

[2] Den festen Stoffen sind flüssige Stoffe mit einem Flammpunkt über 100 ° C gleichzuachten.

* Verladungsvorschriften s. S. 141 ff.

Rohr, Schilf oder ähnlichen, leicht entzündbaren Stoffen besteht, oben mit Lehm oder Kalkmilch o. dgl. unter Zusatz von Wasserglas getränkt ist. Eisenblechgefäße, die Äthyläther oder Schwefelkohlenstoff enthalten, sind den gleichen Bedingungen ohne Rücksicht auf ihre Größe unterworfen. Diese Vorschriften gelten nicht, wenn die Flüssigkeiten in geschweißte, dichte, sicher verschlossene Behälter aus starkem Eisenblech verpackt sind.

b) Die Verwendung von Holzgefäßen ist für die unter A 1 a) und b) aufgeführten Flüsigkeiten, ferner für Xylol, **Benzole der Klasse A 2** und Amylazetat Ziffer A 2) nicht zulässig. **Behälter für Flüssigkeiten der Ziffer A 1 a) und b) dürfen bei mehr als 20 kg Inhalt nur aus starkem Eisenblech bestehen.**

Schwefelkohlenstoff oder mehr als 10 v. H. Schwefelkohlenstoff enthaltende Flüssigkeiten dürfen, wenn die Versandstücke mehr als 12 kg Rohgewicht haben, nur in starken Eisenblechgefäßen befördert werden. Das Spundloch dieser Gefäße muß in einer der beiden Stirnwände angebracht sein. Es muß dicht verschraubt, die Verschraubung gegen unbeabsichtigte Lösung gesichert sein.

Unterhalb der in den vorstehenden beiden Absätzen angegebenen Grenzen sind für die bezeichneten Flüssigkeiten auch andere der unter a) genannten Behälter **in geschlossenen starken Kisten zulässig, jedoch für Mengen (Einzelpackungen) von mehr als 5 l nur Metallgefäße. Außer Glas- und Tongefäßen sind auch Blechgefäße unter Verwendung geeigneter Verpackungsstoffe in die Kisten fest einzusetzen. Wenn die Kisten genau über die Blechbehälter passen, kann der besondere Verpackungsstoff** (vgl. auch a) **wegfallen.**

(2) Das Rohgewicht eines Versandstückes, dessen Gefäß aus Glas oder Ton besteht, darf 75 kg nicht übersteigen. Weißblechgefäße dürfen bei Versendung ohne Übergefäße nicht mehr als 20 kg Reingewicht, bei Versendung in Übergefäßen nicht mehr als 75 kg Rohgewicht haben. Weißblechgefäße mit mehr als 5 kg Inhalt müssen gefalzte und gelötete Nähte haben.

(3) Blech und andere Metallgefäße dürfen mit den unter A 1 a) und b) bezeichneten Flüssigkeiten nur bis 95 v. H., **bei Versendung nach heißen Gegenden**[1] **oder durch diese nur bis 90 v. H.** des Rauminhalts bei 15 ° C gefüllt werden.

(4) Jedes Versandstück mit den unter A 1 a) und b) bezeichneten brennbaren Flüssigkeiten (Gefahrklasse IA) oder mit Azeton oder Mischungen davon muß **entweder** mit einem Zettel, der auf rotem Grunde die deutliche, **dauerhafte** gedruckte Aufschrift „Feuergefährlich" trägt, oder mit einem Zettel nach Muster der Anlage C der Eisenbahn-Verkehrsordnung III, A, (4) bezeichnet sein. Körbe und Kübel mit den erwähnten Flüssigkeiten müssen ferner mit der deutlichen, **dauerhaften** Aufschrift: „Vorsichtig behandeln!", Kisten mit der deutlichen, **dauerhaften** Aufschrift: „Nicht stürzen!" versehen sein. **Bei Gefäßen mit Schwefelkohlenstoff oder mit mehr als 10 v. H. Schwefelkohlenstoff enthaltenden Flüssigkeiten (Ziffer A 1 a) muß die das Spundloch enthaltende Stirnwand die deutliche, dauerhafte Aufschrift:** „Vorsichtig behandeln" mit dem Zusatz „Oben" tragen.

(5) Die vorstehenden Bestimmungen finden keine Anwendung bei Beförderung brennbarer Flüssigkeiten in Sammelbehältern von Tankschiffen.

Leere Behälter.

Leere Behälter, in denen Stoffe der Gefahrklasse IA und IB enthalten waren, müssen vollkommen dicht verschlossen sein.

---

[1] Als heiße Gegenden im Sinne dieser Vorschrift gelten die Gebiete südlich des 30. Grades Nordbreite einschließlich der nördlich davon gelegenen Häfen an der afrikanischen und der asiatischen Küste des Mittelmeeres und des Schwarzen Meeres, jedoch ausschließlich der Kanarischen Inseln (Höchsttemperatur 50 ° C).

Verladungsvorschriften für IIIa. Brennbare Flüssigkeiten.

A. Verladescheine.

1. Die brennbaren Flüssigkeiten der Klasse III a sind: mit besonderem Verladeschein (Schiffszettel) anzuliefern, in dem andere Gegenstände nicht aufgeführt sind. Die brennbaren Flüssigkeiten sind mit der handelsüblichen Bezeichnung und der vollständigen Angabe der Gefahrklasse gemäß A und B des Güterverzeichnisses (Ziffern und Buchstaben) aufzuführen. Fehlt die Angabe der Gefahrklasse, so wird die Sendung nach den Vorschriften für die Gefahrklasse IA behandelt.

   Die Flüssigkeiten mit einem Flammpunkt unter 21 ° C, Gefahrklassen I A und I B, sind als „feuergefährlich, IIIa“, die übrigen als „brennbar, IIIa“, zu bezeichnen.

   Das gleiche gilt für die Verladescheine für entleerte Gefäße, welche Stoffe der Gefahrklassen I A und I B enthalten haben.

2. Wegen Unterschrift und Erklärungen des Abladers siehe § 3 der Verordnung.

B. Verladung im allgemeinen.

1. Die Flüssigkeiten mit einem Flammpunkt unter 21° C (Gefahrklassen I A und I B) dürfen mit
   Sprengstoffen, Ia, und
   Munition, Ib,
   nur dann auf demselben Schiff befördert werden, wenn sie in horizontal weit von diesen entfernten Abteilungen (auf Dampfschiffen mindestens durch die Maschinen- und Kesselräume getrennt) oder so an Deck untergebracht sind, daß bei Entzündung der Flüssigkeiten eine unmittelbare Gefährdung der mit Sprengstoffen oder Munition belegten Räume ausgeschlossen ist.

2. Keine brennbare Flüssigkeit darf in derselben Schottenabteilung verladen werden mit:
   Sprengstoffen, Ia,
   Munition, Ib.

3. Im übrigen sind die brennbaren Flüssigkeiten
   a) von Feuerungsanlagen und Flammenbeleuchtung,
   b) von Zündwaren, Feuerwerkskörpern u. dgl., Ic,
   Natriumsuperoxyd, Ie, 3,
   selbstentzündlichen Stoffen, II, mit Ausnahme der vorschriftsmäßig verpackten pyrophorischen Metalle, Ziff. 10,

Salpetersäure, Schwefelsäure und Gemischen daraus, V, Ziff. 1,
sonstigen gefährlichen Gütern, VI,

räumlich derart getrennt zu halten, daß weder die Flüssigkeiten selbst noch die durch ihre Verdunstung entstandenen Gase oder explosiven Luftgemische sich an den Feuerungs- und Beleuchtungsanlagen oder an Brand- oder Erhitzungsherden entzünden können, die etwa durch Gegenstände unter b erzeugt sind.

4. Die Stauungsräume müssen gut gelüftet sein.

5. Offene Übergefäße sind gut vor dem Umfallen zu sichern, sie dürfen nicht belastet werden. Körbe und Kübel mit den unter A 1 a) und b) bezeichneten Flüssigkeiten oder mit Azeton oder Mischungen davon dürfen nicht auf der Schulter oder dem Rücken getragen werden. Fahren ist nur auf sogenannten Sackkarren zulässig. Während der Beförderung schadhaft gewordene Behälter sind sofort von den übrigen Stoffen zu trennen oder von der weiteren Beförderung auszuschließen, wenn der die Sicherheit der Beförderung gefährdende Schaden nicht alsbald zu beseitigen ist.

Gefäße mit Schwefelkohlenstoff oder mit mehr als 10 v. H. Schwefelkohlenstoff enthaltenden Flüssigkeiten, Ziffer A 1 a), sind stets so zu stauen, daß sich die Stirnwand mit dem Spundloch oben befindet.

6. Dicht verschlossene leere Behälter aus Eisen oder anderem Metall, in denen Flüssigkeiten der Gefahrklassen I A und I B enthalten waren, sind, wenn sie unter Deck befördert werden, nach den Bestimmungen für die Flüssigkeiten selbst zu behandeln. Entleerte Gefäße anderer Art, die jene Flüssigkeiten enthalten haben, sind an Deck zu befördern.

C. Verschärfung für Personenschiffe.

Auf einem Personenschiffe dürfen von den Stoffen der Ziffern A1 a) und b) sowie Azeton und Mischungen davon (B) zusammen nicht mehr als 3000 kg, von Schwefelkohlenstoff, A 1 a), nicht mehr als 30 kg befördert werden, und zwar, abgesehen von kleinen Mengen in Sammelsendungen gemäß Anlage 2, nur an Deck.

Die Ladung an den im vorhergehenden Absatz aufgeführten Flüssigkeiten und an Stoffen der Klasse III b darf für das Schiff 3000 kg insgesamt nicht übersteigen.

IIIb. Feste leicht entzündbare Stoffe.

Nachstehende Stoffe sind besonderen Bedingungen unterworfen:

Zellhorn- (Zelluloid-)Abfälle, Zellhornfilmabfälle.

Verpackung*

(1) Die Stoffe sind in starke, dichte, sicher zu verschließende Holzbehälter (auch Fässer) zu verpacken. Bei Kisten müssen die Bretter geleimt oder gefedert und genutet sein. In den Holzbehältern müssen die Stoffe noch wieder verpackt sein in nicht verlöteten Blechbehältern oder Blecheinsätzen, in Öltuch oder anderem dichten, festen Gewebe, in zäher Pappe oder in zähem, festem Packpapier. Das Rohgewicht der Packgefäße darf 100 kg nicht übersteigen.

(2) Die äußeren Behälter müssen die deutliche, haltbare Inhaltsangabe und den Vermerk „Leicht entzündbar“ tragen.

Verladungsvorschriften für IIIb. Feste leicht entzündbare Stoffe.

A. Verladescheine.

1. Die festen leicht entzündbaren Stoffe der bedingungsweise zugelassenen Arten sind mit einem besonderen Verladeschein (Schiffszettel) anzuliefern, in dem andere Gegenstände nicht aufgeführt sind. Die Stoffe sind mit Namen, Ziffern und Buchstaben nach Maßgabe des Güterverzeichnisses aufzuführen und als „leicht entzündbar“ zu bezeichnen.
2. Wegen Unterschrift und Erklärungen des Abladers siehe § 3 der Verordnung.

B. Verladung im allgemeinen.

1. Die festen leicht entzündbaren Stoffe **dürfen nicht** in derselben Schottenabteilung verladen werden mit:
   Sprengstoffen, Ia,
   Munition, Ib.
   Sie dürfen mit Sprengstoffen und Munition nur dann auf demselben Schiff befördert werden, wenn sie in horizontal weit von den Sprengstoffen und der Munition entfernten Abteilungen (auf Dampfschiffen mindestens durch die Maschinen- und Kesselräume getrennt) oder so an Deck untergebracht werden, daß bei Entzündung der leicht entzündbaren Stoffe eine unmittelbare Gefährdung der mit Sprengstoffen oder Munition belegten Räume ausgeschlossen ist.
2. Die Stoffe sind von Zündwaren, Feuerwerkskörpern u. dgl. (Ic), Natriumsuperoxyd (Ie, 3), selbstentzündlichen Stoffen (II), mit Ausnahme der vorschrifts-

* Verladungsvorschriften s. S. 143 ff.

mäßig verpackten pyrophorischen Metalle (Ziffer 10), Salpetersäure, Schwefelsäure und Gemischen daraus (V, 1), sonstigen gefährlichen Gütern (VI), räumlich derart getrennt zu halten, daß sie sich nicht an Brand- oder Erhitzungsherden entzünden können, die etwa durch jene Gegenstände erzeugt sind.

3. Die Stoffe sind von Flammenbeleuchtung, Feuerungsanlagen, überhaupt von Stellen, die heiß werden können (z. B. Trennungswänden von Kessel- und Maschinenräumen, Dampfleitungen), in einem solchen Abstande zu halten, daß sie von jenen Anlagen und Stellen nicht erhitzt oder in Brand gesetzt werden können.
4. Die Stoffe dürfen nicht unter und nicht in unmittelbarer Nähe von bewohnten Räumen verstaut werden.
5. Die Stoffe müssen leicht zugänglich verstaut werden, so daß sie bei Feuersgefahr unverzüglich entfernt werden können.

C. Verschärfung für Personenschiffe.

Auf einem Personenschiffe dürfen nicht mehr als 500 kg der festen leicht entzündbaren Stoffe befördert werden. Werden auf dem Schiffe gleichzeitig brennbare Flüssigkeiten der Gefahrklasse I A sowie Azeton und Mischungen davon (Gefahrklasse I B) verladen, so darf die Lademenge dieser Flüssigkeiten und der festen leicht entzündbaren Stoffe zusammen 3000 kg nicht übersteigen. An Schwefelkohlenstoff dürfen nicht mehr als 30 kg geladen werden.

Güterverzeichnis.

IV. Giftige Stoffe[1].

Nachstehende Stoffe sind besonderen Bedingungen unterworfen:

1. Nichtflüssige Arsenikalien, namentlich arsenige Säure (Hüttenrauch), gelbes Arsenik (Rauschgelb, Auripigment), rotes Arsenik (Realgar), Scherbenkobalt (Fliegenstein) u. dgl. Nicht flüssige arsenhaltige Pflanzenschutzmittel[2].

---

[1] Wegen leerer Behälter, in denen giftige Stoffe der Ziffern 1, 3, 4, 5, 6a, 6c, 8, 9, 10, 11 enthalten gewesen sind, siehe Verpackungs- und Verladungsvorschriften.

[2] Gebrauchsfertige giftige, feste Pflanzenschutzmittel (auf den Versandstücken durch die Aufschrift „Gift! Pflanzenschutzmittel!" gekennzeichnet) in Ursprungs- (Original-) Verpackungen gemäß den in den Ländern erlassenen Polizeiverordnungen über den Vertrieb von giftigen Pflanzenschutzmitteln werden ohne Beschränkung befördert.

Verpackung*

(1) Diese Stoffe sind zu verpacken:

a) in starke eiserne Fässer mit aufgeschraubtem Deckel und Rollreifen,
oder

b) in Trommeln aus mindestens 0,6 mm starkem Eisenblech mit eingelötetem oder unter Einfügung eines Dichtungsringes aufgeschraubten Verschlußdeckel und Rollreifen. Die Trommelböden sind mit der Trommelwand mittels Rundnaht, die durch einen starken Rollreifen geschützt sein muß, zu verbinden. An Stelle dieser Trommeln können auch solche aus gleichstarkem Wellblech oder aus Blech mit eingewalzten Versteifungsringen treten. Dabei können die Rollreifen wegfallen, wenn die Trommelböden mit dem Mantel durch eine verlötete doppelte Falzung verbunden sind. Das Rohgewicht aller dieser Trommeln darf 150 kg nicht übersteigen,
oder

c) in doppelte Fässer aus festem, trockenem Holze mit Einlagereifen oder in ebensolche doppelte Kisten mit Umfassungsbändern, wobei die inneren Gefäße mit dichtem Stoffe ausgekleidet sein müssen. Statt der inneren Holzbehälter können auch zu verlötende oder unter Einfügung eines Dichtungsringes sicher zu verschließende Blechgefäße oder Gefäße aus Glas oder Ton verwendet werden. Die Glas- oder Tongefäße müssen in den Übergefäßen (Körben, Kübeln, Kisten) mit geeigneten Verpackungsstoffen fest verpackt sein. Unter diesen Bedingungen können auch mehrere solcher Behälter zu einem Versandstück vereinigt werden.

d) Die Stoffe dürfen auch in Säcke von geteerter Leinwand verpackt sein, die in einfache Fässer von starkem, trockenem Holze einzuschließen sind.

e) Nicht flüssige arsenhaltige Pflanzenschutzmittel dürfen auch in sicher zu verschließende, gefütterte oder doppelte Beutel aus zähem, starkem Papier verpackt sein, die in starke Pappkartons einzusetzen und mit diesen in starke, dichte, sicher zu verschließende Kisten zu verpacken sind. Das Ausstreuen des Inhalts muß durch eine dichte, ununterbrochene Auslegung mit zähem Papier sicher verhindert sein. Der Inhalt eines Papierbeutels darf nicht mehr als 5 kg wiegen. Die Kartons sind in den Kisten gegen Verschiebung sicher festzulegen.

(2) Auf den Versandstücken ist der Inhalt (z. B. „Arsenikalien") deutlich und dauerhaft anzugeben.

Güterverzeichnis IV.

2. Ferrosilizium, auf elektrischem Wege gewonnen, mit einem Gehalt an Silizium von mehr als 30 v. H. und weniger als 70 v. H., ferner auf demselben Wege hergestellte Legierungen von Ferrosilizium mit anderen Metallen, z. B. Mangan, Aluminium.

Verpackung*

(1) Die Stoffe sind **trocken** in **völlig trockene** Behälter zu verpacken, und zwar in starke, fest zusammengefügte Behälter, die das Ausströmen von Gasen gestatten, oder in starke wasserdichte Behälter aus Holz oder Metall.

(2) Auf den Versandstücken ist der Inhalt deutlich und dauerhaft anzugeben mit dem Zusatz „Vor Nässe zu schützen! Nicht stürzen!"

* Verladungsvorschriften s. S. 151 ff.

Güterverzeichnis IV.

3. Alkalisalze der Zyanwasserstoffsäure, wie Kaliumzyanid (Zyankalium), Natriumzyanid (Zyannatrium), Zyaneinfach- und -doppelsalz (Zyankalium, Zyannatrium und das Doppelsalz aus beiden), Zyanhärteflußsalz, Natriumzyanamid.

Verpackung*

(1) Alkalisalze der Zyanwasserstoffsäure sind nach den Vorschriften (1) a), b) und c) für Ziffer 1 (Arsenikalien) zu verpacken.

(2) Auf den Versandstücken ist der Inhalt deutlich und dauerhaft anzugeben.

Güterverzeichnis IV.

4. Flüssige Arsenikalien, insbesondere Arsensäure in Lösung.

Verpackung*

(1) Flüssige Arsenikalien sind zu verpacken:

a) in Metall-, Holz oder Gummigefäße mit guten Verschlüssen oder

b) in Glas- oder Tongefäße, die unter Verwendung geeigneter Verpackungsstoffe in starke Übergefäße (Weiden oder Metallkörbe, Kübel oder Kisten) fest eingesetzt sind. Übergefäße (ausgenommen Kisten) müssen mit guten Handhaben versehen sein.

(2) Auf den Versandstücken ist der Inhalt deutlich und dauerhaft anzugeben.

Güterverzeichnis IV.

5. Zyankaliumlauge und Zyannatriumlauge. Wässerige Blausäurelösungen.

Verpackung*

(1) Zyankaliumlauge oder Zyannatriumlauge ist zu verpacken in sicher zu verschließende eiserne Gefäße, die in feste Holz- oder Metallbehälter mit Kieselgur, Sägemehl oder anderen aufsaugenden Stoffen fest eingebettet sind; wässerige Blausäurelösungen sind zu verpacken in zuzuschmelzende Glasampullen von höchstens 50 g Inhalt oder in sicher zu verschließende Glasstöpselflaschen von höchstens 250 g Inhalt, die einzeln oder zu mehreren in zu verlötende Blechdosen oder in Kisten mit zu verlötendem Blecheinsatz zu verpacken sind.

Die in den Blechdosen und Kisten verbleibenden Hohlräume sind mit Kieselgur, Sägemehl oder anderen aufsaugenden Stoffen dicht auszufüllen. Das Rohgewicht einer Blechdose darf 15 kg (bei 3 kg Reingewicht) und das Rohgewicht einer Kiste 60 kg nicht übersteigen.

(2) Auf den Versandstücken ist der Inhalt deutlich und dauerhaft anzugeben.

---

* Verladungsvorschriften s. S. 151 ff.

Güterverzeichnis IV.

6. Giftige Metallpräparate:

a) Sublimat, weißes und rotes Präzipitat;
Kupferfarben, insbesondere Grünspan, grüne und blaue Kupferpigmente;
Bleizucker. Feste quecksilberhaltige Pflanzenschutzmittel[1].

b) Andere Bleipräparate, insbesondere Bleiglätte (Glätte, Massikot), Mennige, Bleiweiß und andere Bleifarben;
bleihaltige Rückstände, Abfälle.

c) Alle Metallsalze der Zyanwasserstoffsäure, sofern sie in Wasser löslich sind oder durch Einwirkung von Säuren Zyanwasserstoff (Blausäure) abspalten wie Kupfer- und Zinkzyansalze, Messing-, Kupfer-, Silber- und Goldzyandoppelsalze, Zyankupfer, Zyanzink.

Verpackung*

(1) Die Stoffe dieser Ziffer sind zu verpacken:

a) in eiserne Fässer oder in dichte Fässer aus festem, trockenem Holze mit Einlagereifen oder in Kisten mit Umfassungsbändern
oder

b) in eiserne Gefäße (sogenannte Hobbocks)
oder

c) in Glas- oder Tongefäße oder — bei Mengen bis zu 10 kg — in doppelte, starke Papierumhüllungen (Beutel); die Behälter und Beutel sind in starke, dichte, sicher zu verschließende Holzbehälter mit geeigneten Verpackungsstoffen fest einzubetten;

d) bei allen Bleifarben sind auch Gefäße aus Weiß- oder anderem Eisenbleche zugelassen.

(2) Auf den Versandstücken ist der Inhalt (auch mit Sammelbezeichnungen wie Giftfarben, Bleipräparate) deutlich und dauerhaft anzugeben.

Güterverzeichnis IV.

7. Kupfervitriol (Blaustein), Kupfernitrat (salpetersaures Kupfer), beide Stoffe auch in wässeriger Lösung, und Mischungen von Kupfervitriol mit Kalk, Soda o. dgl. (Pulver zur Herstellung von Bordelaiser Brühe o. dgl.)[2] sowie kieselfluorwasserstoffsaure Salze.

Verpackung*

(1) Die Stoffe der Ziffern 7 in fester Form sind in starke, dichte, sicher zu verschließende Holzbehälter (Fässer oder Kisten) oder in starke, dichte, sicher zu verschließende Säcke zu verpacken.

(2) Die wässerigen Lösungen dieser Stoffe sind in sicher zu verschließende Glas- oder Tongefäße zu verpacken, die in starke Über-

---

[1] s. Fußnote [2] zu Ziffer 1
[2] s. Fußnote [2] zu Ziffer 1
* Verladungsvorschriften s. S. 151 ff.

gefäße (Körbe, Kübel oder Kisten) unter Verwendung von Stroh o. dgl. fest einzusetzen sind. Die Übergefäße müssen mit guten Handhaben versehen sein.

(3) Auf den Versandstücken ist der Inhalt deutlich und dauerhaft anzugeben.

Güterverzeichnis IV.

8. Bromzyan.

Verpackung*

(1) Bromzyan muß in zugeschmolzenen Glastuben zur Beförderung gebracht werden, die höchstens ½ kg des Stoffes enthalten und nur bis zur Hälfte gefüllt sein dürfen.

Jede Tube muß in eine starke, verlötete Blechbüchse eingelötet sein, deren Rauminhalt das Fünffache des Bromzyans betragen muß. Die Büchse muß mit Kieselgur aufgefüllt sein.

Die Büchsen sind in starke Holzkisten mit zu verlötendem Einsatz aus verbleitem Eisenbleche festzulagern. Eine solche Kiste darf nicht mehr als 5 kg Bromzyan enthalten.

(2) Auf den Versandstücken ist der Inhalt deutlich und dauerhaft anzugeben.

Güterverzeichnis IV.

9. Baryt, Barythydrat, Bariumsalze (ausgenommen schwefelsaures Barium und Bariumsuperoxyd — s. VI a, 3 —) sowie barythaltige Rückstände der Bariumsuperoxydherstellung.

Verpackung*

(1) Die Stoffe der Ziffer 9 sind zu verpacken in dichte Holzbehälter (Fässer oder Kisten) oder in dichte Eisenfässer oder in dichte Säcke aus Jute oder Papier.

(2) Auf den Versandstücken ist der Inhalt deutlich und dauerhaft anzugeben.

Güterverzeichnis IV.

9a. Baryumazid mit einem Zusatz von mindestens 10 v. H. Wasser und Baryumazidlösungen, wässerige.

Verpackung*

(1) Wässerige Baryumazidlösungen sind zu höchstens 20 Liter und Baryumazid mit einem Zusatz von mindestens 10 v. H. Wasser ist zu höchstens 10 kg in starke, sicher zu verschließende Glasgefäße zu verpacken, die in starke Übergefäße (eiserne Vollmantelkörbe oder Kisten) mit einer ihrem Inhalt mindestens gleichkommenden Menge Kieselgur oder ähnlicher, nicht brennbarer aufsaugender Stoffe einzubetten sind.

(2) Auf den Versandstücken ist der Inhalt deutlich und dauerhaft anzugeben.

Güterverzeichnis IV.

10. Reine flüssige Blausäure mit höchstens 3 v. H. Wasser und mit einem von der Chemisch-

* Verladungsvorschriften s. S. 151 ff.

Technischen Reichsanstalt nach Art und Menge anerkannten Zusatz, der die Blausäure beständig erhält und der zugleich ein Reizstoff (Warnstoff) sein kann. Andere Blausäure ist von der Beförderung ausgeschlossen[1]. Die im ersten Satz bezeichnete Blausäure darf nur befördert werden, wenn die Füllung der Behälter innerhalb der voraussichtlichen Beförderungszeit ein Alter von 12 Monaten nicht erreicht und wenn die Blausäure von Herstellern der flüssigen Blausäure oder von solchen Firmen versandt wird, denen auf Grund der Verordnung über die Schädlingsbekämpfung mit hochgiftigen Stoffen vom 29. Januar 1919 (Reichsgesetzbl. S. 165) durch Erlaß der zuständigen Landeszentralbehörden die Berechtigung zur Schädlingsbekämpfung mit hochgiftigen Stoffen zuerkannt worden ist.

Verpackung*

(1) Reine flüssige Blausäure ist zu verpacken:

a) Völlig aufgesaugt durch eine von der Chemisch-Technischen Reichsanstalt anerkannte inerte poröse Masse (z. B. Diatomitgrieß, Diagrieß) in dichte und dicht zu verschließende Blechbüchsen von höchstens 1500 g Zyaninhalt derart, daß die mit der porösen Masse völlig angefüllten Büchsen auf je ein Liter Fassungsraum nicht mehr als 250 g flüssige Blausäure enthalten. Die Büchsen müssen aus genügend starkem, zähem Eisenblech hergestellt sein und einen Druck von 6 Atmosphären sicher aushalten, ohne undicht zu werden. Die gefüllten und verschlossenen Büchsen müssen noch bei einer Temperatur von 50 ° C dicht sein. Von den Blechbüchsen zu je 1500 g Zyaninhalt dürfen höchstens 9 Stück in eine Kiste verpackt sein. Die Kisten müssen aus dicht gefügten, mindestens 18 mm starken Brettern widerstandsfähig hergestellt sein. Die Blechbüchsen sind in die Kisten so zu verpacken, daß sie gegen Verschiebung und Schlottern sicher festgelegt sind und daß die Befestigungswulste der Böden und Deckel sowie die etwa bei der Herstellung der Büchsen in deren Mäntel eingerollten Verstärkungswulste weder einander noch den Mantel der Nachbarbüchsen berühren können. Um die letzte Forderung zu erfüllen, sind die Büchsen oben und unten mit genügend hohen Kappen aus widerstandsfähiger Pappe von genügender Dicke zu überziehen. Das Rohgewicht einer Kiste darf höchstens 75 kg (bei einem höchsten Reingewinn von 15 kg Zyanwasserstoff) betragen. Auf dem Deckel der Blechbüchse ist der Tag der Füllung leicht sichtbar einzuprägen.

b) Ohne Aufsaugung durch eine poröse Masse in Behälter aus zähem Stahl, die hinsichtlich der Beschaffenheit des Baustoffes, ihrer Herstellung und Ausstattung sowie der amtlichen Prüfung usw. den einschlägigen Vorschriften unter Id, Verpackung, Abschnitt (1) bis (7) entsprechen müssen. Bei der Wasserdruckprobe ist ein Probedruck von 100 Atmosphären anzuwenden. Die Druckprobe ist alle zwei Jahre zu wiederholen und mit einer genauen Besichtigung des Innern des Behälters sowie der Feststellung seines Gewichtes zu verbinden.

---

[1] Wegen wässeriger Blausäurelösungen s. IV, 5.

* Verladungsvorschriften s. S. 151 ff.

Auf den Behältern muß außer den unter Id, Verpackung, Abschnitt (6)a und c dieser Anlage geforderten Angaben der Tag der letzten Füllung leicht sichtbar, deutlich und haltbar angegeben sein.

Die zulässige höchste Füllung der Gefäße beträgt für Blausäure 1 kg Flüssigkeit für je 1,80 Liter Fassungsraum des Gefäßes.

Bei den Ausrüstungsteilen dürfen zum Dichten und Schmieren keinerlei Stoffe verwendet werden, welche die Blausäure verunreinigen können.

(2) Auf den Versandstücken muß der Inhalt deutlich und dauerhaft unter Hinzufügung der Aufschrift „Nicht stürzen!" angegeben sein, außerdem der Tag der Füllung der Gefäße.

Güterverzeichnis IV.

11. Dimethylsulfat.

Verpackung*

(1) Dimethylsulfat ist entweder in starke, dichte Eisenfässer (auch verbleit) mit Rollreifen oder in starke, dichte Kannen aus Eisenblech (auch verbleit) oder bei kleinen Mengen (bis zu 6 kg Rohgewicht) in Gefäße aus Weißblech oder (bis zu 3 kg Rohgewicht) in Gefäße aus Glas (Flaschen oder Ampullen) zu verpacken. Fässer und Kannen sind mit geschützt angeordneten Schraubverschlüssen mit Weichbleidichtung zu versehen. Glasflaschen sind zweckmäßig mit gut eingeschliffenen Stopfen zu verschließen. Kannen und Flaschen können auch durch einen unten abgerundeten, gut paraffinierten und mit Schutzkappe aus starkem Pergamentpapier oder Zellophan versehenen Kork verschlossen sein. Glasampullen sind zuzuschmelzen. Über den Verschluß von Kannen und Flaschen mit Glas- oder Korkstopfen ist eine Schutzkappe aus starkem Pergamentpapier oder Schweinsblase zu ziehen, über die noch eine Hülle aus Sackleinewand gezogen werden kann, und unter dem Hals zu verschnüren. Blechkannen sind unter Verwendung geeigneter Verpackungsstoffe in starke Übergefäße (Weiden- oder Metallkörbe, Kübel oder Kisten) fest einzusetzen. Diese (ausgenommen Kisten) müssen mit guten Handhaben versehen sein. Glasgefäße sind in Papier einzuwickeln und sodann in Blechbüchsen mit Holzmehl oder Kieselgur fest einzusetzen.

(2) Auf den Versandstücken ist der Inhalt deutlich und dauerhaft anzugeben.

Güterverzeichnis IV.

12. Natriumazid[1].

Verpackung*

(1) Natriumazyd ist in starke, dichte, sicher zu verschließende Gefäße aus Eisen (auch Weißblech) zu verpacken, die so beschaffen sein müssen, daß ein Verstreuen, Verstauben oder Auslaufen des Inhalts nicht möglich ist.

(2) Die Behälter müssen deutlich und dauerhaft die Inhaltsangabe mit dem Vermerk: „Vor Nässe zu schützen!" tragen.

Leere Behälter.

in denen Stoffe der Ziffern 1, 3, 4, 5, 6a, 6c, 8, 9, 10, 11 enthalten gewesen sind, müssen vollkommen dicht geschlossen sein. Der frühere Inhalt muß auf ihnen angegeben sein.

---

[1] Chlorsaure Salze und Bariumsuperoxyd (Ziffer 8) der Klasse IV der Anlage C zur Eisenbahn-Verkehrsordnung) sind in Klasse VIa dieser Anlage unter Ziffer 1 und 3 aufgeführt.

* Verladungsvorschriften s. S. 151 ff.

Verladungsvorschriften für IV. Giftige Stoffe.

A. Verladescheine.

1. Die giftigen Stoffe der bedingungsweise zugelassenen Arten sind mit einem besonderen Verladeschein (Schiffszettel) anzuliefern, in dem andere Gegenstände nicht aufgeführt sind. Die Stoffe sind mit Namen, Ziffer und Buchstaben nach Maßgabe des Güterverzeichnisses aufzuführen und deutlich als „giftig“ zu bezeichnen. Bei Blausäuresendungen ist der Tag der Füllung der Behälter anzugeben.

   Das gleiche gilt für entleerte Gefäße, welche Stoffe der Ziffern 1, 3, 4, 5, 6a, 6c, 8, 9, 9a, 10, 11 enthalten haben.

2. Wegen Unterschrift und Erklärung des Abladers siehe § 3 der Verordnung.

   In den Verladescheinen für Blausäuresendungen muß auch bescheinigt sein, daß die Blausäure rein ist, nicht mehr als 3 v. H. Wasser enthält und mit einem von der Chemisch-Technischen Reichsanstalt anerkannten Zusatz zur Erhaltung der Beständigkeit versehen ist, außerdem bei Sendungen von Blausäure, die in einer porösen Masse aufgesaugt ist, daß diese Masse von der Chemisch-Technischen Reichsanstalt anerkannt ist. Die gesamten Bescheinigungen, auch die, daß die Verpackung den Vorschriften der Seefrachtordnung entspricht, müssen von einem von der Eisenbahn anerkannten Chemiker bestätigt sein.

B. Verladung.

1. Glas- und Tongefäße in offenen Schutzhüllen dürfen nicht belastet werden.
2. Die Stoffe der Ziffern 1, 3, 4, 5, 6a, 6c, 8, 9, 9a, 10, 11 sowie deren entleerte Behälter müssen unter wirksamem, räumlichem Abschluß von Nahrungs- und Genußmitteln gehalten werden.
3. Behälter mit auf elektrischem Wege gewonnenen Ferrosilizium und seinen Metallegierungen müssen trocken und, wenn unter Deck, in gut gelüfteten Räumen und nicht in der Nachbarschaft von bewohnten Gelassen verstaut werden.

   Auf kleineren Fahrzeugen ist besonders sorgfältig darauf zu halten, daß Wohn- und Schlafräume oder in See dauernd zu besetzende Stellen, wie das Ruder, nicht durch giftige Gase gefährdet werden, die durch nicht völlig dichte Abschließungen vom Laderaum oder aus Lüftungslöchern heraustreten können.

Auf Segelschiffen bis zu 300 cbm Bruttoraumgehalt dürfen auf elektrischem Wege gewonnenes Ferrosilizium und seine Metallegierungen nicht verladen werden.

4. Die Stoffe der Ziffern 3, 5, 6c, 8, 10 müssen von Säuren räumlich so wirksam abgeschlossen gehalten werden, daß eine Mischung auch bei Beschädigung der Behälter ausgeschlossen bleibt.

5. Bromzyan darf nur auf Deck verladen werden.

Güterverzeichnis.

V. Ätzende Stoffe[1].

Nachstehende Stoffe sind besonderen Bedingungen unterworfen:

1.[2] Schwefelsäure jeglicher Konzentration, auch rauchende (Oleum), einschließlich Schwefelsäureanhydrid, Salpetersäure (Scheidewasser) und Mischungen daraus, Salzsäure, Flußsäure.

Abfallschwefelsäure aus Nitroglyzerinfabriken darf nur vollständig denitriert zur Beförderung kommen.

Gemische[3] von Schwefelsäure und Salpetersäure dürfen

a) kein Glyzerin oder Nitroglyzerin enthalten,

b) sie müssen bei einem Gehalt an Schwefelsäure unter 2 v. H. wasserfrei sein; sie dürfen bei einem Gehalt an Schwefelsäure von 2 bis 4 v. H. höchstens 4 v. H. Wasser und bei einem Gehalt von mehr als 4 v. H. dem Schwefelsäuregehalt entsprechend von 4 bis höchstens 18 v. H. Wasser enthalten.

2. Chlorschwefel sowie salpetersaures und schwefelsaures Eisenoxyd (Ferrinitrat oder Ferrisulfat, Eisenbeize).

[1] Wegen leerer Behälter, in denen ätzende Stoffe der Ziffer 1 bis 5 und 7 enthalten gewesen sind, siehe Verpackungs- und Verladevorschriften.

[2] Auch Feuerlöscher, die Säuren der Ziffer 1 enthalten, fallen unter diese Bestimmung.

[3] Technisch reine Salpetersäure mit einem Gehalt bis 0,5 v. H. Schwefelsäure gilt nicht als Gemisch von Salpetersäure und Schwefelsäure.

3. Ätzlauge (Natronlauge, Sodalauge, Kalilauge, Pottaschenlauge u. dgl., auch in Mischungen, z. B. laugehaltige Abbeizsalben), Ölsatz (Rückstände von der Ölreinigung).

4. Brom.

Verpackung*

(1) Zur Verpackung der Stoffe 1 bis 4 und 7 sind starke, dichte, sicher zu verschließende Gefäße zu verwenden, die durch den Inhalt nicht angegriffen werden. Der Verschluß muß so beschaffen sein, daß er weder durch Erschütterungen noch durch den Inhalt beschädigt werden kann. Bei Verwendung von Gefäßen aus Glas oder Ton ist nachstehendes zu beachten:

a) Bei den Stoffen der Ziffer 1 bis 3 und 7 sind die Gefäße unter Verwendung geeigneter Verpackungsstoffe in starke Übergefäße (Weiden- oder Metallkörbe, Kübel oder Kisten) fest einzusetzen; Übergefäße (ausgenommen Kisten) müssen mit guten Handhaben versehen sein.

b) Bei konzentrierter Salpetersäure mit einem spezifischen Gewicht von mindestens 1,48 bei 15° C (46,8° Beaumé) und bei roter rauchender Salpetersäure sowie bei rauchender Schwefelsäure (Oleum) mit einem Gehalt von 20 v. H. freiem Anhydrid an aufwärts und bei Schwefelsäureanhydrit sind die Glas- oder Tongefäße in den Übergefäßen mit einer ihrem Inhalt mindestens gleichkommenden Menge Kieselgur oder anderer geeigneter trockenerdiger Stoffe einzubetten. **Das Gleiche gilt bereits für Salpetersäure von 1,3 spezifischem Gewicht (36 Beaumé), wenn sie unter Deck verladen werden soll.**

c) Die bei a) und b) vorgeschriebenen Verpackungsstoffe sind nicht erforderlich, wenn die Glasgefäße in eiserne Mantelkörbe eingesetzt sind und durch gut federnde, mit Asbest belegte Schließen so gehalten werden, daß sie sich in den Körben nicht bewegen können.

d) Bei Brom (Ziffer 4) sind die Glas- oder Tongefäße in starke Holz- oder Metallbehälter bis zum Halse in Asche, Sand oder Kieselgur oder in ähnliche, nicht brennbare Stoffe einzubetten.
Die Gefäße müssen starkwandig sein, sie sind mit gut eingeschliffenen, gedichteten und gegen Herausfallen gesicherten Glas- oder Tonstöpseln zu verschließen und dürfen nur bis zu $^{9}/_{10}$ gefüllt sein.

(2) Feuerlöscher, die Säuren der Ziffer 1 enthalten, müssen so gebaut sein, daß keine Säure ausfließen kann.

(3) **Die Versandstücke müssen die Inhaltsangabe tragen.**

(4) Mit Schwefelsäure (Ziffer 1) gefüllte elektrische Sammler (Akkumulatoren) sind in einem Batteriekasten so zu befestigen, daß die einzelnen Zellen sich nicht bewegen können. Der Batteriekasten ist mit aufsaugenden Verpackungsstoffen in eine Kiste fest zu verpacken. Die Kisten müssen auf dem Deckel die deutliche Aufschrift „Elektrische Sammler (Akkumulatoren)" und „Oben" tragen. Sind die Sammler geladen, so müssen die Pole gegen Kurzschluß gesichert sein. **Nur Zellen oder Batterien, die in Fahrzeugen für deren betriebsmäßige Benutzung eingebaut sind, bedürfen keiner besonderen Verpackung.**

(5) Für schwefelsäurehaltigen Bleischlamm aus elektrischen Sammlern und aus Bleikammern dürfen Holzgefäße nur verwendet werden, wenn ein Austropfen der Säure verhindert ist.

(6) Für Säureharz, das Schwefelsäure in tropfbar flüssiger Form enthält, dürfen Eisenfässer und Holzgefäße auch ohne Übergefäße ver-

---

* Verladungsvorschriften s. S. 155 ff.

wendet werden. Bei Holzgefäßen muß ein Austropfen der Säure verhindert sein.

Wegen der Behälter für Säuren bei der Beförderung in Tankschiffen siehe Verladungsvorschriften unter E.

Güterverzeichnis V.

5. **Durch Wasser zersetzliche Chloride,** wie Azetylchlorid, Antimonpentachlorid, **Benzoylchlorid,** Chromylchlorid, Phosphoroxychlorid, Phosphorpentachlorid (Phosphorsuperchlorid), Phosphortrichlorid, Sulfurylchlorid, Thionylchlorid, Chlorsulfonsäure, letztere auch im Gemisch mit Schwefelsäure.

Verpackung*

(1) Die Stoffe der Ziffer 5 sind zu verpacken:

a) in vollkommen dichte und mit guten Verschlüssen versehene Gefäße aus Flußeisen, Flußstahl, Blei oder Kupfer

oder

b) in Glasgefäße. Für diesen Fall gelten folgende Vorschriften:

α) Die Glasgefäße müssen starkwandig und mit gut eingeschliffenen, gedichteten und gegen Herausfallen gesicherten Glasstöpseln verschlossen sein.

β) Wenn die Glasgefäße mehr als 5 kg enthalten, sind sie in metallene Gefäße einzusetzen. Flaschen mit geringerem Inhalt dürfen in starke Holzbehälter verpackt werden, die durch Zwischenwände in so viele Abteilungen geteilt sind, wie Flaschen versandt werden. Ein Behälter darf nicht mehr als vier Abteilungen enthalten. Die Glasgefäße sind in die Behälter so einzusetzen, daß sie mindestens 30 mm von den Wänden abstehen. Die Zwischenräume sind mit Kieselgur oder ähnlichen, nicht brennbaren Stoffen fest auszustopfen; bei Azethylchlorid dürfen auch Sägespäne verwendet werden.

(2) Auf den Versandstücken ist der Inhalt anzugeben, bei den Übergefäßen der Glasgefäße auf dem Deckel, auf dem auch das Glaszeichen anzubringen ist.

Güterverzeichnis V.

6. Wässerige Lösungen von Wasserstoffsuperoxyd mit mehr als 35 v. H. und höchstens 60 v. H. Wasserstoffsuperoxyd.

Lösungen mit mehr als 60 v. H. Wasserstoffsuperoxyd sind von der Beförderung ausgeschlossen.

Verpackung*

a) Wässerige Lösungen von Wasserstoffsuperoxyd mit mehr als 35 v. H. bis zu 45 v. H. Wasserstoffsuperoxyd sind

α) bei Mengen bis zu 200 g in feste Glasflaschen mit mindestens 300 ccm Rauminhalt zu verpacken, die unter Verwendung von Kieselgur als Füllmittel in dichte Blechbüchsen einzusetzen sind. Die Blechbüchsen müssen in starke Holzkisten eingesetzt sein;

---

* Verladungsvorschriften s. S. 155 ff.

β) bei Mengen von mehr als 200 g in Glasballons zu verpacken. Diese Behälter müssen mit einer Vorrichtung (Ventil) versehen sein, die einen Druckausgleich gestattet. Die einzelnen Behälter müssen mit festem Geflecht vollständig eingeflochten und in starke, gut passende Weiden- oder Eisenkörbe mit Deckel (Überkörbe) fest eingesetzt sein. Eisenkörbe müssen einen Schutzanstrich aus Lackfarbe tragen. Packstroh und Holzwolle dürfen zur Verpackung nicht verwendet werden. Statt der vorbezeichneten Verpackung sind auch die unter b erwähnten Aluminiumgefäße mit Sicherheitsverschluß und Schutzgestell zulässig.

b) Wässerige Lösungen von Wasserstoffsuperoxyd mit mehr als 45 v. H. und höchstens 60 v. H. Wasserstoffsuperoxyd müssen in Aluminiumgefäße eingefüllt sein, deren Sicherheitsverschluß so eingerichtet sein muß, daß er einen Druckausgleich gestattet, aber Flüssigkeit nicht leicht austreten läßt. Jedes Aluminiumgefäß muß in ein starkes Schutzgestell mit zwei Handgriffen fest eingesetzt sein, welches das Gefäß gegen Umkippen sichert. Die Wände der Aluminiumgefäße müssen mindestens 1,5 mm stark sein.

Güterverzeichnis V.

7. Chloressigsäure.

Verpackung*

Siehe unter Ziffer 1 des Güterverzeichnisses.

Leere Behälter.

Nicht vollständig gereinigte leere Behälter, in denen Stoffe der Ziffern 1 bis 5 und 7 enthalten gewesen sind, müssen dicht verschlossen sein und die **Bezeichnung des früheren Inhalts tragen.**

Verladungsvorschriften für V. Ätzende Stoffe.

A. Verladescheine.

1. Die ätzenden Stoffe der bedingungsweise zugelassenen Arten sind mit einem besonderen Verladeschein (Schiffszettel) anzuliefern, in dem andere Gegenstände nicht aufgeführt sind. Die Stoffe sind mit Namen und Ziffern nach Maßgabe des Güterverzeichnisses aufzuführen und deutlich als „ätzend" — rauchende Schwefelsäure sowie Gemische von Schwefelsäure und Salpetersäure als „ätzend und brennbare Stoffe entzündend" — zu bezeichnen.

   Auch auf entleerte, nicht vollständig gereinigte Gefäße, welche Stoffe der Ziffer 1 bis 5 und 7 enthalten haben, ist in den Verladescheinen hinzuweisen.

2. Die im § 3 der Verordnung vorgeschriebene Erklärung des Abladers muß sich auf Grund von Bescheinigungen der Auftraggeber auch darüber aussprechen,

   a) daß Abfallschwefelsäure aus Nitroglyzerinfabriken vollständig denitriert ist,

---

* Verladungsvorschriften s. S. 155 ff.

b) daß Gemische aus Schwefelsäure und Salpetersäure den in der Ziffer 1 des Güterverzeichnisses gestellten Bedingungen entsprechen;

c) sie muß ferner ergeben: bei Salpetersäure (Ziff. 1) in Glasgefäßen das spezifische Gewicht bei 15° C, bei rauchender Schwefelsäure (Oleum) (Ziff. 1) in Glasgefäßen den Prozentgehalt an freiem Anhydrid, bei wässerigen Lösungen von Wasserstoffsuperoxyd den Prozentgehalt an Wasserstoffsuperoxyd.

B. Verladung im allgemeinen.

1. Säuren in Fässern sind so zu stauen und durch geeignete Zwischenlagen zu trennen, daß die Fässer sich nicht berühren und gegenseitig beschädigen können.
2. Glas- oder Tongefäße mit ätzenden Stoffen in offenen oder mit losem Deckel versehenen Übergefäßen dürfen nicht belastet, also auch nicht aufeinandergestaut werden.
3. Bei Verladung von Schwefelsäure, Salpetersäure und Salzsäure unter Deck ist durch eine geeignete Unterlage (wie Sand, Kreide, feiner Koksgrus, Kieselgur, unter Ausschluß von Asche und Kohle) oder durch andere geeignete Vorkehrungen die Berührung ausfließender Säure mit der Schiffswand oder Rohrleitungen zu verhindern. Schwefelsäure, Salpetersäure und Salzsäure in Glas- oder Tongefäßen mit offenen Übergefäßen müssen auf Deck verladen werden, außer bei Verwendung eiserner Mantelkörbe nach (1) c) der Verpackungsvorschriften.
4. Salpetersäure muß von Schwefelsäure und Salzsäure, alle Säuren müssen von Stoffen des Abschnitts IV, Ziffer 3, 5 und 6c, von Bromzyan (IV, Ziffer 8) und von Blausäure (IV, Ziffer 10), von Natriumazid (IV, Ziffer 12), ferner von Natriumsuperoxyd (Ie, Ziffer 3) und von Stoffen der Klasse VIa, Ziffer 1 bis 5, räumlich so wirksam abgeschlossen gehalten werden, daß eine Mischung auch bei Beschädigung der Behälter ausgeschlossen bleibt. Salzsäure darf nicht in derselben Schottenabteilung verladen werden mit Sprengstoffen, Ia, und ist von Zündwaren, Feuerwerkskörpern u. dgl., Ic, im wirksamen räumlichen Abschluß zu halten.
5. Wässerige Lösungen von Wasserstoffsuperoxyd mit mehr als 45 v. H. und höchstens 60 v. H. Wasserstoff-

superoxyd dürfen nicht unter Deck befördert werden, und ihre Gefäße sind sorgfältig gegen Umfallen zu sichern; solche Lösungen mit mehr als 35 v. H. und höchstens 45 v. H. Wasserstoffsuperoxyd müssen bei Verladung unter Deck in kühlen und gut gelüfteten Räumen und räumlich von leicht entzündbaren Stoffen (auch Packmitteln) getrennt verstaut werden.

C. Weitere Beschränkungen für Schwefelsäure, Salpetersäure und Gemische daraus sowie für Wasserstoffsuperoxydlösungen.

1. Die Gemische dürfen nicht auf Personenschiffen befördert werden.

2. Die beiden Säuren und ihre Gemische dürfen nicht in derselben Schottenabteilung verladen werden mit:
   Sprengstoffen, Ia,
   Munition, Ib,

   die Gemische außerdem nicht mit
   den in der Verladungsvorschrift zu Id als entzündlich bezeichneten Gasen und flüssiger Luft,
   Kalziumkarbid, Kalziumhydrür sowie Kalkstickstoff mit einem Kalziumkarbidgehalt von mehr als 0,1 v. H., Ie, Ziffer 2a) und 2b).

3. Im übrigen ist bei der Unterbringung der beiden Säuren und ihrer Gemische und von Wasserstoffsuperoxydlösungen, die nicht nach Absatz a) α) zu Ziffer 6 des Güterverzeichnisses verpackt sind, zu berücksichtigen, daß sie organische Stoffe wie Holz, Kohlen, Faserstoffe und Gewebe, bis zur Entzündung erhitzen und so Brände hervorrufen können, sowie daß Salpetersäure und ihre Gemische bei Berührung mit den genannten Stoffen oder mit Metallen zur Entwicklung der außerordentlich giftigen nitrosen Gase Anlaß geben. Es ist deshalb auf ihre wirksame räumliche Trennung von solchen Stoffen — soweit sie nicht zur Verpackung und Verladung unbedingt erforderlich sind — und außerdem von
   Zündwaren, Feuerwerkskörpern u. dgl., Ic,
   unter Druck stehenden Gasbehältern, Id,
   Kalziumkarbid und Kalziumhydrür, sowie Kalkstickstoff mit einem Kalziumkarbidgehalt von mehr als 0,1 v. H., Ie, Ziffer 2a) und 2b),
   brennbaren Flüssigkeiten (z. B. IIIa)

   zu halten.

Beim Löschen und Laden von Salpetersäure und ihrer Gemische ist sorgfältigst zu verfahren, damit ein Bruch der Gefäße und ein Überfließen der Säuren vermieden wird. Etwa trotzdem verschüttete Säure ist, wenn möglich, mit kalter feiner Asche aus der Kesselfeuerung festzulegen und hiermit zu entfernen, sonst mit reichlichen Mengen Wasser zu verdünnen und fortzuspülen, keinesfalls aber mit Sägemehl o. dgl. zu bestreuen oder mit Putzwolle o. dgl. aufzuwischen, weil sich dabei giftige nitrose Gase entwickeln. Gerüche, Gase und Dämpfe, die in den mit Säuren befrachteten Räumen auftreten, sind durch gründliche Lüftung der Räume möglichst schnell zu beseitigen.

D. Ausnahmen für gewisse Fahrzeuge.

Auf hölzernen Segelschiffen in der Nah-, Küsten- und kleinen Fahrt kann von den Vorschriften B 1 bis 3 abgesehen werden.

E. Beförderung von Säuren in Tankschiffen.

Die Beförderung von konzentrierter Schwefelsäure, von konzentrierter Salpetersäure und von Mischsäuren in den unter Ziffer 1 des Güterverzeichnisses angegebenen Mischungsverhältnissen in Tankschiffen ist unter folgenden Bedingungen zulässig:

1. Die Behälter sowie alle Teile, mit denen die Säure in Berührung kommt, müssen aus einem Stoffe bestehen, der von der Säure nicht angegriffen wird.

   Die Behälter müssen für Schwefelsäure und Mischsäure auf einen Druck von 6 Atm., für Salpetersäure auf einen Druck von 4 Atm. geprüft sein, zweckentsprechende Lüftungseinrichtungen haben und mit Ausnahme der letzteren unterwegs geschlossen gehalten werden.

2. Es müssen Vorrichtungen vorhanden sein, die ein Anfressen des Schiffskörpers durch die etwa beim Füllen oder sonst überfließende Säure verhüten.

   Bei Salpetersäure und Mischsäure ist nach Möglichkeit Vorsorge zu treffen, daß die etwa beim Füllen oder sonst überfließende Säure nicht mit organischen Stoffen oder mit Metallen in Berührung kommt und zur Entwicklung der außerordentlich giftigen nitrosen Gase Anlaß geben kann.

Güterverzeichnis.

VI. Sonstige gefährliche Güter.

Nachstehende Güter sind besonderen Bedingungen unterworfen:

VIa. Feste, nicht selbstentzündliche, bei Temperaturen über 200° C durch Abgabe von Sauerstoff oder anderen, ähnlich wirkenden Gasen die Verbrennung unterstützende Stoffe.

1. Chlorsaure Salze.

Verpackung*

(1) Chlorsaure Salze sind zu verpacken in starke, dichte, sicher zu verschließende Behälter aus Holz oder Wellblech. **Wellblechgefäße müssen mindestens 0,6 mm stark sein. Holzbehälter müssen aus Hartholz gefertigt und innen mit Wasserglas ausgestrichen sein; dem Ausstreuen des Inhalts muß durch Auslegen mit zähem Pergamentpapier, das nicht an der Innenseite der Behälter angeklebt sein darf und durch eine mehldichte Sackeinlage begegnet sein. Bei Kisten müssen die Bretter geleimt sein. Das Pergamentpapier und die Sackeinlage können bei Kisten fehlen, wenn die Salze eine Innenverpackung in verlöteten Kanistern von wenigstens 1,25 mm starkem Zinkblech erhalten.**

Sind die chlorsaueren Salze patroniert in Hülsen aus starkem Papier, die an den Enden durch Zusammenfalten fest verschlossen sind, so können zu ihrer Verpackung auch starke, dichte, sicher zu verschließende Kisten aus gewöhnlichem Holz verwendet werden, die nicht mit Wasserglas ausgestrichen zu sein und deren Bretter nicht geleimt zu sein brauchen. Das Ausstreuen des Inhalts muß durch eine dichte, ununterbrochene Auslegung mit zähem Papier, **das nicht an der Innenseite der Kiste angeklebt sein darf, oder durch einen in die Kiste gesetzten Blechbehälter** sicher verhindert sein. Die mehldichte Sackeinlage **kann fehlen. Die Länge der Patronen darf höchstens 25 cm, ihr Durchmesser höchstens 5 cm betragen.**

(2) Auf den Versandstücken ist der Inhalt deutlich und dauerhaft anzugeben.

Güterverzeichnis VIa.

2. Bromsaure Salze, Bromsalz (ein Gemisch aus bromsaurem Natrium und Bromnatrium).

Verpackung*

(1) Die Stoffe der Ziffer 2 sind zu verpacken in starke Kisten mit dichtem Einsatz aus verbleitem Eisenblech oder starkem Weißblech.

(2) Auf den Versandstücken ist der Inhalt deutlich und dauerhaft anzugeben.

Güterverzeichnis VIa.

3. Bariumsuperoxyd.

Verpackung*

(1) Bariumsuperoxyd ist zu verpacken in starke, dichte, dicht und sicher zu verschließende Wellblechbehälter, deren Mantel zweckmäßig mit einigen Holzdauben und darübergelegten Reifen bewehrt wird.

(2) Auf den Versandstücken ist der Inhalt deutlich und dauerhaft anzugeben.

---

* Verladungsvorschriften s. S. 161 ff.

G ü t e r v e r z e i c h n i s V I a.

4. Übermangansaure Salze.

Verpackung*

(1) Die Stoffe der Ziffer 4 sind in starke, dichte, sicher und dicht zu verschließende Wellblechfässer zu verpacken.

Bei Frachtstücken bis zu einem Rohgewicht von 50 kg können die Stoffe in Papierbeutel in starke, dichte, sicher zu verschließende Holzkisten mit einem verlöteten Zinkeinsatz verpackt werden. Die Kisten müssen aus Hartholz gefertigt, ihre Bretter geleimt oder gefedert und genutet sein.

(2) Auf den Versandstücken ist der Inhalt deutlich und dauerhaft anzugeben.

G ü t e r v e r z e i c h n i s V I a.

5. Überchlorsaure Salze.

Verpackung*

Die Stoffe der Ziffer 5 sind zu verpacken wie die Stoffe der Ziffer 1.

G ü t e r v e r z e i c h n i s V I a.

6. Ammonsalpeter und Ammonsalpeter enthaltende Düngemittel (z. B. Ammonsulfatsalpeter, Kaliammonsalpeter, Gemenge von Ammonsalpeter und Thomasmehl, Kalisalzen usw.).

Verpackung*

Ammonsalpeter ist in feste imprägnierte oder nichtimprägnierte Jutesäcke oder in dichte Holzbehälter, beide mit oder ohne Kraftpapiereinlage, zu verpacken. Ammonsalpeter enthaltende Düngemittel dürfen l o s e verladen werden.

G ü t e r v e r z e i c h n i s.

VIb. Massengüter, die der Selbsterhitzung unterliegen.

1. S t e i n k o h l e n in Schüttladung oder in Säcken.
2. P r e ß k o h l e n (Briketts) von Steinkohle[1] und Braunkohle.
3. B a u m w o l l e, J u t e, H a n f, F l a c h s und andere pflanzliche Faserstoffe.

---

[1] Genügend ausgekühlte Steinkohlenbriketts entzünden sich nur unter dem Einfluß von Schwefelsäure, Salpetersäure und Gemischen daraus.

* Verladungsvorschriften s. S. 161 ff.

4. Kopra in Säcken.

5. Maisschrot, Maiskleie, Rückstände aus der Maisstärkefabrikation, Mahlerzeugnisse aus Reis (Reisschrot, Reismehl, Reisfuttermehl u. dgl.), Hülsenmehl von Getreide (Kleiestaub, Kleiedunst), auch von Erdnüssen und ähnliche Nebenerzeugnisse der Mühlenindustrie.

6. Biertreber und Malzkeime.

7. Rohstoffe für Papierfabrikation, Lumpen, geschlissenes Tauwerk, auch Gräser (z. B. Espartogras).

8. Schwefelkies.

9. Ungelöschter Kalk.

Verladungsvorschriften für VI. Sonstige gefährliche Güter.

A. Verladescheine.

1. Die bedingungsweise zugelassenen Stoffe der Klasse VIa sind mit einem besonderen Verladeschein (Schiffszettel) anzuliefern, in dem andere Gegenstände nicht aufgeführt sind. Die Stoffe sind mit Namen, Ziffern und Buchstaben nach Maßgabe des Güterverzeichnisses aufzuführen. Wegen Unterschrift und Erklärung des Abladers siehe § 3 der Verordnung.

2. Bei Verladung von Maiskleie und Rückständen aus der Maisstärkefabrikation hat der Ablader in den Verladescheinen unter vollgültiger Firmenzeichung die verantwortliche Erklärung abzugeben, daß der Wassergehalt der Güter nirgends 12 v. H. übersteigt.

B. Verladung im allgemeinen.

VIa. Feste, nicht selbstentzündliche, bei Temperaturen über 200° C durch Abgabe von Sauerstoff oder anderen, ähnlich wirkenden Gasen die Verbrennung unterstützende Stoffe.

1. Die Stoffe dürfen nicht in derselben Schottenabteilung verladen werden mit:

Sprengstoffen, Ia,

Munition, Ib,

Kalziumkarbid und Kalziumhydrür sowie Kalkstickstoff mit einem Kalziumkarbidgehalt von mehr als 0,1 v. H., Ie, Ziffern 2a) und 2b).

Von Zündwaren, Feuerwerkskörpern u. dgl., Ic, müssen die Stoffe der Klasse VIa, wenn in derselben Schottenabteilung verstaut, im wirksamen, räumlichen Abschluß gehalten werden.

2. In Räumen, in denen Stoffe der Ziffer 1 bis 5 verstaut sind, oder in deren Wirkungsbereich dürfen Behälter mit verdichteten oder verflüssigten Gasen der Klasse Id Ziffern 1 bis 11 nicht verladen werden mit Ausnahme von Kohlensäure, Stickstoff und flüssiger Luft.

3. Die Stoffe der Ziffern 1 bis 5 sind von Säuren und Schwefel so wirksam getrennt zu verstauen, daß eine Mischung auch bei Beschädigung der Behälter ausgeschlossen bleibt.

4 Die Stoffe müssen endlich von den Gegenständen der Klasse IIIa und IIIb räumlich derart getrennt gehalten werden, daß weder diese Gegenstände selbst noch die durch Verdunstung von Flüssigkeiten entstandenen Gase oder explosiven Luftgemische sich an Brand- oder Erhitzungsherden entzünden können, die etwa durch Stoffe der Klasse VIa erzeugt sind.

5. Für Ammonsalpeter und Ammonsalpeter enthaltende Düngemittel besteht bezüglich der Verladung nur die Einschränkung, daß diese Stoffe nicht in derselben Schottenabteilung verladen werden dürfen mit Sprengstoffen (Ia) und Munition (Ib) mit Ausnahme der Zündschnüre der Ziffer 3 der Klasse Ib, der nicht sprengkräftigen Zündungen und der Patronen für Handfeuerwaffen (Ib, 1 und 4).

Ammonsalpeter enthaltende Düngemittel können auch als Schüttladung unter Beachtung der vorstehenden Einschränkung l o s e verladen werden.

VIb. Massengüter, die der Selbsterhitzung unterliegen.

1. Die Stoffe d ü r f e n n i c h t in derselben Schottenabteilung verladen werden mit:

Sprengstoffen, Ia,
Munition, Ib,
Kalziumkarbid und Kalziumhydrür sowie Kalkstickstoff mit einem Kalziumkarbidgehalt von mehr als 0,1 v. H., Ie, Ziffern 2a) und 2b),
selbstentzündlichen Stoffen, II, mit Ausnahme der vorschriftsmäßig verpackten pyrophorischen Metalle (II, Ziffer 10).

2. Bei Verwendung der an die Laderäume von Gütern dieses Abschnitts angrenzenden Abteilungen ist mit der Möglichkeit der Erhitzung der Schotten zu rechnen. Außer Sprengstoffen und Munition (siehe Verladungsvorschriften für diese) sollen demnach nicht nur besonders feuergefährliche Gegenstände, sondern allgemein auch leicht brennbare Ladungen jeder Art im wirksamen Abstand von den Schotten gehalten werden.

3. Gegenstände der letztgenannten Arten, insbesondere Zündwaren, Feuerwerkskörper u. dgl., Ic, verdichtete und verflüssigte Gase, Id, brennbare Flüssigkeiten, insbesondere IIIa, feste leicht entzündbare Stoffe, IIIb, müssen, wenn in derselben Schottenabteilung mit Gütern dieses Abschnitts untergebracht, räumlich derart getrennt gestaut werden, daß sie von einer Erhitzung der Güter nicht unmittelbar in Mitleidenschaft gezogen und bei eintretender Gefahr entfernt werden können.

4. Steinkohlen, Preßkohlen, Faserstoffe, Gewebe, Ziffern 3 und 7, und Mühlenerzeugnisse der unter Ziffer 5 genannten Arten dürfen nicht derart mit Schwefelsäure, Salpetersäure und Gemischen daraus zusammengestaut werden, daß sie von auslaufenden Säuren erreicht werden können.

5. Mahlerzeugnissse aus Reis (Reisschrot, Reismehl, Reisfuttermehl u. dgl.), Maiskleie und Rückstände aus der Maisstärkefabrikation sind beim Verladen und im Schiffe dauernd vor Nässe zu schützen.

6. Die Stoffe der Ziffern 3 und 7 sind auch vor der Tränkung mit fetten Ölen zu bewahren.

7. Laderäume, in denen Massengüter der Ziffern 3 bis 8 des Güterverzeichnisses verstaut sind, müssen dauernd gut durchlüftet werden, und zwar in einer auch für die unteren Teile der Räume wirksamen Weise. Sie müssen täglich auf ihren Wärmegrad beobachtet, und sie dürfen erst betreten werden,

nachdem ihre Luft mit Sicherheitslampen geprüft worden ist.

C. Weitere Vorschriften für Steinkohlen und Preßkohlen.

1. Vor der Einnahme einer losen oder gesackten Kohlenladung sind Einrichtungen der Räume, welche den Durchzug von Luft durch die Kohlen fördern können, unwirksam zu machen, z. B. sind Ventilationslöcher in den Masten sorgfältig zu schließen.
2. In Kohlenladungen, die über die Grenzen der mittleren Fahrt hinaus bestimmt sind, müssen von Beginn der Fahrt ab täglich Temperaturmessungen vorgenommen werden, die Ergebnisse sind in das Schiffstagebuch einzutragen. Für die Einführung des Thermometers bis in die untersten Kohlenschichten an möglichst zahlreichen Stellen sind geeignete Vorrichtungen zu treffen.
3. Für ausreichende Abführung der aus den Kohlen sich entwickelnden, in Mischung mit Luft explosiven Gase ins Freie ist Sorge zu tragen.
4. Die Oberfläche einer Kohlenladung darf nicht durch Planken, Persenninge usw. oder durch undurchlässige Ladung dicht abgedeckt werden.
5. Mit Kohlen belegte Ladungsräume müssen gegen andere Räume dicht abgeschlossen sein. Ventilatoren, Ventilationskanäle, Peilrohre und ähnliche Luftleitungen, die mit Kohlenräumen in Verbindung stehen, dürfen keine Ableitung von Gasen in andere geschlossene Räume ermöglichen.
6. Preßkohlen dürfen nur vollständig ausgekühlt zur Verladung gebracht werden.

D. Sondervorschrift für ungelöschten Kalk.

Ungelöschter Kalk darf als Schüttladung nur in Räumen untergebracht werden, die durchaus trocken und vor dem Eindringen von Wasser geschützt sind. Andernfalls ist er in dichte Behälter zu verpacken.

Von dieser Bedingung kann in der Nahfahrt und Küstenfahrt abgesehen werden, wenn die Laderäume ausreichend dicht sind, um den Abschluß des Kalkes von dem Leckwasser durch eine geeignete Garnierung zu ermöglichen.

Anlage 2 zur Seefrachtordnung.

Bestimmungen über das Zusammenpacken von Stoffen der Anlage 1 mit anderen Gegenständen in einem Versandstück (§ 2 des I. Teils der Anlage 1).

1. Allgemeines.

1. Nur die hierunter aufgeführten Stoffe der Anlage 1 dürfen nach Maßgabe der Beschränkungen in Spalte 4 miteinander und mit bedingungslos zur Beförderung zugelassenen (nicht gefährlichen) Gegenständen in einem Versandstücke verpackt werden.
2. Die Stoffe müssen bei Aufnahme in eine derartige Sammelsendung nach den für sie gültigen Vorschriften der Anlage 1 bzw. den dazu in Spalte 4 gegebenen Ergänzungen verpackt sein. Die Einzelpackungen sind mit den übrigen Gegenständen in starke, dichte, sicher zu verschließende Holzbehälter fest einzubetten.
3. Über jede Sendung von Sammelpackungen, die bedingungsweise zur Beförderung zugelassene Gegenstände enthalten, ist ein besonderer Verladeschein auszustellen, aus dem der Inhalt jedes Behälters an bedingungsweise zugelassenen Gegenständen unter Hervorhebung ihrer Eigenschaften gemäß den Vorschriften der Anlage 1 für die Verladescheine deutlich zu ersehen sein muß. Zu diesem Zwecke sind die Angaben mit roter Tinte zu unterstreichen. Dazu hat der Ablader auf Grund von Bescheinigungen seiner Auftraggeber die Erklärung abzugeben, daß die gestatteten Gewichtsgrenzen innegehalten sind und die Stoffe sich in der vorgeschriebenen Sonderverpackung befinden.
4. Sammelbehälter, die Stoffe der Klassen Ic, Id, Ie, II, IIIa und V enthalten, sind nach den Vorschriften der Anlage 1 zu zeichnen und zu verstauen.

   Behälter mit den unter IIIa, A, 1a und b bezeichneten brennbaren Flüssigkeiten (Gefahrklasse IA) oder mit Azeton und Mischungen davon müssen mit einem Zettel, der auf rotem Grunde die deutliche, dauerhafte, gedruckte Aufschrift „Feuergefährlich" trägt, bezeichnet sein, es sei denn, daß die Gesamtmenge dieser Flüssigkeit unter 5 kg bleibt und die Einzelpackungen höchstens 1 kg enthalten.
5. Von den Bestimmungen der Spalte 4 des nachstehenden Verzeichnisses sind befreit Sammelpackungen von chemischen Präparaten, deren Einzelbehältnisse nicht mehr als 1 kg Inhalt haben.

2. Verzeichnis.

Lfd. Nr.	Gegenstand	Nummer der Anlage 1	Bedingungen, Beschränkungen usw.
1	2	3	4
1.	Ätzlauge (Natronlauge, Sodalauge, Kalilauge, Pottaschenlauge u. dgl., auch in Mischungen, z. B. laugehaltige Abbeizsalben), auch Ölsatz (Rückstände von der Ölreinigung)	V 3	Nicht mit Alkalimetallen und Phosphormetallen.
2.	Alkalimetalle und Kalzium, Strontium, Barium sowie Legierungen dieser Metalle untereinander	Ie 1	Bis 5 kg. Nicht mit Wasser und Säuren in irgendwelcher Form. Nicht mit den entzündlichen Gasen (unter Nr. 19) und den brennbaren Flüssigkeiten mit einem Flammpunkt unter 21 ° C (Nr. 10 a).
3.	Aluminiumpulver, Zinkpulver	II 8	Bis höchstens 1 kg Aluminiumpulver in gut zu verschließende Gläser oder Blechbüchsen oder dichte Leinenbeutel; Zinkpulver in gut zu verschließende Gläser oder Blechbüchsen, welche in dichte Büchsen aus Blech oder Pappe mit Kieselgur sicher einzusetzen sind. Nicht zusammen mit Säuren, Alkalilaugen oder wässerigen Flüssigkeiten.
3a.	Amorces u. Amorcesbänder siehe Nr. 33 a.		
4.	Anhydrid s. Nr. 28, Schwefelsäure		
5.	Arsenikalien, nicht flüssige	IV 1	Nicht mit Nahrungs- und Genußmitteln. Arsenikalien, die mit Säuren Arsenwasserstoff bilden, nicht zusammen mit Säuren.
6.	Arsenikalien, flüssige, Arsensäure in Lösung	IV 4	In Glasgefäßen, die mit Kieselgur in dichte Blechgefäße fest zu lagern sind. Nicht mit Nahrungs- und Genußmitteln. Arsenikalien, die mit Säuren Arsenwasserstoff bilden, nicht zusammen mit Säuren.

Lfd. Nr.	Gegenstand	Nummer der Anlage 1	Bedingungen, Beschränkungen usw
1	2	3	4
7.	Bariumsuperoxyd	VIa 3	Nicht zusammen mit Säuren und Schwefel.
8.	Baryt, Barythydrat, Bariumsalze (ausgenommen schwefelsaures Barium und Bariumsuperoxyd)	IV 9	Nicht zusammen mit Nahrungs- und Genußmitteln.
9.	Blausäure, reine flüssige	IV 10	Nicht zusammen mit Nahrungs- und Genußmitteln.
10.	Brennbare Flüssigkeiten mit Ausnahme von Schwefelkohlenstoff und mehr als 10 v. H. Schwefelkohlenstoff enthaltenden Flüssigkeiten, darunter a) solche, die einen Flammpunkt unter 21 ° C haben (Gefahrklassen I A und I B), b) solche, die einen Flammpunkt von 21 ° C und darüber haben (Gefahrklassen II und III)	IIIa A und B	Zu a nicht zusammen mit den selbstentzündlichen Stoffen der Nr. 22, 26 und 32 und entzündliche Gase entwickelnden Stoffen der Nr. 2, 20, 24 und 25 sowie konzentrierter Schwefelsäure und konzentrierter Salpetersäure. Zu b nicht zusammen mit den selbstentzündlichen Stoffen der Nr. 22, 26 und 32 sowie mit konzentrierter Schwefelsäure und konzentrierter Salpetersäure.
11.	Brom	V 4	Bis 15 kg in Glasgefäßen von je höchstens 3¾ kg Inhalt.
12.	Bromsaure u. chlorsaure Salze, Bromsalz	VIa 1 und 2	Nicht zusammen mit Säuren und Schwefel, chlorsaure Salze auch nicht mit Phosphor.
13.	Bromzyan	IV 8	Bis 2 kg in Tuben von je 100 g. Nicht zusammen mit Nahrungs- und Genußmitteln.
14.	Chloressigsäure s. Schwefelsäure, lfde. Nr. 28	V 7	
15.	Chloride, durch Wasser zersetzliche	V 5	Bis 5 kg.

Lfd. Nr.	Gegenstand	Nummer der Anlage 1	Bedingungen, Beschränkungen usw.
1	2	3	4
16.	Chlorschwefel sowie salpetersaures und schwefelsaur. Eisenoxyd (Ferrinitrat und Ferrisulfat)	V 2	
17.	Chlorsaure Salze siehe Nr. 12	VIa 1	
18.	Ferrosilizium, auf elektrischem Wege gewonnen, und seine Legierungen mit anderen Metallen	IV 2	Nur mit trockenen Gegenständen. Nicht zusammen mit Nahrungs- und Genußmitteln. Nur in gutgelüfteten Räumen zu verstauen.
19.	Gase, verflüssigte, mit Ausnahme von Chlor, Stickstofftetroxyd, flüssiger Luft, flüssigem Sauerstoff, flüssigem Stickstoff	Id 5, 6, 7, 8	Entzündliche Gase nicht zusammen mit den selbstentzündlichen Stoffen der Nr. 22, 26 und 32 und entzündliche Gase entwickelnden Stoffen (Nr. 2, 20, 24 und 25) sowie nicht mit konzentrierter Schwefelsäure und konzentrierter Salpetersäure (Nr. 28).
20.	Kalziumhydrür (Hydrolith), Kalziumkarbid, auch imprägniert, Kalkstickstoff	Ie, 2a, b und c	Wie Alkalimetalle (s. Nr. 2).
20a.	Knallscheiben s. Nr. 33a		
21.	Kupfervitriol usw.	IV 7	Nicht zusammen mit Nahrungs- und Genußmitteln.
22.	Metalle, pyrophorische	II 10	Nicht mit den entzündlichen Gasen (unter Nr. 19) und den brennbaren Flüssigkeiten unter Nr. 10a.
23.	Metallpräparate, giftige	IV 6a, b und c	Nicht zusammen mit Nahrungs- und Genußmitteln. Stoffe der Ziffer 6c nicht zusammen mit Säuren und sauren Salzen.
24.	Natriumazid	IV 12	Wie die Alkalimetalle (siehe Nr. 2).

Lfd. Nr.	Gegenstand	Nummer der Anlage 1	Bedingungen, Beschränkungen usw.
1	2	3	4
25.	Natriumsuperoxyd	Ie 3	Bis 5 kg wie die Alkalimetalle (siehe Nr. 2). Nicht zusammen mit Metallpulver, mit Zucker, Mehl und anderen derartigen organischen Stoffen in Pulverform.
26.	Phosphor: a) gewöhnlicher (weißer oder gelber)	II 1	a) bis 2 kg in Einzelpackungen nicht über 500 g in Blech mit Überdose, auch unter Wasser in Flaschen, die fest in Blech eingelagert sind.
	b) amorpher (roter)	II 2	b) bis 5 kg. a und b nicht zusammen mit brennbaren Flüssigkeiten (Nr. 10), den entzündlichen Gasen unter Nr. 19, chlorsauren Salzen (Nr. 12), mit salpetersauren Salzen sowie mit Nahrungs- und Genußmitteln.
27.	Alkali- und Erdalkaliphosphide, wie Phosphorkalzium, Phosphorstrontium	II 2	Bis 500 g. Nicht zusammen mit Säuren oder Wasser in irgendwelcher Form.
28.	Schwefelsäure jeglicher Konzentration, auch rauchende (Oleum), einschl. Schwefelsäureanhydrid, Salpetersäure (Scheidewasser) u. Mischungen daraus, Salzsäure, Flußsäure	V 1	Bis zu 10 kg in Flaschen von nicht mehr als 5 kg Inhalt, jedoch nicht zusammen mit Alkalimetallen usw. (Nr. 2), Zyankalium und Zyannatrium (Nr. 35), bromsauren und chlorsauren Salzen und Bromsalz (Nr. 12), Bariumsuperoxyd (Nr. 7), Natriumsuperoxyd (Nr. 25), überchlor- und übermangansauren Salzen (Nr. 30 und 31). Konzentrierte Schwefelsäure und Salpetersäure außerdem nicht mit brennbaren Flüssigkeiten (Nr. 10 a, 10 b) und entzündlichen Gasen (Nr. 19). Flußsäure in Blei- oder Guttaperchaflaschen. Salpetersäure und rauchende Schwefelsäure unter der Vorschrift, daß sie durch eine Holzwand von den anderen Gegenständen in der Kiste getrennt und in

Lfd. Nr.	Gegenstand	Nummer der Anlage 1	Bedingungen, Beschränkungen usw.
1	2	3	4
			eine zur vollständigen Aufsaugung ausreichende Menge Kieselgur gebettet ist. Für stark verdünnte Säuren mit einem Gehalt von weniger als 10 v. H. fallen bei Beachtung der übrigen Vorbehalte die oben gegebenen Gewichtsbeschränkungen fort. Wasserfreie Schwefelsäure darf auch in starke zugeschmolzene Glaskolben gefüllt sein, die mit Kieselgur in starke, dicht verschlossene Gefäße eingebettet sein müssen.
29.	Chloressigsäure	V 7	siehe Nr. 28.
30.	Übermangansaure Salze	VIa 4	Nicht zusammen mit Säuren und Schwefel.
31.	Überchlorsaure Salze	VIa 5	Nicht zusammen mit Säuren.
32.	Zinkäthyl, Zinkmethyl, auch in ätherischer Lösung	II 3	Bis 2 kg, nur bis je 100 g in einer verschmolzenen Glasröhre, in Blech und Kieselgur verpackt. Nicht zusammen mit brennbaren Flüssigkeiten und sonstigen leicht entzündlichen Gegenständen.
33.	Zinkpulver s. Aluminiumpulver, laufde. Nr. 3	II 8	
33a.	Zündblättchen (Amorces) Zündbänder (Amorcesbänder) Knallscheiben	Ic 2e Ic 2f β	Nur mit den zugehörigen Kinderpistolen, und zwar so, daß zu einer Pistole entweder eine Rolle mit 12 Schachteln zu je 100 Zündblättchen (mit je 5 mg Knallsatz) oder eine Rolle mit 12 Schachteln mit je einem Zündband zu 100 Schuß oder zwei Rollen mit je 5 Schachteln zu je 5 Knallscheiben gepackt werden. Je eine Pistole und die zugehörigen Zündblättchen oder Zündbänder oder Knallscheiben sind getrennt in die beiden durch eine Scheidewand aus Pappe hergestellten Abteilungen einer

Lfd. Nr.	Gegenstand	Nummer der Anlage 1	Bedingungen, Beschränkungen usw.
1	2	3	4
			starken Pappschachtel zu verpacken. Die Schachteln können für sich allein oder mit Paketen, die nur Zündblättchen oder Zündbänder oder Knallscheiben in Rollen oder Schachteln enthalten, in die Versandkisten gepackt werden. Den Zündblättchen oder Zündbändern und Knallscheiben dürfen die zugehörigen Kinderpistolen auch in der Weise beigepackt werden, daß die pyrotechnischen Gegenstände in der in der Anlage 1 unter Ic, 2 vorgeschriebenen Verpackung von den Kinderpistolen in der für diese angewendeten Verpackung in der Kiste durch eine sicher befestigte Zwischenwand von mindestens 18 mm Dicke getrennt sind. Die pyrotechnischen Gegenstände und die Kinderpistolen müssen in den für sie bestimmten Abteilungen der Kiste fest und sicher verpackt sein.
34.	Zündgarn	Ic, 1d	Höchstens 5 nach Ic, 1d (2) verpackte Kästchen mit anderen Feuerwerkskörpern zusammen.
35.	Zyankalium und Zyannatrium in fester Form	IV 3	Nicht zusammen mit Säuren oder sauren Salzen, Nahrungs- und Genußmitteln.

2. Sprengstoffe.

Vorbemerkung.

Auf folgende im ersten Band zum Abdruck gelangten Reichs- und Landesvorschriften ist zu verweisen:

Reichsrecht.

1. Gesetz gegen den verbrecherischen und gemeingefährlichen Gebrauch von Sprengstoffen. Vom 9. Juni 1884 (RGBl. S. 61) . . . . Band I S. 294 ff.

2. Bekanntmachung des Bundesrats, betreffend das Gesetz gegen den verbrecherischen und gemeingefährlichen Gebrauch von Sprengstoffen, vom 29. April 1903 (RGBl. S. 211) in der Fassung der Bekanntmachungen vom 20. Juni 1907 (RGBl. S. 375), 10. April 1911 (RGBl. S. 180), 4. März 1916 (RGBl. S. 155), 8. März 1924 (RGBl. S. 171), 31. Juli 1925 (RGBl. S. 184) und 10. November 1927 (RGBl. I S. 327) . . Band I S. 297 ff.

3. Verordnung über die Herstellung von Knallkorken. Vom 27. Dezember 1928 (RGBl. 1929 I S. 9) . . . . Band I S. 299

Hamburgisches Landesrecht.

1. Verordnung[1], betreffend den Verkehr mit Sprengstoffen. Vom 26. Juli 1905 (Amtsblatt S. 351) in der Fassung der Verordnungen vom 30. Juni 1915 (Amtsblatt Seite 569), 26. Januar 1923, 10. Oktober 1923, 31. Juli 1925 und 27. Juni 1927 (HGVOBl. 1923 S. 71 und 1234, 1925 S. 375, 1927 S. 330) . . . . . . Bd. I S. 300 ff.

2. Verordnung über Sprengstoff-Erlaubnisscheine. Vom 31. Juli 1925 (HGVOBl. S. 376) . . . . Band I S. 318

3. Bekanntmachung, betreffend die Vornahme von Sprengungen. Vom 15. Februar 1902 . . . . Band I S. 319

4. Verordnung über die Lagerung von Ammonsalpeter sowie ammonsalpeterhaltigen Mischsalzen und Gemengen. Vom 20. April 1927 . . . . . Band I S. 321 ff.

5. Bekanntmachung über die Bearbeitung von ammonsalpeterhaltigen Düngemitteln. Vom 7. Juli 1922 . . . . . Band I S. 323

---

[1] Die Verordnung ist unten S. 177 ff. im Auszug zum Abdruck gelangt.

a) Reichsrecht.

Polizeiverordnung, betreffend den Verkehr mit Sprengstoffen auf der Elbe innerhalb des Geltungsbereichs der Polizeiverordnung zur Regelung des Verkehrs auf den deutschen Seewasserstraßen (Seewasserstraßenordnung) vom 31. März 1927 (Reichsgesetzblatt II Seite 157 ff.)[1]

Auf Grund des Gesetzes vom 29. Juli 1921 über den Staatsvertrag, betreffend den Übergang der Wasserstraßen von den Ländern auf das Reich (Reichsgesetzblatt S. 961 ff.) und auf Grund der §§ 11, 15 dieses Staatsvertrages, auf Grund der §§ 136, 140 des preußischen Gesetzes über die allgemeine Landesverwaltung vom 30. Juli 1883 (Gesetzsammlung Seite 195) und des § 350 des preußischen Wassergesetzes vom 7. April 1913 (Gesetzsammlung Seite 53) wird folgendes verordnet:

§ 1.

Auf der Elbe innerhalb des Geltungsbereiches der Seewasserstraßenordnung[2] ist das Löschen und Laden von Sprengstoffen und Munition nur auf den in der Seewasserstraßenordnung § 64, Ziffer 14,[3] vorgeschriebenen Ankerplätzen gestattet.

An Landungsplätzen dürfen Sprengstoffe oder Munition nur nach vorher eingeholter Erlaubnis der zuständigen Polizeibehörden auf den von diesen dazu bestimmten Stellen geladen oder gelöscht werden.

---

1 Obwohl die VO. für den Hafen von Hamburg keine Geltung hat, gelangt sie aus praktischen Gründen zum Abdruck.

Gemäß § 17 Seewasserstraßenordnung müssen im Geltungsbereich der VO. (s. Anm. 2) Fahrzeuge, die mehr als 35 Kilogramm Sprengstoffe oder Munition geladen haben, bei Nacht im Vortopp ein grünes Licht, bei Dampffahrzeugen mindestens zwei Meter höher als das Dampferlicht, bei Tage eine weit erkennbare, stets ausgespannt zu haltende schwarze Flagge mit weißem „P“ führen.

Auf Kriegsschiffe (auch Kriegshilfsschiffe, ausländische Kriegsschiffe, Hilfskreuzer) findet diese Bestimmung keine Anwendung.

2 Gemäß § 64 der Seewasserstraßenordnung bildet die untere Geltungsgrenze der VO. auf der Elbe die rechtweisende Peilung 180 Grad der Bake auf Scharhörn.

Die obere Geltungsgrenze bildet die bei Blankenese quer über die Elbe gehende Preußische—Hamburgische Landesgrenze und deren gradlinige Verlängerung.

3 Gemäß § 64 Z. 14 der Seewasserstraßenordnung sind folgende Ankerplätze vorgeschrieben:

a) gegenüber den am linken Elbufer unterhalb Brunshausen gelegenen Kahlensande auf der Ostseite des Fahrwassers. Der Platz ist durch große gelbgestrichene und mit einem schwarzen P als Aufschrift versehene Faßtonnen bezeichnet;

b) zwischen Brokdorf und Scheelenkuhlen vor dem Leuchtturm von Scheelenkuhlen bei dem Böschrücken an der Südseite des Fahrwassers in der Mitte zwischen den roten Spierentonnen g und f.

§ 2.

Nach dem Hafen von Altona bestimmte Schiffe, die mehr als 100 kg Sprengstoff oder Munition geladen haben, müssen auf den in § 1 erwähnten Ankerplätzen so lange warten, bis sie von der Polizeiverwaltung in Altona die schriftliche Erlaubnis zum Einbringen ihrer Sprengstoffe oder Munitionsladung erhalten haben. Die Erlaubnis ist beim Kommandeur der Hafenwache in Altona nachzusuchen.

§ 3.

Nach dem Hafen von Hamburg bestimmte Schiffe, die mehr als 400 kg Sprengstoff oder Munition geladen haben, müssen auf den im § 1 erwähnten Ankerplätzen so lange warten, bis sie von der Polizeibehörde in Hamburg (Hafen- und Schiffahrtspolizei) die schriftliche Erlaubnis zum Einbringen ihrer Sprengstoff- oder Munitionsladung in den Hafen von Hamburg erhalten haben.

§ 4.

Die Schiffsführer haben den Lotsen über die Art und Menge der an Bord befindlichen Sprengstoffe oder Munition genaue Auskunft zu geben.

§ 5.

Zuwiderhandlungen gegen diese Polizeiverordnung werden mit Geldstrafen bis zu 150 (Einhundertfünfzig) RM. bestraft, sofern nicht nach anderen Bestimmungen eine höhere Strafe verwirkt ist.

§ 6.

Die vom Herrn Preußischen Minister für Handel und Gewerbe erlassene Polizeiverordnung, betreffend den Verkehr mit Sprengstoffen auf der Unterelbe unterhalb Altona vom 16. März 1894 und die Abänderung zu dieser Verordnung vom 18. Mai 1896 werden aufgehoben.

§ 7.

Diese Verordnung tritt am 1. Dezember 1927 in Kraft.

Berlin, den 15. November 1927.

Der Reichsverkehrsminister
gez.: Dr. W. Koch.

b) Das Hamburgische Landesrecht.

ba. Hafenordnung für den Sprengstoffhafen auf der Kleinen Kattwick vom 16. Dezember 1907.

§ 1.

Der Hafen an der Nordspitze der Kleinen Kattwick ist als Liegeplatz für Fahrzeuge mit Sprengstoffladung bestimmt.

Ausnahmsweise dürfen in dem Hafen mit Genehmigung der Polizeibehörde Sprengstoffe am Tage (von Sonnenaufgang bis Sonnenuntergang) unter polizeilicher Überwachung aus einem Fahrzeug in ein anderes umgeladen werden.

§ 2.

In den Hafen dürfen nur einlaufen:

1. Fahrzeuge mit Sprengstoffladung (§ 1 Abs. 1),
2. Fahrzeuge, für welche die Genehmigung zum Einladen von Sprengstoffen erteilt ist (§ 1 Abs. 2),
3. Schleppdampfschiffe, welche eines der unter 1 und 2 bezeichneten Fahrzeuge einschleppen oder wegzuschleppen sind,
4. Fahrzeuge, welche ein im Hafen liegendes Fahrzeug aus zwingender Veranlassung aufsuchen müssen (Überbringen von Proviant oder Ausrüstungsgegenständen, Ablösung der Besatzung, Beförderung von Schiffseignern oder Ladungsinteressenten und dergl.).

Die unter 3 und 4 genannten Fahrzeuge dürfen im Hafen nur so lange verweilen, wie unumgänglich notwendig ist.

Die im Absatz 1 und 2 aufgeführten Beschränkungen gelten nicht für Fahrzeuge, welche im behördlichen Auftrage im Hafen verkehren.

§ 3.

Sobald ein Fahrzeug mit Sprengstoffladung in den Hafen eingelaufen und daselbst festgelegt ist, hat sein Führer persönlich oder durch einen Beauftragten von dem Eintreffen des Fahrzeuges der Hafenpolizeiwache am Hafentor in Hamburg Anzeige zu machen unter näherer Mitteilung über

a) den Namen, den Eigentümer und den Führer des Fahrzeuges,
b) den Zeitpunkt des Eintreffens des Fahrzeuges im Hafen und die voraussichtliche Dauer des Aufenthaltes daselbst.

c) die Art und das Gewicht der auf dem Fahrzeuge befindlichen Sprengstoffe.

§ 4.

Auf den im Hafen befindlichen Fahrzeugen und auf den den Hafen umgebenden Deichen darf nicht geraucht und, abgesehen von dem Kesselfeuer auf Dampfschiffen, Feuer nicht gebrannt werden. Insbesondere ist die Benutzung von Petroleumöfen verboten.

Vorstehende Verbote beziehen sich nicht auf die Räume des Wach- und Kochgebäudes am Südufer des Hafens.

Auf Dampfschiffen mit brennenden Kesselfeuern müssen die Schornsteine mit wirksamen Funkenfängern versehen sein.

Auf den im Hafen befindlichen Fahrzeugen darf die Beleuchtung der Maschinenräume und der Räume für die Besatzung und zur Unterbringung der Schiffsausrüstungsgegenstände nur durch Kerzen in gut geschlossenen Laternen erfolgen. Die Räume, in denen Sprengstoffe sich befinden, dürfen mit Licht nicht betreten werden.

§ 5.

Jedes im Hafen liegende Fahrzeug muß ständig von mindestens einer auf dem Fahrzeug befindlichen Person bewacht werden.

§ 6.

Es ist verboten, Unrat, Kadaver und Abfall oder andere Gegenstände, welche den Hafen zu verunreinigen oder die Schiffahrt zu behindern geeignet sind, ins Wasser zu werfen.

Auf den Fahrzeugen befindliche Aborte sind zu verschließen; es ist ausschließlich der Abort am Südufer des Hafens zu benutzen.

§ 7.

Rohes Elbwasser, von außenbords entnommen, darf weder getrunken noch zum Reinigen des Eß-, Trink- und Kochgeschirrs verwendet werden.

§ 8.

Springt ein Fahrzeug leck, oder wird es beschädigt, oder geraten Sprengstoffe in einen bedenklichen Zustand, so ist der Hafenpolizeiwache am Hafentor oder der Hafenpatrouille sofort Anzeige zu machen.

§ 9.

Alle im und am Hafen verkehrenden Personen haben den Anordnungen der Polizeibeamten ohne Verzug Folge zu leisten.

§ 10.

Zuwiderhandlungen gegen die Vorschriften werden auf Grund der §§ 366, 10 und 367, 5 des Strafgesetzbuches mit Geldstrafe bis zu 150 RM. oder mit Haft bis zu 6 Wochen, gegebenenfalls nach § 9 des Reichsgesetzes vom 9. Juni 1884 gegen den verbrecherischen und gemeingefährlichen Gebrauch von Sprengstoffen mit Gefängnis von 3 Monaten bis zu 2 Jahren bestraft.

§ 11.

Weitere Bestimmungen für die Benutzung des Hafens zu erlassen, bleibt der Polizeibehörde vorbehalten.

Gegeben in der Versammlung des Senats, Hamburg, den 16. Dezember 1907.

bb. Verordnung betreffend den Verkehr mit Sprengstoffen[1] (im Auszug).

vom 26. Juli 1905 (Amtsblatt Seite 351) in der Fassung der Verordnungen vom 30. Juni 1915 (Amtsblatt Seite 569), 26. Januar 1923, 10. Oktober 1923, 31. Juli 1925 und 27. Juni 1927 (Hamburgisches Gesetz- und Verordnungs-Blatt 1923, Seite 71 und 1234, 1925, Seite 375, 1927 S. 330).

In Übereinstimmung mit einem Beschlusse des Bundesrats vom 8. Juni d. J. verordnet der Senat hierdurch, was folgt:

Die Bestimmungen, betreffend den Verkehr mit Sprengstoffen, vom 28. März 1894 (Hamb. Gesetzsamml. S. I 36) werden durch die nachstehenden Bestimmungen ersetzt mit der Maßgabe, daß davon die internationalen Verabredungen über diesen Gegenstand nicht berührt werden.

**Bestimmungen
betreffend
den Verkehr mit Sprengstoffen.**

§ 1.

Die nachstehenden Bestimmungen begreifen:

1. die Versendung von Sprengstoffen auf Land- und Wasserwegen — mit Ausnahme des Eisenbahn- und Postverkehrs und des unter militärischer Begleitung

[1] Die Verordnung ist im Hauptteil S. 300 ff. vollständig zum Abdruck gelangt.

stattfindenden Verkehrs mit Sprengstoffen und Munitionsgegenständen der Militär- und Marineverwaltung sowie der Versendung von Sprengstoffen in Kauffahrteischiffen,

2. den Handel mit Sprengstoffen,
3. die Aufbewahrung und Verausgabung von Sprengstoffen innerhalb des Betriebes von Bergwerken, Steinbrüchen, Bauten und gewerblichen Anlagen,
4. die Lagerung von Sprengstoffen — mit Ausnahme der Lagerung in Niederlagen oder Magazinen der Militär- und Marineverwaltung —.

Zu den Sprengstoffen im Sinne dieser Bestimmungen gehören nicht:

a) die in dem Heere und in der Marine vorgeschriebenen, nicht sprengkräftigen Zündungen,
b) die für Feuerwaffen bestimmten Zündhütchen und Zündspiegel, die für Handfeuerwaffen bestimmten Metallpatronen, und alle Jagdpatronen,
c) Zündschnüre.

I. Allgemeine Bestimmungen.

§ 2.

Zum Verkehr im Sinne des § 1 Ziffer 1 bis 3 sind zugelassen:

1. Pulver — Sprengsalpeter, brennbarer Salpeter — (ein sehr inniges Gemisch aus neutral reagierenden Salpeterarten und Kohle oder Stoffen, deren wesentliche Bestandteile Kohlenstoff, Wasserstoff und Sauerstoff sind, mit oder ohne Schwefel);
2. folgende Nitroglyzerin enthaltende Präparate:
   a) Dynamit I (ein bei mittlerer Temperatur plastisches, nicht abtropfbares Gemisch von Nitroglyzerin mit pulverförmigen, an sich nicht sprengkräftigen und nicht selbst-entzündlichen Stoffen),
   b) Dynamit II und III (Kohlendynamit, ein Gemisch von Nitroglyzerin mit schießpulverähnlichen Gemengen),
   c) Sprenggelatine (ein bei mittlerer Temperatur zähelastisches Gemisch, bestehend aus Nitroglyzerin, welches durch Nitrozellulose gelatiniert ist, mit oder ohne kohlensauren Alkalien (beziehungsweise alkalischen Erden) oder neutral reagierenden Salpeterarten),

d) Rohmasse für rauchloses Pulver, bestehend aus einem innigen Gemenge von Nitroglyzerin und feuchter Nitrozellulose, dessen Wassergehalt mindestens 30 Prozent und dessen Nitroglyzeringehalt höchstens 28 Prozent beträgt,

e) Gelatinedynamit (ein bei mittlerer Temperatur plastisches Gemisch, bestehend aus Nitroglyzerin, welches durch Nitrozellulose gelatiniert ist, und Holzmehl, Salpeter und kohlensauren Alkalien (beziehungsweise alkalischen Erden)),

f) Karbonit (ein Gemisch von Nitroglyzerin mit schießpulverähnlichen Gemengen und mit flüssigen, an sich nicht sprengkräftigen oder nicht selbstentzündlichen Stoffen).

3. Nitrozellulose (lockere mit mindestens 20 Prozent Wassergehalt und gepreßte nicht gelatinierte), insbesondere Schießbaumwolle und Kollodiumwolle, sowie Gemische von Nitrozellulose mit neutral reagierenden Salpeterarten;

4. Feuerwerkskörper, sofern sie nicht pikrinsaure Salze enthalten, geladene Geschosse, Geschützpatronen, Kartuschen, Petarden, sprengkräftige Zündungen, welche zum Entzünden von Ladungen dienen (z. B. Sprengkapseln), Zündplättchen (amorces);

5. alle jeweilig zur Versendung auf den Eisenbahnen zugelassenen Sprengstoffe.

Zu Versuchszwecken kann die Versendung neuer, hier nicht aufgeführter Sprengstoffe auf bestimmten Wegen, sowie die Aufbewahrung und Verausgabung derselben von der Landespolizeibehörde gestattet werden.

§ 3.

Vom Verkehr im Sinne des § 1 Ziffer 1 bis 3 sind ausgeschlossen die nicht nach § 2 zugelassenen Sprengstoffe, insbesondere:

1. Nitroglyzerin als solches und in Lösungen;
2. Knallgold, trocken in fester oder Pulverform, Knallquecksilber, Knallsilber und die damit dargestellten Präparate;
3. Nitrozuckerarten, Nitrostärkearten und die damit hergestellten Gemische;
4. Gemische, welche Nitroglyzerin abtropfen lassen;
5. Sprengstoffe, welche entweder:
   a) bei einer Temperatur bis zu + 40 Grad Celsius zur Selbstzersetzung neigen, oder

b) welche enthalten:
   aa) chlorsaure Salze (mit Ausnahme der Sprengkapseln und Zündplättchen (§ 2 Nr. 4)), oder
   bb) pikrinsaure Salze, oder
   cc) Phosphor (mit Ausnahme der Zündplättchen (§ 2 Nr. 4)), oder
   dd) Schwefelkupfer;

6. Sprengstoffe in Patronenhüllen, sofern diese äußerlich mit Nitroglyzerin (Ziffer 1) oder mit anderer Sprengflüssigkeit benetzt, oder äußerlich mit festen Sprengstoffen behaftet sind;
7. Sprengpräparate, bei welchen die einzelnen an und für sich nicht sprengkräftigen Bestandteile in einem geschlossenen Behälter durch leicht brechbare Scheidewände oder Hahnvorrichtungen so lange getrennt gehalten werden, bis die Explosion, durch Zertrümmerung, Verschiebung der Scheidewände oder Öffnen der Hahnvorrichtungen veranlaßt, stattfinden soll.

§ 4.

Wer Sprengstoffe in Mengen von mehr als 35 Kilogramm Bruttogewicht versendet, muß unter Angabe der Bestimmungsorte der Ortspolizeibehörde des Versendungsorts den Frachtschein zur Visierung vorlegen. Der Empfang der Sendung ist vom Empfänger auf dem dem Frachtscheine beigefügten Lieferscheine zu bescheinigen. Die bescheinigten Lieferscheine sind der Ortspolizeibehörde des Versendungsorts jederzeit auf Verlangen vorzulegen.

§ 5.

Wer an der Versendung von solchen Sprengstoffen, welche den Vorschriften des Reichsgesetzes vom 9. Juni 1884 gegen den verbrecherischen und gemeingefährlichen Gebrauch von Sprengstoffen (Reichs-Gesetzbl. S. 61) unterliegen, in der Weise teilnimmt, daß er dabei in den Besitz von Sprengstoffen gelangt (Spediteur, Transportführer, Transportbegleiter), muß den vorgeschriebenen Erlaubnisschein zum Besitze von Sprengstoffen oder beglaubigte Abschrift desselben während der Dauer seines Besitzes stets bei sich führen und auf Verlangen vorzeigen.

§ 6.

Für die Versendung auf Land- und Wasserwegen sind Sprengstoffe in hölzerne, haltbare und dem Gewichte des Inhalts entsprechend starke Kisten oder Tonnen, deren Fugen so gedichtet sind, daß ein Ausstreuen nicht stattfinden kann, und welche nicht mit eisernen Reifen oder Bändern versehen sind, fest zu verpacken. Statt der hölzernen Kisten oder Tonnen können auch aus mehrfachen Lagen sehr starken und steifen, gefirnißten Pappdeckels gefertigte Fässer (sogenannte amerikanische Fässer) verwendet werden. Die zum Transporte von Pulver, Sprengsalpeter und brennbarem Salpeter (§ 2 Ziffer 1) verwendeten Behälter dürfen keine eisernen Nägel, Schrauben oder sonstige eiserne Befestigungsmittel haben.

Pulver, Sprengsalpeter, brennbarer Salpeter (§ 2 Ziffer 1) und das aus gelatinierter Nitrozellulose mit oder ohne Salpeter hergestellte Pulver (§ 2 Ziffer 3) darf in metallene Behälter, ausgenommen solche von Eisen, verpackt werden. Vor der Verpackung in Tonnen oder Kisten müssen diese Stoffe entweder in Pakete (Blechbehälter) bis zu höchstens 2½ Kilogramm Gewicht verpackt, oder in dichte, aus haltbaren Stoffen gefertigte Säcke, Mehlpulver in Säcke aus Leder oder dichtem Kautschukstoffe geschüttet werden.

Die im § 2 Ziffer 2 aufgeführten Sprengstoffe dürfen ebenso, wie die nach § 2 Ziffer 5 zugelassenen Sprengstoffe, soweit die Versendung der letzteren auf Eisenbahnen nur in Patronenform erfolgen darf, nur in Patronen, nicht auch in loser Masse versendet werden. Diese Patronen sowie Patronen aus gepreßter Schießbaumwolle mit oder ohne Parafinüberzug (§ 2 Ziffer 3) sind durch eine Umhüllung von Papier in Pakete zu vereinigen. Die Patronen sind in den Paketen und diese in den sie umschließenden Behältern fest zu verpacken. Bei nitroglyzerinhaltigen Sprengstoffen sind die Patronen in den Paketen mittels Wellpappe so zu verpacken, daß die Patronen schichtweise in ihrer Lage festgehalten werden, daß sie sich nicht gegen einander verschieben können. Für die Ausfuhr bestimmte Sprengstoffe werden von der Vorschrift der Benutzung von Wellpappe bei der Verpackung nicht betroffen.

Gepreßte Schießwollkörper mit mindestens 15 Prozent Wassergehalt dürfen auch in dichtschließende Blechbüchsen oder Pappschachteln verpackt werden.

Für die Versendung loser Nitrozellulose mit mindestens 20 Prozent Wassergehalt ist feste Verpackung in starkwandige, luftdichte Behälter erforderlich.

Rohmasse für rauchloses Pulver (§ 2 Ziffer 2d) darf lose versandt werden. Sie muß jedoch vor der Verpackung in einer Tonne oder Kiste (Abs. 1) in einem Beutel aus Kautschukstoff dicht verschnürt werden.

Sprengstoffe jeder Art, einschließlich der geladenen Geschosse dürfen nicht mit Zündungen oder Zündschnüren versehen sein. Auf Gewehr- und Geschützpatronen findet diese Bestimmung keine Anwendung, doch dürfen die geladenen Geschosse von Geschützpatronen Zündungen nicht tragen. Geladene Geschosse und die geladenen Geschosse von Geschützpatronen müssen einen sicheren Abschluß der Sprengladung besitzen. Es ist untersagt, Zündungen, Zündschnüre oder Patronen für Feuerwaffen mit anderen Sprengstoffen in dieselben Behälter zu verpacken.

Die zur Verpackung von Sprengstoffen dienenden Behälter müssen je nach ihrem Inhalte mit der Aufschrift: Pulver, Sprengsalpeter, brennbarer Salpeter, Pulver aus Nitrozellulose und Salpeter, geladene Geschosse, Geschützpatronen, Kartuschen, Petarden, Feuerwerkskörper, Zündungen, Dynamitpatronen, Kohlendynamitpatronen, Sprenggelatinepatronen, Gelatinedynamitpatronen, Karbonitpatronen, Schießbaumwolle usw. versehen sein. Außerdem müssen dieselben mit der Firma oder der Marke der Fabrik, aus welcher die Sprengstoffe herrühren, bezeichnet sein, oder eine von der Zentralbehörde gebilligte und öffentlich bekanntgemachte Bezeichnung der Fabrik tragen. Für die Ausfuhr in das Ausland bestimmte Behälter werden hiervon nicht betroffen.

Das Bruttogewicht der Versendungsstücke darf bei Pulver, Sprengsalpeter, brennbarem Salpeter (§ 2 Ziff. 1), bei Schießbaumwolle (§ 2 Ziffer 3), bei Kartuschen, Petarden, Feuerwerkskörpern oder Zündungen (§ 2 Ziffer 4) 90 Kilogramm, bei sonstigen Sprengstoffen 35 Kilogramm nicht übersteigen. Auf prismatisches Geschützpulver in Kartuschen finden diese Gewichtsbestimmungen keine Anwendung. Für Versendungsstücke von geladenen Geschossen und Geschützpatronen darf das Höchstgewicht 150 Kilogramm nicht übersteigen. Für Behälter mit einem Geschoß oder mit einer Geschützpatrone kommt diese Gewichtsgrenze in Wegfall.

Die für den Eisenbahnverkehr jeweilig vorgeschriebene Verpackung genügt auch für die Versendung auf Land- und Wasserwegen.

II. Besondere Bestimmungen für den Landverkehr.

Siehe I. Band S. 305—311.

III. Besondere Bestimmungen für den Wasserverkehr.

§ 20.

Auf Dampfschiffen, welche Personen befördern, dürfen Sprengstoffe nicht transportiert, an Schießpulver oder Feuerwerkskörpern jedoch darf soviel mitgeführt werden, als zur Abgabe von Signalen notwendig ist.

Die im § 7 enthaltene Ausnahmebestimmung findet auch hier Anwendung.

Fähren, welche Fuhrwerk mit Sprengstoffen übersetzen, dürfen nicht andere Fuhrwerke oder Personen befördern.

§ 21.

Die §§ 7 bis 10, 11 Abs. 4, 12 Abs. 1, 13 Abs. 2, 14, 18 und 19 finden für den Schiffsverkehr sinngemäße Anwendung[1].

Werden zur Beförderung von Sprengstoffen eiserne oder stählerne Schiffe verwendet, welche mit dichtschließenden und feuersicher hergestellten, während des Transports unter Verschluß gehaltenen Laderäumen versehen sind, so finden von den im Abs. 1 angezogenen Vorschriften nur die §§ 8, 11 Abs. 4, 12 Abs. 1, 14, 18 und 19 sinngemäße Anwendung, und zwar die des § 14 mit der Maßgabe, daß die regelmäßig einzuhaltende Entfernung 200 Meter beträgt.

Zur Versendung auf Schiffen sind Patronen der im § 2 Ziffer 2 aufgeführten Stoffe außerdem mit einer das Eindringen von Wasser oder Feuchtigkeit verhindernden Umhüllung (z. B. mit Gummilösung verklebten Gummibeutel) zu versehen. Auf den Transport auf Fähren findet dies keine Anwendung.

Das Ein- und Ausladen darf nur an einer von der Ortspolizeibehörde dazu angewiesenen Stelle, welche mindestens 300 Meter von bewohnten Gebäuden entfernt sein muß, erfolgen. Mit Genehmigung der Landeszentral-

---

[1] Die in § 21 Abs. 1 aufgeführten Vorschriften haben folgenden Wortlaut:

§ 7.

Die Mitbeförderung unbeteiligter Personen auf Fuhrwerken, welche Sprengstoffe befördern, ist verboten.

§ 8.

Bei dem Verpacken und dem Verladen, sowie bei dem Abladen und Auspacken darf Feuer oder offenes Licht nicht gehalten, Tabak nicht geraucht werden.

Das Verladen und Abladen hat unter sorgfältiger Vermeidung von Erschütterungen zu erfolgen. Die Versendungsstücke dürfen deshalb nie gerollt oder abgeworfen werden. Das Verladen nitroglyzerinhaltiger Sprengstoffe auf Fuhrwerke und das Abladen von solchen darf nur an Rampen oder gleichwertigen Einrichtungen unter Benutzung von weichen Unterlagen stattfinden. Das Auf- und Abladen darf nur von zuverlässigen unterrichteten Personen und unter Aufsicht erfolgen.

Soll das Verladen oder Abladen ausnahmsweise nicht vor der Fabrik oder dem Lagerraum oder innerhalb dieser Räume geschehen, so ist hierzu die Genehmigung der Ortspolizeibehörde einzuholen.

§ 9.

Die Versendungsstücke müssen auf den Fuhrwerken so fest verpackt werden, daß sie gegen Scheuern, Rütteln, Stoßen, Umkanten und Herabfallen aus ihrer Lage gesichert sind, insbesondere dürfen Tonnen behörde kann auch in geringerer Entfernung von bewohnten Gebäuden eine Stelle angewiesen werden, sofern diese Gebäude durch Erdwälle oder in anderer Weise gegen die Wirkungen einer auf der Ladestelle eintretenden Explosion genügend gesichert sind.

Die Ladestelle darf während ihrer Benutzung dem Publikum nicht zugänglich sein und ist, wenn ausnahmsweise das Aus- oder Einladen bei Dunkelheit stattfindet, mit fest- und hochstehenden Laternen zu erleuchten. Die mit Sprengstoffen gefüllten Behälter dürfen nicht eher auf die Ladestelle gebracht oder zugelassen werden, bis die Verladung beginnen soll.

§ 22.

Die Sprengstoffe müssen auf dem Schiffe in einem abgeschlossenen Raume, welcher bei Dampfschiffen möglichst weit von den Kesselräumen entfernt ist, unter Deck fest verstaut werden. Bei Verladung in offenen Booten müssen letztere mit einem dichtschließenden feuersicheren Plantuche (z. B. imprägnierter Leinwand) überspannt sein.

Weder in den so benutzten, noch in den unmittelbar daranstoßenden Räumen dürfen Zündhütchen und Zündschnüre verpackt sein.

Leichtentzündliche oder selbstentzündliche Stoffe, zu welchen Steinkohlen und Koks nicht gerechnet werden, sind von der gleichzeitigen Beförderung überhaupt ausgeschlossen.

---

nicht aufrecht gestellt, müssen vielmehr gelegt und durch Holzunterlagen unter Haar- oder Strohdecken gegen jede rollende Bewegung gesichert sein.

§ 10.*

Sprengstoffe dürfen nicht mit Zündhütchen, Zündpräparaten oder sonstigen leichtentzündlichen oder selbstentzündlichen Gegenständen auf dem gleichen Fahrzeug zusammen verladen werden.

Die im § 2 Ziffer 2 und 3 aufgeführten Stoffe dürfen nicht mit Pulver, Sprengsalpeter, brennbarem Salpeter (§ 2 Ziffer 1), Kartuschen, Petarden, Feuerwerkskörpern, Zündungen (§ 2 Ziffer 4) oder mit Patronen für Feuerwaffen auf dem gleichen Fahrzeug zusammen verladen werden.

§ 11.*

1.—3. . . . .

4. Die Fuhrwerke müssen als Warnungszeichen eine von weitem erkennbare, stets ausgespannt gehaltene schwarze Flagge mit einem weißen P führen. In besonderen Fällen (z. B. bei Aufruhr, Unruhen) können die Polizeibehörden anordnen, daß die Flagge vorübergehend entfernt werden darf.

5. . . . . .

---

* In der Fassung der Verordnung vom 27. Juni 1927 (Hbg. Ges. u. V. O. Bl. 1927, S. 330).

§ 23.

Sind zu öffnende Brücken oder Schleusen zu passieren, so hat der Transportführer dem Brücken- oder Schleusenwärter Anzeige zu erstatten und vor der Durchfahrt dessen Bestimmungen abzuwarten. Der Brückenoder Schleusenwärter hat Sorge zu tragen, daß die Durchfahrt ohne unnötigen Aufenthalt und mit Vermeidung besonderer Gefahren erfolgt.

Das Anlegen darf nur an Orten geschehen, welche während des Aufenthaltes dem Publikum nicht zugänglich sind.

Die Ortspolizeibehörde ist stets vorher in Kenntnis zu setzen und hat Vorschriften über Ort und Zeit zu geben und Vorsichtsmaßregeln im einzelnen zu treffen.

IV. Bestimmungen über den Handel mit Sprengstoffen sowie über deren Aufbewahrung und Verausgabung.

Siehe Hauptteil S. 312 ff.

V. Bestimmungen über die Lagerung von Sprengstoffen.

Siehe Hauptteil S. 314 ff.

Va. Ausnahmebestimmungen.

§ 34a.

Der Senat kann von der Beachtung der Vorschriften dieser Verordnung entbinden.

---

§ 12.

1. Fuhrwerke, welche Sprengstoffe führen, dürfen niemals ohne Bewachung bleiben.

2 . . . . .

§ 13.

1. Fuhrwerke, welche Sprengstoffe führen, dürfen nur im Schritt fahren und von Fuhrwerken sowie von Reitern nur im Schritt passiert werden.

2 . . . . .

§ 14.

Bei jedem Aufenthalte von mehr als einer halben Stunde ist eine Entfernung von mindestens 300 Meter von Fabriken, Werkstätten und bewohnten Gebäuden einzuhalten.

Die Ortspolizeibehörde darf, falls eine geeignete Haltestelle in solcher Entfernung nicht zu finden ist, gestatten, daß eine Haltestelle in einer geringeren, wenn aber nicht ein anderer Schutz geboten ist, mindestens 200 Meter betragenden Entfernung von Fabriken, Werkstätten und bewohnten Gebäuden gewählt wird.

Bei einem Aufenthalte von mehr als einer halben Stunde in der Nähe von Ortschaften ist überdies der Ortspolizeibehörde tunlichst schleunig Anzeige zu erstatten; die Ortspolizeibehörde hat darauf die ihr notwendig erscheinenden Vorsichtsmaßregeln zu treffen.

§ 15—17. . . . .

§ 18.

Gerät eine Sprengstoffsendung unterwegs in einen Zustand, daß der weitere Versand bedenklich erscheint, so hat die Ortspolizeibe-

VI. Strafbestimmungen.

§ 35.

Zuwiderhandlungen gegen vorstehende Vorschriften werden nach § 367 Nr. 5 des Strafgesetzbuches bestraft, soweit nicht härtere Strafen nach dem Reichsgesetze vom 9. Juni 1884 verwirkt sind.

Schlußbestimmung.

§ 36.

Weitergehende bergpolizeiliche Vorschriften und Anordnungen über die Verwendung von Sprengstoffen beim Bergbau werden durch die vorstehenden Bestimmungen nicht berührt.

Gegeben in der Versammlung des Senats,

Hamburg, den 26. Juli 1905.

---

hörde, welcher von dem Transportführer tunlichst schleunig Anzeige zu erstatten ist, die zur gefahrlosen weiteren Behandlung der Sendung nötigen Anordnungen zu treffen, und zwar je nach den Umständen unter Zuziehung eines auf ihre Aufforderung von dem Absender zu entsendenden Sachverständigen.

Ist Gefahr im Verzuge, so erfolgt die Vernichtung der Sprengstoffe durch die Polizeibehörde auf Kosten des Absenders ohne vorherige Benachrichtigung desselben, wenn möglich, nach Angabe und unter Aufsicht eines Sachverständigen.

§ 19.*

Ausnahmen von den vorstehenden Bestimmungen über den Landverkehr sind ohne weiteres in folgenden Fällen zulässig:

1. Für die Beförderung von Sprengstoffproben bis zu einem Gewicht von 0,5 kg nach Laboratorien zum Zwecke der chemischen Untersuchung finden unter der Voraussetzung, daß die Proben durch eine zuverlässige Person befördert werden, von den Vorschriften des Abschnittes II nur die Bestimmungen des § 10 Anwendung. Die Sprengstoffprobe ist, wenn sie nicht aus unverletzten Patronen besteht, in sauberes Papier so einzuwickeln, daß bei der Beförderung keine Sprengstoffteile aus dem Päckchen herauskommen können. Dieses Päckchen oder die unverletzten Patronen sind in ein kleines dichtes Holzkästchen unter Ausfüllung der Hohlräume mit Holzwolle oder einem ähnlichen elastischen Stoffe so fest zu verpacken, daß in keiner Weise in dem Kistchen eine Bewegung des Inhalts möglich ist. Das Kistchen ist gut zu verschließen.
   Die Verpackungsvorschriften des § 6 finden keine Anwendung.
   Öffentliche Straßenverkehrsmittel dürfen für die Beförderung dieser Sprengstoffproben nach Laboratorien nicht benutzt werden.
2. Für die Beförderung von Sprengstoffproben bis zu einem Gewicht von 10 kg von Bergwerken nach amtlichen oder amtlich anerkannten Prüfstellen (Versuchsstrecken oder ähnlichen Prüfungsanstalten) zur Prüfung finden unter der Voraussetzung, daß die Sprengstoffproben von einer zuverlässigen, von der Bergwerksverwaltung ausdrücklich damit beauftragten Person befördert werden,

---

* In der Fassung der Verordnung vom 27. Juni 1927 (Hbg. Ges. u. V. O. Bl. 1927, S. 330).

die Verpackungsvorschriften im § 6 und die Beförderungsvorschriften des Abschnittes II keine Anwendung. Öffentliche Straßenverkehrsmittel dürfen auch in diesem Falle für die Beförderung nicht benutzt werden. Die Proben (Patronen) sind möglichst in ihrer Ursprungsverpackung (Paket) zu belassen. Soweit es sich um angebrochene Pakete handelt, sind die Patronen zu fest gepackten Paketen zu vereinigen. Die Pakete sind in einem widerstandsfähigen Behälter unter Ausfüllung der Zwischenräume mit Holzwolle, Papier oder einem ähnlichen elastischen Stoffe so zu verpacken, daß sie in keiner Weise in dem Behälter sich bewegen können. Der Behälter ist für den Transport sicher zu verschließen.

Sind außer den Sprengstoffproben zugleich mit diesen auch Sprengkapseln zur Prüfstelle (Versuchsstrecke) zu befördern, so darf deren Zahl nicht über 10 hinausgehen. Die Sprengkapseln sind, jede für sich, in weiches Papier einzuwickeln und sodann in eine Blech- oder Pappschachtel unter Ausfüllung aller verbleibenden Zwischenräume mit feinem Sägemehl, Papier oder ähnlichen elastischen Stoffen so fest zu verpacken, daß sie sich nicht bewegen können. Statt dessen können die Sprengkapseln auch in Holzklötzchen mit Bohrungen und Schiebedeckel verpackt werden, wenn eine Sicherung gegen Verschieben in gleich zuverlässiger Weise erfolgt. Die Schachtel oder die Holzklötzchen sind nach Aufbringen des Deckels (bei Schachteln unter Verschnürung) in einem besonderen Behälter in derselben Weise zu verpacken wie die kleineren Sprengstoffproben (Nr. 1). Das Zusammenpacken von Sprengkapseln und Sprengmitteln in denselben Behälter ist unter allen Umständen unzulässig. — Sind nur Sprengkapseln und keine Sprengmittel zwecks Prüfung nach amtlichen oder amtlich anerkannten Versuchsstrecken zu befördern, so sind sie in ihnen vorgeschriebenen Verpackungsschachteln zu belassen (bei angebrochenen Schachteln unter Ausfüllung der bei stehender, dichter Anordnung der Kapseln verbleibenden Hohlräume mit feinem Sägemehl oder weichem Papier und nach Wiederaufsetzen und Verschnüren des Schachteldeckels) und in einem widerstandsfähigen Behälter sicher zu verpacken.

Die Behälter mit Sprengstoffen und Sprengkapseln müssen während der Fahrt beständig unter Aufsicht der Begleitpersonen bleiben.

Wird für die Beförderung ein Kraftwagen (Personen- oder Lastkraftwagen) benutzt, so darf die Fahrtgeschwindigkeit nicht größer als 30 km in der Stunde sein.

3. Für andere als die in den Nr. 1 und 2 erwähnten Beförderungen von Sprengstoffen in Mengen von nicht mehr als 35 kg Rohgewicht finden von den Vorschriften des Abschnitts II nur die §§ 7 bis 10 Anwendung.

4. Für die Beförderung von Sprengstoffen in dringenden Fällen allgemeiner Gefahr, z. B. bei Eisstopfungen, finden, wenn zuverlässige Begleitung vorhanden ist, Ausnahmen von den Bestimmungen in Nr. 1 ebenso wie von den Bestimmungen in § 8 Abs. 2 dritter Satz und Abs. 3, § 10, § 11 Abs. 1 bis 3, § 13 Abs. 1, § 14, § 15 und § 16 statt. Wenn nur ein einziges Fuhrwerk verfügbar gemacht werden kann, wenn also Sprengstoffe und Sprengkapseln auf demselben Fahrzeug untergebracht werden müssen, so sind die vorschriftsmäßig gepackten vollen Schachteln mit Sprengkapseln (oder angebrochene Schachteln nach sorgfältiger Ausfüllung des bei stehender dichter Anordnung der Sprengkapseln in den Schachteln verbleibenden Hohlraumes mit feinem Sägemehl, Papier oder einem ähnlichen elastischen Stoffe so fest zu verpacken, daß die Schachteln in dem Kästchen in keiner Weise sich bewegen können. Das Kästchen ist fest zu verschließen (aber nicht mit Nägeln, sondern mit Schrauben oder durch sicheres Umschnüren) und während des Transportes an einem um den Hals oder die Schultern zu legenden Riemen oder Gurt zu tragen.

bc) Bekanntmachung betreffend Vorschriften für Schiffe mit Ladung von explosiven Stoffen auf der Elbe vom 28. März 1894.

Nachdem durch Erlaß des Senats vom heutigen Tage die Verordnung, betreffend den Verkehr mit explosiven Stoffen, vom 4. Juli 1883 im Übrigen außer Kraft gesetzt ist, so werden die in Geltung bleibenden in § 29 bis § 33 derselben enthaltenen Bestimmungen, wie solche durch die Bekanntmachungen vom 30. Dezember 1885, 29. Mai 1889 und 2. April 1890 abgeändert sind, hierdurch von Neuem zur öffentlichen Kunde gebracht:

§ 1.

Für die aus See kommenden, nach dem hiesigen Hafen bestimmten, mit Schießpulver, Sprengpulver, Dynamit oder anderen explosiven Stoffen beladenen Seeschiffe gelten die folgenden Bestimmungen:

Beträgt die an Bord befindliche Menge explosiver Stoffe mehr als 400 kg, so hat das Schiff auf der Unterelbe dem Kahlen Sande gegenüber, an der Ostseite des dortigen Fahrwassers zu ankern und muß, falls dieselbe nicht hierher bestimmt ist, dort umgeladen werden; falls dagegen die explosiven Stoffe hier eingebracht werden sollen, so sind sie von dort bei dem Wachtschiffe am Jonas anzumelden und ist von dessen Kommandeur der Erlaubnisschein zum Einbringen einzuholen. Es sind sodann dessen Verfügungen wegen des Heraufkommens des Schiffes und der Löschung genau zu befolgen.

Übersteigt die Menge der explosiven Stoffe, welche sich an Bord befindet, nicht 400 kg, so darf zwar das Schiff heraufkommen, indes ist dieselbe, auch wenn sie nur zum eigenen Gebrauch bestimmt ist, sofort bei dem Kommandeur des Wachtschiffes am Jonas anzugeben und es sind dessen weitere Verfügungen genau zu befolgen.

Hat das Schiff einen Lotsen angenommen, so ist dieser verpflichtet, den Kapitän zu befragen, ob er explosive Stoffe an Bord habe, und in solchem Falle auf die genaue Befolgung der vorstehenden Bestimmungen zu achten.

§ 2.

Schiffe, welche von hier in See gehen, haben explosive Stoffe nur an der im § 1 bezeichneten Stelle dem Kahlen Sande gegenüber, nicht aber unterwegs, wenn auch in Fahrt, einzuladen.[1]

---

[1] Vgl. hierzu Bek. betreffend Überladung von explosiven Stoffen im Hafen vom 4. Mai 1896 (unten S. 190 ff.)

§ 3.

Die von der Süderelbe mit Ladung von explosiven Stoffen durch den Köhlbrand kommenden, nicht nach Hamburg bestimmten Fahrzeuge haben mit Hilfe von Bugsierdampfschiffen die Fahrt durch den Köhlbrand ununterbrochen elbabwärts fortzusetzen, und dürfen alsdann erst an der im § 1 bezeichneten Stelle am Kahlen Sande gegenüber ankern, um dort ihre Ladung in die daselbst zu Anker gehenden, nach See bestimmten Schiffe überzuladen.

Sobald ein solches von der Süderelbe durch den Köhlbrand kommendes Fahrzeug die durch Plakatpfähle bezeichnete Stelle an der kleinen Kattwick, der Moorburger Weide gegenüber, erreicht hat, muß es den für die weitere Fahrt bestimmten Bugsierdampfer dort erwarten.

Wenn in einem einzelnen Falle mit Hilfe von Bugsierdampfern nicht zu beseitigende Wind-, Wetter- oder Stromverhältnisse oder die Verzögerung des Abgangs des Seeschiffes, welches die Ladung aufnehmen soll, dazu nötigen, die Fahrt durch den Köhlbrand zu unterbrechen, so müssen die Führer der mit explosiven Stoffen beladenen Fahrzeuge im Köhlbrande, und zwar an der oben erwähnten, durch Plakatpfähle bezeichneten Stelle an der kleinen Kattwick, der Moorburger Weide gegenüber, unter Aufziehung einer schwarzen Flagge zwischen den ausgelegten Bojen zu Anker gehen, ihre Fahrzeuge vertauen und sich sofort bei dem Kommandeur des Wachtschiffes am Jonas melden.

Eine Umladung der explosiven Stoffe in andere Fahrzeuge, welche dieselben elbabwärts zu bringen bestimmt sind, ist an dem Ankerplatz an der kleinen Kattwick. der Moorburger Weide gegenüber, nicht gestattet, muß vielmehr erforderlichen Falles an der in der Süderelbe belegenen, durch Plakatpfahl als Umladeplatz bezeichneten Stelle im Gemeindebezirk Altenwärder vor dem Finkenwärder Sande und zwar vorschriftsmäßig bei Tage erfolgen.

An Bord solcher Fahrzeuge darf weder geraucht, noch Feuer angemacht, noch offenes Licht gebrannt werden.

§ 4.

Fahrzeuge, welche explosive Stoffe vom Oberlande hierher bringen, müssen ebenfalls den Weg durch die Süderelbe nehmen, und an der obenerwähnten, durch Plakatpfähle bezeichneten Stelle an der kleinen Kattwick, der Moorburger Weide gegenüber, unter Aufziehung einer schwarzen Flagge zu Anker gehen. Die Führer derselben haben sich sodann sofort bei dem Kommandeur des Wachtschiffes am Jonas zu melden und dessen Weisungen zu befolgen.

Auch an Bord dieser Fahrzeuge darf weder geraucht, noch Feuer angemacht, noch offenes Licht gebrannt werden.

Explosive Stoffe dürfen nur bei St. Pauli gelöscht werden. Der Transport von dem Köhlbrand nach St. Pauli hat mittels bedeckter Schuten zu geschehen.

Das Gleiche gilt in umgekehrter Richtung, wenn von hier aus explosive Stoffe in nach dem Oberlande bestimmte, an der in § 3 bezeichneten Stelle im Köhlbrand ankernde Fahrzeuge geschafft werden sollen.

§ 5.

Betreffs der Umladung und Einladung von explosiven Stoffen im Zollgebiet sind die Vorschriften in den §§ 8 und 9 des mit der Bekanntmachung des Senats vom 25. Juli 1888 veröffentlichten Zollregulativs für die Unterelbe (G.-S. 1888, III. Abtlg. S. 269) zu beobachten.

Gegeben in der Versammlung des Senats, Hamburg, den 28. März 1894.

bd. Bekanntmachung betreffend Überladung von explosiven Stoffen im Hafen vom 4. Mai 1896.

In Ergänzung des § 2 der Bekanntmachung, betreffend Vorschriften für Schiffe mit Ladung von explosiven Stoffen auf der Elbe, vom 28. März 1894 (G.-S. 1894 S. I 53) wird unter Aufhebung der Bekanntmachung vom 6. Mai 1895 (G.-S. 1895 S. I. 50) hierdurch verordnet, was folgt:

Die auf Grund der Verkehrsordnung für die Eisenbahnen Deutschlands zur Beförderung nach Hamburg zugelassenen, mit der Eisenbahn zur Ausfuhr über See hier eintreffenden explosiven Stoffe dürfen unter den nachfolgenden Bedingungen auch im Hafen in Seeschiffe übergeladen werden:

1. Jeder Transport vom Bahnhof nach dem Seeschiffe ist vorher rechtzeitig der Polizei-Behörde anzumelden und darf nur unter polizeilicher Bewachung ausgeführt werden. Die für den Eisenbahntransport vorgeschriebenen Bescheinigungen hinsichtlich der Herstellung und Verpackung der explosiven Stoffe, sowie der Angabe des Inhalts und sonstiger Bezeichnungen auf den Behältern sind der Polizei-Behörde auf Verlangen vorzulegen.
2. Zur Ausführung des Transportes sind, soweit nicht Ausnahmen von der Polizeibehörde gestattet werden, nur gedeckte Hafenfahrzeuge (Kastenschuten) zu verwenden.

3. Die zum Transporte dienenden Hafenfahrzeuge dürfen nur an den von der Polizei-Behörde anzuweisenden Liegeplätzen angelegt werden.
4. In den Hafenfahrzeugen dürfen die Behälter mit explosiven Stoffen nur neben einander gelegt werden. Dieselben müssen so fest verstaut werden, daß sie gegen Scheuern, Rütteln, Stoßen und Umkanten gesichert sind.
5. Das Überladen in das Seeschiff darf erst unmittelbar vor der Abreise des letzteren stattfinden.
6. Beim Beladen der Hafenfahrzeuge und Überladen in die Seeschiffe ist jede Erschütterung der Behälter sorgfältig zu vermeiden.
7. Außerdem sind auf dem Transporte und beim Überladen alle sonstigen, in der Bekanntmachung, betreffend den Verkehr mit Sprengstoffen, vom 28. März 1894 (G.-S. 1894 S. I. 35) angeordneten Vorsichtsmaßregeln und die von der Polizei-Behörde und den überwachenden Beamten auf Grund dieser Bekanntmachung für den Einzelfall zu treffenden besonderen Bestimmungen genau zu befolgen.

Gegeben in der Versammlung des Senats, Hamburg, den 4. Mai 1896.

3. Nicht zu den Sprengstoffen gehörende feuergefährliche Gegenstände und Flüssigkeiten.

a) Vorbemerkung.

Auf folgende im ersten Band zum Abdruck gelangten Reichs- und Landesvorschriften ist zu verweisen:

Reichsrecht.

Verordnung über das gewerbsmäßige Verkaufen und Feilhalten von Petroleum. Vom 24. Februar 1882 . . . Band I S. 324

Hamburgisches Landesrecht.

1. Verordnung über den Verkehr mit brennbaren Flüssigkeiten. Vom 22. Dezember 1930 (Hamb. Ges. u. VO. Bl. S. 533 ff.) *Die im I Band S. 325 ff. abgedruckte Bekanntmachung vom 20. Dezember 1882 ist durch diese VO. ersetzt.

---

* Für die Kaianlagen ist der Verkehr mit brennbaren Flüssigkeiten geregelt durch die Verordnung über den Verkehr mit gefährlichen Gütern am Kai vom 20. August 1930 (s. u. S. 242 ff.).

2. Verordnung über den Verkehr mit feuchter Nitrozellulose. Vom 21. September 1927 (HGVOBl. Seite 429) . Band I S. 330
3. Bekanntmachung über die Beförderung von leichten Kohlenwasserstoffen (Benzin, Benzol usw.) mittels Tankwagen auf öffentlicher Straße. Vom 11. Mai 1920 . . . . Band I S. 330
4. Verordnung über das Umfüllen von feuergefährlichen Flüssigkeiten auf öffentlichen Straßen, Wegen, Plätzen und Wasserstraßen. Vom 16. Mai 1927 Band I S. 331
5. Verordnung über die Herstellung, Aufbewahrung und Verwendung von Azetylen sowie über die Lagerung von Kalziumkarbid (Azetylenverordnung). Vom 5. Dezember 1923 . . . . Band I S. 332 ff.
6. Verordnung über den Verkehr mit verflüssigten und verdichteten Gasen. Vom 25. Juli 1923 (HGVOBl. S. 713) . . Band I S. 356

b. Reichsrecht.

ba. Strom- und Schiffahrtpolizeiverordnung über die Beförderung von feuergefährlichen, nicht zu den Sprengstoffen gehörenden Gegenständen sowie von ätzenden Stoffen auf der Elbe. Vom 4. Dezember 1929.

In Ausführung des Artikels 37 der Anlage zum Reichsgesetze, betreffend die Elbschiffahrtsakte, vom 22. März 1923 (Reichsgesetzbl. II S. 183 ff.) wird auf Grund des § 11 des Staatsvertrags, betreffend den Übergang der Wasserstraßen von den Ländern auf das Reich, Anlage zum Reichsgesetze vom 29. Juli 1921 (Reichsgesetzbl. S. 961 ff.) sowie des Artikel III der Verordnung über Vermögensstrafen und Bußen vom 6. Februar 1924 (Reichsgesetzbl. I S. 44 ff.) verordnet:

Die anliegende von der Internationalen Elbekommission unter dem 22. Juli 1929 (Sitzungsniederschrift Nr. 8 der 18. Tagung 1929) festgestellte Polizeiverordnung über die Beförderung von feuergefährlichen, nicht zu den Sprengstoffen gehörenden Gegenständen sowie von ätzenden Stoffen wird mit Wirkung vom 1. Februar 1930 für die Elbe oberhalb Hamburg-Harburg (obere Grenze des Hamburger Hafens — bei der Mündung der Doveelbe — und die Harburger Eisenbahnbrücke) in Kraft gesetzt.[1]

Übertretungen werden mit Geldstrafe bis zu 150 Reichsmark oder mit Haft bis zu 14 Tagen bestraft.

Berlin, den 4. Dezember 1929.

Der Reichsverkehrsminister
Dr. Stegerwald.

Polizeiverordnung über die Beförderung von feuergefährlichen, nicht zu den Sprengstoffen gehörenden Gegenständen sowie von ätzenden Stoffen auf der Elbe.

§ 1.

Als feuergefährlich im Sinne dieser Verordnung gelten folgende Gegenstände:

a) Rohpetroleum und dessen Destillationsprodukte Petroleumäther, Gasolin, Neolin, Benzin, Ligroin, Naphtha, Petroleumessenz, gereinigtes Petroleum, Putzöl usw.);
b) die aus Teer oder Teerölen (Steinkohlen- und Braunkohlenteer) bereiteten flüchtigen Stoffe;
c) Schwefeläther (Äthyläther), Kollodium und Schwefelkohlenstoff (Schwefelalkohol);
d) rote rauchende Salpetersäure;
e) weißer und gelber sowie roter (amorpher) Phosphor;
f) Buchersche Feuerlöschdosen.

Als ätzende Stoffe im Sinne dieser Verordnung gelten flüssige Mineralsäuren (Schwefelsäure, Salpetersäure und Salzsäure) sowie Ätzlaugen (Natronlauge, Sodalauge, Kalilauge, Pottaschenlauge).

A. Feuergefährliche Gegenstände.

§ 2.

1. Petroleum, rohes und gereinigtes, sofern es bei 17,5 Grad Celsius ein spezifisches Gewicht von mindestens 0,780 hat, oder bei einem Barometerstande von 760 Millimeter, auf die Meereshöhe reduziert, im Abelschen Apparat nicht unter 21 Grad Celsius entzündliche Dämpfe gibt (Testpetroleum),
2. die aus Braunkohlenteer bereiteten Öle, sofern dieselben mindestens das vorgenannte spezifische Gewicht haben (Solaröl, Photogen usw.),

[1] Obwohl die VO. für den Hafen von Hamburg keine Geltung hat, gelangt sie aus praktischen Gründen zum Abdruck.

3. ferner Steinkohlenteeröle, die ein geringeres spezifisches Gewicht als 1,0 haben (Benzol, Toluol, Xylol, Cumol usw.), sowie Mirbanöl (Nitrobenzol)

dürfen auf der Elbe, sofern nicht besonders dazu konstruierte Tankfahrzeuge zur Verwendung kommen, nur befördert werden:

entweder

a) in besonders guten dauerhaften Fässern

oder

b) in dichten und widerstandsfähigen Metallgefäßen

oder

c) in Gefäßen aus Glas oder Steinzeug, in diesem Falle jedoch unter Beachtung folgender Vorschriften:

aa) werden mehrere Gefäße in einem Frachtstück vereinigt, so müssen dieselben in starke Holzkisten mit Stroh, Heu, Kleie, Sägemehl, Infusorienerde oder anderen lockeren Stoffen fest verpackt sein;

bb) bei Einzelverpackung ist die Versendung der Gefäße in soliden, mit einer gut befestigten Schutzdecke sowie mit Handhaben versehenen und mit hinreichendem Verpackungsmaterial eingefütterten Körben oder Kübeln zulässig; die Schutzdecke muß, falls sie aus Stroh, Rohr, Schilf oder ähnlichem Material besteht, mit Lehm- oder Kalkmilch oder einem gleichartigen Stoffe unter Zusatz von Wasserglas getränkt sein. Das Bruttogewicht des einzelnen Kollo darf bei Verwendung von Glasgefäßen 60 Kilogramm und bei Verwendung von Gefäßen aus Steinzeug 75 Kilogramm nicht übersteigen.

Wegen der Zusammenpackung mit anderen Gegenständen vergleiche § 11.

§ 3.

Petroleum, rohes und gereinigtes, Petroleumnaphtha und Destillate aus Petroleum und Petroleumnaphtha, sofern diese Stoffe bei 17,5 Grad Celsius ein spezifisches Gewicht von weniger als 0,780 und mehr als 0,680 haben (Benzin, Ligroin und Putzöl), dürfen auf der Elbe, sofern nicht besonders dazu konstruierte Kastenschiffe zur Verwendung kommen, nur befördert werden:

entweder

a) in besonders guten dauerhaften Fässern

oder

b) in dichten widerstandsfähigen Metallgefäßen

oder

c) in Gefäßen aus Glas oder Steinzeug, in diesem Falle jedoch unter Beachtung folgender Vorschriften:

aa) werden mehrere Gefäße in einem Frachtstück vereinigt, so müssen dieselben in starke Holzkisten mit Stroh, Heu, Kleie, Sägemehl, Infusorienerde oder anderen lockeren Stoffen fest verpackt sein;

bb) bei Einzelverpackung ist die Versendung der Gefäße in soliden, mit einer gut befestigten Schutzdecke sowie mit Handhaben versehenen und mit hinreichendem Verpackungsmaterial eingefütterten Körben oder Kübeln zulässig; die Schutzdecke muß, falls sie aus Stroh, Rohr, Schilf oder ähnlichem Material besteht, mit Lehm- oder Kalkmilch oder einem gleichartigen Stoffe unter Zusatz von Wasserglas getränkt sein. Das Bruttogewicht des einzelnen Kollo darf 40 Kilogramm nicht übersteigen.

Wegen der Zusammenpackung mit anderen Gegenständen vergleiche § 11.

Jedes einzelne Kollo ist mit einer deutlichen, auf rotem Grunde gedruckten Aufschrift „Feuergefährlich" zu versehen. Körbe und Kübel mit Gefäßen aus Glas oder Steinzeug haben außerdem noch die Aufschrift: „Mit der Hand zu tragen" zu erhalten.

§ 4.

Petroleumäther (Gasolin, Neolin usw.) und ähnliche aus Petroleumnaphtha oder Braunkohlenteer bereitete, leicht entzündliche Produkte, sofern diese Stoffe bei 17,5 Grad Celsius ein spezifisches Gewicht von 0,680 oder weniger haben, dürfen auf der Elbe nur befördert werden:

entweder:

a) in dichten und widerstandsfähigen Metallgefäßen

oder

b) in Gefäßen aus Glas oder Steinzeug; in diesem Falle jedoch unter Beachtung folgender Vorschriften:

aa) werden mehrere Gefäße in einem Frachtstück vereinigt, so müssen dieselben in starke Holzkisten mit Stroh, Heu, Kleie, Sägemehl, Infusorienerde oder anderen lockeren Substanzen fest verpackt sein;

bb) bei Einzelverpackung ist die Versendung der Gefäße in soliden, mit einer gut befestigten Schutzdecke sowie mit Handhaben versehenen und mit hinreichendem Verpackungsmaterial eingefütterten Körben oder Kübeln zulässig; die Schutzdecke muß, falls sie aus Stroh, Rohr, Schilf oder ähnlichem Material besteht, mit Lehm- oder Kalkmilch oder einem gleichartigen Stoffe unter Zusatz von Wasserglas getränkt sein. Das Bruttogewicht des einzelnen Kollo darf 40 Kilogramm nicht übersteigen.

Wegen der Zusammenpackung mit anderen Gegenständen vergleiche § 11.

Jedes einzelne Kollo ist mit einer deutlichen, auf rotem Grunde gedruckten Aufschrift „Feuergefährlich" zu versehen. Körbe und Kübel mit Gefäßen aus Glas oder Steinzeug haben außerdem noch die Aufschrift: „Mit der Hand zu tragen" zu erhalten.

§ 5.

Schwefeläther (Äthyläther) darf auf der Elbe nur befördert werden:

entweder

1. in dichten Gefäßen aus starkem, gehörig vernietetem oder geschweißtem Eisenblech mit höchstens 500 Kilogramm Inhalt

oder

2. in vollkommen dicht verschlossenen Gefäßen aus Metall oder Glas von höchstens 60 Kilogramm Bruttogewicht, deren Verpackung nachstehenden Vorschriften entspricht:
   a) werden mehrere Gefäße in einem Frachtstück vereinigt, so müssen sie in starke Holzkisten mit Stroh, Heu, Kleie, Sägemehl, Infusorienerde oder anderen lockeren Substanzen fest verpackt sein;
   b) bei Einzelverpackung ist die Versendung der Gefäße in soliden, mit einer gut befestigten Schutzdecke sowie mit Handhaben versehenen und mit hinreichendem Verpackungsmaterial eingefütterten Körben oder Kübeln zulässig; die Schutzdecke muß, falls sie aus Stroh, Rohr, Schilf oder ähnlichem Material besteht, mit Lehm- oder Kalkmilch oder ähnlichem Stoffe unter Zusatz von Wasserglas getränkt sein.

Wegen der Zusammenpackung mit anderen Gegenständen vergleiche § 11.

§ 6.

Kollodium darf nur in vollkommen dicht verschlossenen Gefäßen aus Metall oder Glas versendet werden, deren Verpackung nachstehende Beschaffenheit haben muß:

1. werden mehrere Gefäße mit diesen Präparaten in einem Frachtstück vereinigt, so müssen dieselben in starke Holzkisten mit Stroh, Heu, Kleie, Sägemehl, Infusorienerde oder anderen lockeren Substanzen fest verpackt sein;
2. bei Einzelverpackung ist die Versendung der Gefäße in soliden, mit einer gut befestigten Schutzdecke sowie mit Handhaben versehenen und mit hinreichendem Verpackungsmaterial eingefütterten Körben oder Kübeln zulässig; die Schutzdecke muß, falls sie aus Stroh, Rohr, Schilf oder ähnlichem Material besteht, mit Lehm- oder Kalkmilch oder einem gleichartigen Stoffe unter Zusatz von Wasserglas getränkt sein. Das Bruttogewicht des einzelnen Kollo darf 60 Kilogramm nicht übersteigen.

Wegen der Zusammenpackung mit anderen Gegenständen vergleiche § 11.

§ 7.

Schwefelkohlenstoff (Schwefelalkohol) darf nur befördert werden

entweder

1. in dichten Gefäßen aus starkem, gehörig vernietetem Eisenblech bis zu 500 Kilogramm Inhalt

oder

2. in Blechgefäßen von höchstens 75 Kilogramm brutto, welche oben und unten durch eiserne Bänder verstärkt sind. Derartige Gefäße müssen entweder von geflochtenen Körben oder Kübeln umschlossen oder in Kisten mit Stroh, Heu, Kleie, Sägemehl Infusorienerde oder anderen lockeren Stoffen verpackt sein

oder

3. in Glasgefäßen, die in starke Holzkisten mit Stroh, Heu, Kleie, Sägemehl, Infusorienerde oder anderen lockeren Stoffen eingefuttert sind.

Wegen der Zusammenpackung mit anderen Gegenständen vergleiche § 11.

§ 8.

Die Beförderung der roten rauchenden Salpetersäure unterliegt folgenden Vorschriften:

Falls dieselbe in Ballons, Flaschen oder Kruken verschickt wird, so müssen die Behälter dicht verschlossen, wohl verpackt und in besondere, mit starken Vorrichtungen zum bequemen Handhaben versehene Gefäße oder geflochtene Körbe eingeschlossen sein. Die Ballons und Flaschen müssen in den Gefäßen mit einem mindestens ihrem Inhalt gleichkommenden Volumen getrockneter Infusorienerde oder anderer geeigneter, trockenerdiger Substanzen umgeben sein.

Falls dieselbe in Metallbehältern versendet wird, so müssen die Behälter vollkommen dicht und mit guten Verschlüssen versehen sein.

Wegen der Zusammenpackung mit anderen Gegenständen vergleiche § 11.

§ 9.

Weißer und gelber Phosphor muß mit Wasser umgeben in Blechbüchsen, welche höchstens 30 Kilogramm fassen und verlötet sind, in starke Kisten fest verpackt sein. Die Kisten müssen außerdem zwei starke Handhaben besitzen, dürfen nicht mehr als 100 Kilogramm wiegen und müssen äußerlich als „gewöhnlichen gelben (weißen) Phosphor enthaltend“ und mit „oben“ bezeichnet sein.

Roter (amorpher) Phosphor ist in gut verlötete Blechbüchsen, welche in starke Kisten mit Sägespänen eingesetzt sind, zu verpacken.

Diese Kisten dürfen nicht mehr als 90 Kilogramm wiegen und müssen äußerlich als „roten Phosphor enthaltend“ bezeichnet sein.

Wegen der Zusammenpackung mit anderen Gegenständen vergleiche § 11.

§ 10.

Buchersche Feuerlöschdosen dürfen nur in blechernen Hülsen befördert werden. Die Hülsen müssen in Kisten eingestellt werden, welche höchstens 10 Kilogramm fassen und inwendig mit Papier verklebt sind. Diese Kisten müssen sodann in größere, gleichfalls mit Papier ausgeklebte Kisten verpackt werden.

Wegen der Zusammenpackung mit anderen Gegenständen vergleiche § 11.

§ 11.

Falls die in den §§ 2 bis 6 aufgeführten Chemikalien in Mengen von nicht mehr als 10 Kilogramm zum Versand kommen, ist es gestattet, sie sowohl miteinander als mit anderen, weder zu den Sprengstoffen, noch zu den ätzenden Stoffen (§ 1), noch auch zu den in §§ 7 bis 10 genannten feuergefährlichen Stoffen gehörigen Gegenständen in ein Frachtstück zu vereinigen. Sie müssen dabei in dicht verschlossenen Behältern der in den §§ 2 bis 6 genannten Art mit Stroh, Heu, Kleie, Sägemehl, Insuforienerde oder anderen lockeren Substanzen in starke Kisten fest eingebettet sein.

Die rote rauchende Salpetersäure darf in der gleichen Menge und in der gleichen Weise nur mit gleichen Mengen anderer Mineralsäuren und mit anderen, weder zu den Sprengstoffen, noch zu den Ätzalkalien, noch zu den feuergefährlichen Stoffen gehörigen Gegenständen in ein Frachtstück vereinigt werden.

Schwefelkohlenstoff (§ 7) im Gewichte von höchstens 2 Kilogramm darf mit anderen, weder zu den Sprengstoffen noch zu den ätzenden und feuergefährlichen Stoffen gehörigen Gegenständen zu einem Frachtstück vereinigt werden, wenn der Schwefelkohlenstoff sich in dicht verschlossene Blechflaschen befindet und mit dem übrigen Inhalt des Frachtstücks in eine starke Kiste mit Stroh, Heu, Kleie, Sägemehl oder anderen lockeren Substanzen fest eingebettet ist.

Die Vereinigung von Phosphor und Bucherschen Feuerlöschdosen mit anderen Gegenständen zu einem Frachtstück ist auch in kleinen Mengen nicht statthaft.

§ 12.

Die in den §§ 2 bis 11 genannten Behälter (Gefäße aus Metall, Fässer, Kisten, Kübel und Körbe) müssen auf den Schiffen so verstaut sein, daß sie weder aneinanderstoßen noch herabfallen können.

§ 13.

Feuergefährliche Gegenstände dürfen auf Dampfschiffen sowie auf Fahrzeugen, die mit Motoren angetrieben werden, nur auf dem Verdeck verladen werden; wenn das Schiff zur Personenbeförderung dient, ist der Teil des Verdecks, auf welchem die Lagerung der feuergefährlichen Gegenstände erfolgt, für die Fahrgäste abzusperren. Wird für die Verbrennungsmotoren, durch welche das Fahrzeug angetrieben wird, ein Betriebsstoff verwendet, der einen Flammpunkt von weniger als 55 Grad Celsius hat, so dürfen feuergefährliche Gegenstände nur dann verladen werden. wenn sie von den Motoren, den Tanks und den Brennstoffleitungen ferngehalten werden und wenn der Betriebsstoff in verschließbaren Tanks mitgeführt wird.

Auf Flöße dürfen feuergefährliche Gegenstände nicht verladen werden.

§ 14.

Schiffsräume, in welchen feuergefährliche Gegenstände untergebracht sind, dürfen nur mit Sicherheitslampen betreten, und es darf in ihnen nicht geraucht werden. Liegen solche Räume unter Deck, so müssen sie in wirksamer Weise gelüftet werden.

Offenes Feuer darf auf Fahrzeugen, welche feuergefährliche Gegenstände geladen haben, nicht brennen.

Auf Deck verladene feuergefährliche Gegenstände sind mit dichtschließenden Plantüchern bedeckt zu halten.

§ 15.

Fahrzeuge, welche feuergefährliche Stoffe geladen haben, sollen bei Tag eine blaue Flagge mit einem großen weißen F (lateinische Druckschrift), bei Nacht eine blaue Laterne führen; dieselben müssen mindestens 4 Meter über Bord am Maste oder an einer Stange befestigt sein.

Solche Fahrzeuge dürfen nur in einer Entfernung von mindestens 150 Meter von anderen Fahrzeugen oder von bewohnten Gebäuden anlegen, sofern nicht von der Hafenbehörde und außerhalb der Häfen von der zuständigen Polizeibehörde das Anlegen in einer größeren Entfernung vorgeschrieben oder in einer kleineren Entfernung gestattet wird.

Diese Bestimmungen finden keine Anwendung auf Fahrzeuge, welche nur kleine Mengen (bis zu 10 Kilo beziehungsweise bei Schwefelkohlenstoff bis zu 2 Kilo, vergleiche § 11) der einzelnen feuergefährlichen Stoffe, sei es in vorschriftsmäßiger Einzelpackung, sei es in vorschriftsmäßiger Zusammenpackung mit anderen Gegenständen (§ 11) mit sich führen, unter der Voraussetzung, daß das Gesamtgewicht der so mitgeführten kleinen Mengen feuergefährlicher Stoffe 40 Kilo nicht erreicht. Die Hafenbehörde ist befugt, für den Verkehr im Hafen weitere Ausnahmen zuzulassen.

§ 16.

Sobald ein mit feuergefährlichen Gegenständen beladenes Fahrzeug seinen Bestimmungsort erreicht hat, muß der Führer die geladenen feuergefährlichen Gegenstände ihrer Menge und Art nach der zuständigen Polizei- oder Hafenbehörde unverzüglich angeben und sein Fahrzeug sogleich auf die angewiesene Liegestelle legen.

Die Hafenbehörde ist befugt, Ausnahmen von diesen Vorschriften zuzulassen.

§ 17.

Soll ein Fahrzeug feuergefährliche Gegenstände laden oder solche löschen, so hat der Führer davon der zuständigen Polizei- oder Hafenbehörde vorher Anzeige zu machen. Diese Behörde bezeichnet die Liegestelle, wo das Laden oder Löschen vorzunehmen und die Frist, binnen welcher es zu beginnen und zu beenden ist. Die

Liegestelle soll von bewohnten Gebäuden möglichst entfernt sein. Ohne geschäftliche Veranlassung ist der Zutritt zur Liegestelle nicht gestattet.

Beim Laden und Löschen darf nicht geraucht, auf dem Fahrzeug und in der Nähe des Liegeplatzes auch weder Feuer gemacht noch offenes Licht gebraucht werden.

Bei Dunkelheit ist das Laden und Löschen nur mit besonderer Erlaubnis und nur unter Beleuchtung mit feststehenden Laternen, die mindestens zwei Meter über dem Arbeitsboden angebracht sind, gestattet.

Beim Laden und Löschen dürfen die Körbe und Kübel mit Gefäßen aus Glas oder Steinzeug, welche feuergefährliche Gegenstände enthalten, nicht auf Karren gefahren noch auf der Schulter oder auf dem Rücken, sondern nur an den an den genannten Behältern angebrachten Handhaben getragen werden.

Die Hafenbehörde ist befugt, Ausnahmen von diesen Vorschriften zuzulassen.

§ 18.

Der Ablader hat dem Führer des Fahrzeugs und dieser außer der zuständigen Polizei- und Hafenbehörde (vgl. §§ 16 und 17) auch allen, welche beim Laden oder Löschen der feuergefährlichen Gegenstände beschäftigt werden, von deren Feuergefährlichkeit Mitteilung zu machen, und zwar auch dann, wenn die Feuergefährlichkeit schon aus der Art der Verpackung und ihrer Bezeichnung zu entnehmen sein sollte. Die gleiche Anzeige hat zu machen:

a) wer die Güter dem Ablader behufs der Verladung übersendet, dem Ablader,

b) wer die Güter einem anderen als dem Ablader zur Weiterbeförderung behufs der Verladung übersendet, seinem unmittelbaren Nachmann.

Die Vorschriften dieses Paragraphen finden bei Versendung von gereinigtem Petroleum keine Anwendung.

B. Ätzende Stoffe.

§ 19.

Flüssige Mineralsäuren (Schwefelsäure, Salzsäure, Salpetersäure) — mit Ausnahme von roter rauchender Salpetersäure (wegen dieser vgl. § 8) — sowie Ätzlaugen (§ 1 Abs. 2) uterliegen nachstehenden Vorschriften:

1. falls diese Produkte in Ballons, Flaschen oder Kruken verschickt werden, so müssen die Behälter dicht verschlossen, wohl verpackt und in besondere, mit starken Vorrichtungen zum bequemen Handhaben versehene Gefäße oder geflochtene Körbe eingeschlossen sein;
2. falls dieselben in Metall-, Holz- oder Gummibehältern versendet werden, so müssen die Behälter vollkommen dicht und mit guten Verschlüssen versehen sein.

§ 20.

Salpetersäure und Schwefelsäure sind möglichst weit, mindestens 10 Meter in horizontaler Richtung voneinander entfernt, in getrennten Räumen zu verstauen; beide Säuren dürfen nicht unmittelbar neben leicht brennbaren Stoffen gelagert werden.

Die Säurebehälter müssen auf den Schiffen so verstaut sein, daß sie weder aneinanderstoßen noch herabfallen können.

Gemische von Schwefelsäure und Salpetersäure dürfen nur in luftdicht geschlossenen schmiedeeisernen Gefäßen und nur dann befördert werden, wenn

1. in den Gemischen
   a) bei einem Gehalte von 80 vom Hundert und darüber Schwefelsäure-Monohydrat mindestens auch 1 vom Hundert Salpetersäure-Monohydrat,
   b) bei einem Gehalte von 67 vom Hundert und darüber Schwefelsäure-Monohydrat mindestens auch 5 vom Hundert Salpetersäure-Monohydrat und
   c) bei einem Gehalte von 62,5 vom Hundert und darüber Schwefelsäure-Monohydrat mindestens auch 30 vom Hundert Salpetersäure-Monohydrat

enthalten sind;

2. kein Nitroglyzerin oder Glyzerin vorhanden ist.

Falls Schwefelsäure, Salpetersäure oder Salzsäure in Mengen von nicht mehr als 10 Kilogramm zum Versand kommen, ist es gestattet, sie sowohl miteinander als mit anderen, weder zu den Sprengstoffen, noch zu den Ätzalkalien, noch auch zu den feuergefährlichen Stoffen gehörigen Gegenständen in ein Frachtstück zu vereinigen. Sie müssen dabei in dicht verschlossenen Behältern mit Stroh, Heu, Kleie, Sägemehl oder Infusorienerde oder anderen lockeren Massen fest eingebettet sein.

§ 21.

Beim Laden und Löschen von Säurebehältern sind Erschütterungen zu vermeiden; die Körbe und Kübel mit Gefäßen aus Glas oder Steinzeug dürfen nicht auf Karren gefahren noch auf Schulter oder auf dem Rücken, sondern nur an den an den genannten Behältern angebrachten Handhaben getragen werden.

§ 22.

Für die Beförderung konzentrierter Schwefelsäure, konzentrierter Salpetersäure und von Mischsäuren in besonderen, in den Schiffen fest eingebauten Kesseln gelten folgende Sondervorschriften:

1. Die Kessel und alle Teile, mit denen die Säuren in Berührung kommen, müssen aus einem Stoffe bestehen, der von den Säuren nicht angegriffen wird.
2. Die Kessel müssen für Schwefelsäure und für Mischsäure auf einen Druck von 6 Atmosphären, für Salpetersäure auf einen Druck von 4 Atmosphären geprüft sein. Die Prüfung ist alle zwei Jahre zu wiederholen. Die Kessel müssen im Schiffe sicher und frei eingebaut werden und dürfen nicht fest überdacht sein. Die Schiffswände dürfen keinen Teil der Kessel bilden. Die Kessel müssen mit zweckentsprechenden Lüftungseinrichtungen versehen sein.
3. Es müssen Vorrichtungen vorhanden sein, die verhindern, daß beim Füllen oder sonst überfließende oder verschüttete Säuren Schaden anrichten, insbesondere den Schiffskörper anfressen können.
4. Auf dem Schiffe vorhandene Wohn- oder Schlafräume sind von den Kesselräumen so abzudichten, daß keine gesundheitschädlichen Gase oder Dämpfe in diese Räume gelangen können.
5. Die Kessel, nicht aber die Lüftungseinrichtungen, sind während der Fahrt geschlossen zu halten.
6. Die Verladung von anderen Gütern unter Deck ist nicht gestattet.
7. Mischsäuren dürfen nur befördert werden, wenn sie
   a) kein Glyzerin oder Nitroglyzerin enthalten,
   b) bei einem Gehalt an Schwefelsäure unter 2 vom Hundert wasserfrei sind, bei einem Gehalt an Schwefelsäure von 2 bis 4 vom Hundert höchstens 4 vom Hundert Wasser und bei einem Gehalte von mehr als 4 vom Hundert dem Schwefelsäuregehalt entsprechend von 4 bis höchstens 18 vom Hundert Wasser enthalten.

§ 23.

Der Ablader hat dem Führer des Fahrzeugs und dieser allen, welche beim Laden oder Löschen der ätzenden Stoffe beschäftigt werden, von deren Gefährlichkeit Mitteilung zu machen, und zwar auch dann, wenn die Gefährlichkeit schon aus der Art der Verpackung und ihrer Bezeichnung zu entnehmen sein sollte.

Die gleiche Anzeige hat zu machen:

a) wer die Güter dem Ablader behufs der Verladung übersendet, dem Ablader,

b) wer die Güter einem anderen als dem Ablader zur Weiterbeförderung behufs der Verladung übersendet, seinem unmittelbaren Nachmann.

C. Schlußbestimmungen.

§ 24.

Übertretungen dieser Verordnung werden

im Deutschen Reiche:
mit Geldstrafe bis zu 150 Reichsmark oder mit Haft bis zu 14 Tagen,
in der Tschechoslowakei:
mit Geldstrafe bis zu 1200 Kč oder mit Haft bis zu 14 Tagen oder mit beiden Strafen bis zur gleichen Höhe

bestraft.

§ 25.

Diese Verordnung tritt am 1. Februar 1930 in Kraft.

bb. Strom- und Schiffahrtpolizeiverordnung über die Beförderung von brennbaren Flüssigkeiten in Tankfahrzeugen auf der Elbe. Vom 6. Dezember 1929.

In Ausführung des Artikels 37 der Anlage zum Reichsgesetze, betreffend die Elbschiffahrtsakte, vom 22. März 1923 (Reichsgesetzbl. II S. 183ff.) wird auf Grund des § 11 des Staatsvertrags, betreffend den Übergang der Wasserstraßen von den Ländern auf das Reich, Anlage zum Reichsgesetze vom 29. Juli 1921 (Reichsgesetzbl. S. 961 ff.) sowie des Artikels III der Verordnung über Vermögensstrafen und Bußen vom 6. Februar 1924 (Reichsgesetzbl. I S. 44 ff.) verordnet:

Die anliegende von der Internationalen Elbekommission unter dem 22. Juli 1929 (Sitzungsniederschrift Nr. 10 der 18. Tagung 1929) festgestellte Polizeiverordnung über die Beförderung von brennbaren Flüssigkeiten in Tankfahrzeugen wird mit Wirkung vom 1. Februar 1930 für die Elbe oberhalb Hamburg-Harburg (obere Grenze des Hamburger Hafens — bei der Mündung der Doveelbe — und die Harburger Eisenbahnbrücke) in Kraft gesetzt.[1]

Übertretungen werden mit Geldstrafe bis zu 150 Reichsmark oder mit Haft bis zu 14 Tagen bestraft.

Berlin, den 6. Dezember 1929.

Der Reichsverkehrsminister
Dr. Stegerwald.

Polizeiverordnung über die Beförderung von brennbaren Flüssigkeiten in Tankfahrzeugen auf der Elbe.

§ 1.

Als „brennbare Flüssigkeiten" gelten nachstehende Flüssigkeiten und damit hergestellte flüssige oder bei Temperaturen von nicht mehr als 15 Grad Celsius noch salbenförmige künstliche Mischungen.

A. Flüssigkeiten und künstliche Mischungen oder Lösungen, die sich mit Wasser nicht vermischen lassen;

1. Flüssigkeiten und künstliche Mischungen oder Lösungen, die einen Flammpunkt unter 21 Grad Celsius[2] haben und von festen, in den Flüssigkeiten löslichen Stoffen nicht mehr als 30 vom Hundert enthalten (feuergefährliche Flüssigkeiten):

a) Flüssigkeiten und künstliche Mischungen oder Lösungen, die einen Siedepunkt bis zu 40 Grad Celsius haben, oder die, wenn sie keinen einheitlichen Siedepunkt haben, bei fraktionierter Destillation bis zu 40 Grad Celsius mehr als 5 Volumprozente Destillate geben.

b) Flüssigkeiten und künstliche Mischungen oder Lösungen, die einen Siedepunkt von mehr als 40 Grad Celsius haben, oder die, wenn sie keinen einheitlichen Siedepunkt haben, bei fraktionierter Destillation bis zu 40 Grad Celsius höchstens 5 Volumprozente Destillate geben.

---

[1] Obwohl die VO. für den Hafen von Hamburg keine Geltung hat, gelangt sie aus praktischen Gründen zum Abdruck.

[2] Flamm- und Siedepunkte beziehen sich auf einen Barometerstand von 760 mm. Der Flammpunkt wird mit dem Apparat Abel-Pensky bestimmt. Die fraktionierte Destillation soll in einem Kolben Typ Engler vorgenommen werden. Hierbei muß das Thermometer vollständig von Dampf umgeben sein.

2. Flüssigkeiten und künstliche Mischungen oder Lösungen, die einen Flammpunkt von 21 Grad Celsius bis zu 55 Grad Celsius haben.
3. Flüssigkeiten und künstliche Mischungen oder Lösungen, die einen Flammpunkt von mehr als 55 Grad Celsius bis zu 100 Grad Celsius haben.

B. Flüssigkeiten und künstliche Mischungen oder Lösungen, die sich mit Wasser in beliebigem Verhältnis vermischen lassen und einen Flammpunkt unterhalb 21 Grad Celsius haben.

§ 2.

Die Beförderung von Petroleum und seinen Destillationsprodukten in freiem Zustand in Tankfahrzeugen ist verboten, wenn ihr spezifisches Gewicht bei 15 Grad Celsius weniger als 0,68 beträgt.

§ 3.

Das Laden und Löschen von brennbaren Flüssigkeiten auf Tankfahrzeugen darf nur an den von der Strom- und Schiffahrtpolizeibehörde bestimmten Stellen erfolgen.

Feuergefährliche Flüssigkeiten, das heißt solche, die einen Flammpunkt unter 21 Grad Celsius haben, dürfen nur bei Tageslicht geladen und gelöscht werden. Die Strom- und Schiffahrtpolizeibehörde kann Ausnahmen zulassen.

§ 4.

Die Kofferdämme sind vor Beginn des Beladens der Tankfahrzeuge mit Wasser zu füllen und müssen so lange mit Wasser gefüllt bleiben, bis die Laderäume völlig entleert und durch Dampf oder in gleichwertiger Weise vollkommen entgast sind. Das Wasser muß in den Kofferdämmen höher stehen, als die Oberkante der anstoßenden Laderäume reicht.

§ 5.

Auf den beladenen Tankfahrzeugen darf, außer in den bewohnten Räumen, weder Feuer oder offenes Licht gehalten noch geraucht werden, auch dürfen auf ihnen weder Sprengstoffe noch sonstige leicht entzündliche Gegenstände oder Stoffe vorhanden sein. Beim Laden und Löschen ist die Benutzung von offenem Feuer oder Licht sowie das Rauchen, auch in den bewohnten Räumen, unbedingt verboten.

Zur Beleuchtung von Motor- und Pumpenräumen dürfen außer der vorschriftsmäßigen Außenbeleuchtung nur elektrische und Davysche Sicherheitslampen benutzt werden. Das Auswechseln der Glühlampen darf nur nach Abschalten des Stromkreises geschehen.

In Signal- und Positionslaternen dürfen nur elektrische Glühlampen mit Schutzglas oder Davysche Sicherheitsbrenner verwendet werden.

In die Tanks und in die Kofferdämme darf keine Beleuchtung eingebaut werden. Es dürfen nur elektrische und Davysche Sicherheitslampen verwendet werden.

Auf jedem Tankfahrzeuge sind augenfällig in dauerhafter Form mindestens zwei große Anschläge mit dem Verbote des Rauchens und des Gebrauchs von Feuer und offenem Lichte anzubringen.

Diese Vorschriften gelten auch für die ganz entlöschten Tankfahrzeuge so lange, bis die Laderäume durch Dampf oder in gleichwertiger Weise vollkommen entgast sind.

§ 6.

Für jeden Wohnraum, jede Küche, jeden Motorraum und jeden Pumpenraum muß ein zum Löschen brennender Flüssigkeiten geeigneter Feuerlöscher betriebsbereit gehalten werden. Die Feuerlöscher müssen sich in den Vorräumen oder an den Zugängen zu den genannten Räumen befinden. Sie müssen von dem Lieferer oder einer von der Strom- und Schiffahrtpolizeibehörde zugelassenen Stelle alljährlich auf ihre Gebrauchsfähigkeit geprüft werden. Eine Bescheinigung über das Ergebnis der letzten Prüfung muß sich an Bord befinden.

§ 7.

Die auf den Tankfahrzeugen zugelassenen Motoren (Verbrennungsmotoren und Elektromotoren) dürfen zum Betriebe der Pumpen unter folgenden Bedingungen benutzt werden:

a) Es ist darauf zu achten, daß sich die Welle in der Schottwandstopfbuchse nicht unzulässig erwärmt.
b) Pumpenraum und Motorraum müssen während des Pumpens ständig unter Aufsicht stehen.
c) Zum Ein- und Auspumpen von feuergefährlichen Flüssigkeiten, das heißt solchen, die einen Flammpunkt unter 21 Grad Celsius haben, dürfen Motoren an Bord der Tankfahrzeuge nur mit besonderer Erlaubnis der Strom- und Schiffahrtpolizeibehörde verwandt werden.

Werden zum Betriebe der Pumpen Elektromotoren verwendet, die von einer Stelle außerhalb des Tankfahrzeugs mit Strom versorgt werden, so muß das Verbindungskabel stets auf der Tankfahrzeugseite zuerst angekuppelt werden. Die dann folgende Ankuppelung auf der anderen Seite ist nur zulässig, wenn dort Einrichtungen vorhanden sind, welche die Bedienung der Stromschalter verhindern, solange das Kabel noch nicht angeschlossen ist.

Beim Entkuppeln ist stets die Verbindung mit der Stromquelle zuerst zu lösen, die Verbindung am Tankfahrzeuge zuletzt.

§ 8.

Starkstromleitungen auf Tankfahrzeugen sind alljährlich einer Untersuchung auf ihren vorschriftsmäßigen Zustand zu unterziehen. Die Bescheinigung hierüber, die von dem Ingenieur eines anerkannten Schiffsklassifikationsunternehmens oder von einem verläßlichen Installateur, der von öffentlichen Elektrizitätswerken anerkannt und zugelassen ist, auszustellen ist, muß sich an Bord befinden.

§ 9.

Jedes Tankfahrzeug muß bei Tage durch das vorgeschriebene, auf den Rumpf aufgemalte hellblaue Band kenntlich sein.

Tankfahrzeuge haben bei Nacht 4 Meter über Deck eine nach allen Seiten sichtbare blaue Laterne zu führen.

§ 10.

Übertretungen dieser Verordnung werden
im Deutschen Reiche:
mit Geldstrafe bis zu 150 Reichsmark oder mit Haft bis zu 14 Tagen,
in der Tschechoslowakei:
mit Geldstrafe bis zu 1200 Kč oder mit Haft bis zu 14 Tagen oder mit beiden Strafen bis zur gleichen Höhe
bestraft.

§ 11.

Diese Verordnung tritt am 1. Februar 1930 in Kraft.

c) Das Hamburgische Landesrecht.

ca. Bekanntmachung, betreffend Entlöschung und Lagerung von russischem Rohpetroleum im Petroleumhafen vom 1. Juni 1894.

In Abänderung der Bekanntmachung, betreffend die Entlöschung und Lagerung von Petroleum und Terpentinöl, sowie den Verkehr mit diesen Artikeln, vom 20. Dezember 1882 wird hiermit verordnet, was folgt:

Auf russisches Rohpetroleum, welches frei von Gasen ist und bei einer dem § 2 der Kaiserlichen Verordnung über das gewerbsmäßige Feilhalten von Petroleum vom 24. Februar 1882 (Reichs-Gesetzbl. S. 40) entsprechenden Prüfung unter einem Barometerstande von 760 mm erst bei einer Erwärmung auf 21 oder mehr Grade des hundertteiligen Thermometers entflammbare Dämpfe entweichen läßt, finden nicht die Bestimmungen der §§ 1 und 2, sondern diejenigen der §§ 3 und 5 der Verordnung vom 20. Dezember 1882 (G.-S. 1882 S. 160) und zwar mit der Maßgabe Anwendung, daß die Entlöschung der Schiffe im Petroleumhafen erst erfolgen darf, nachdem die Untersuchung der aus dem Schiffe selbst zu entnehmenden Proben durch das chemische Staatslaboratorium die vorgeschriebene Beschaffenheit des Petroleums ergeben hat.

Diese Verordnung tritt mit dem 1. Dezember d. J. in Kraft.

Gegeben in der Versammlung des Senats, Hamburg, den 1. Juni 1894.

cb. Bekanntmachung der Deputation für Handel und Schiffahrt, betr. Allgemeines Lager am Petroleumhafen für Petroleum, Harz, Galipot, Teer, Pech, Terpentin, Schwefel, Schwefelblumen und andere von der Polizeibehörde dorthin zu verweisende Artikel vom 29. November 1894 (Amtsbl. S. 555).

Im Auftrage Eines Hohen Senats bringt die unterzeichnete Deputation hierdurch zur Kenntnis der Beteiligten, daß der Betrieb des allgemeinen Lagers am Petroleumhafen für Petroleum, Harz, Galipot, Teer, Pech, Terpentin, Schwefel, Schwefelblumen und andere von der Polizeibehörde dorthin zu verweisende Artikel vom 1. Dezember d. J. ab, nach dem sodann eintretenden Ablauf des Vertrages mit dem bisherigen Pächter, von der Firma Nathan Philipp & Co. hierselbst unter Aufsicht der unterzeichneten Deputation übernommen wird, und daß derselben zu diesem Zwecke der mit den nötigen Einrichtungen, einschließlich einiger Tanks für Lagerung von raffiniertem Petroleum, versehene südliche Teil des Westufers am Petroleumhafen verpachtet worden ist. Die genannte Firma ist verpflichtet, die ihr zur Lagerung angemeldeten Waren der oben bezeichneten Gattungen, in denen sie selbst einen Eigen- oder Kommissionshandel nicht betreiben darf, auf Lager zu nehmen, und dürfen die den Einlagerern zu berechnenden Gebühren die in dem nachstehenden Tarif angegebenen Sätze nicht übersteigen.

cc. Regulativ für die amtliche Kontrolle des im Gebiet des Petroleumhafens lagernden Petroleums. Vom 30. Oktober 1889. (Amtsbl. S. 471).

§ 1.

Das Chemische Staatslaboratorium hat, nachdem hierzu die Zustimmung seiner Aufsichtsbehörde, der Oberschulbehörde, erteilt ist, auf Antrag des Pächters der am Petroleumhafen belegenen Plätze, bezw. der Inhaber der im Gebiet des Petroleumhafens lagernden Waren die auf dem hiesigen Petroleumlager, bzw. im Petroleumhafen befindlichen Partien Petroleum auf ihre Entflammbarkeit nach Maßgabe der Kaiserlichen Verordnung vom 24. Februar 1882 und der darauf bezüglichen Ausführungs-Bekanntmachungen der Reichsbehörden zu prüfen.

§ 2.

Die Untersuchung erfolgt auf Grund von Proben.

Die Proben sind unter Aufsicht beeidigter Angestellter des Pächters zu ziehen; und zwar wird in der Regel 1 Literflasche aus einem unparteiisch gewählten Barrel einer Partie derselben Marke von 500 Barrels oder weniger entnommen.

Es wird darauf geachtet, daß die Barrels, aus welchen Probeflaschen genommen werden, tunlichst verschiedenen Lagen des Schiffes entstammen. Eine Mischung von Proben aus verschiedenen Barrels (sog. Durchschnittsprobe) ist unzulässig. Die Probeflaschen, welche das Chemische Staatslaboratorium liefert, sind ganz zu füllen und mit genauer Signatur des Namens des importierenden Schiffes, des Datums der Probeentnahme, der Marke und der Lotnummer der Ware und dem Namen des Inhabers der Ware zu versehen. Vor der jedesmaligen Füllung sind die Probeflaschen mit Petroleum aus demselben Barrel, aus welchem die Probe entnommen werden soll, auszuspülen.

Bei Petroleum, welches in Bassinwagen angefahren wird und auf Verlangen des Inhabers in denselben getestet werden soll, ist aus jedem einzelnen Wagen eine Testprobe zu entnehmen und auf der Signatur der Flasche neben den sonst verlangten Angaben auch eine nähere Bezeichnung des Wagens (Nummer u. dgl.) zu machen. Das in den Tanks des Petroleumhafens aufgenommene Petroleum wird in der Weise getestet, daß mittels besonderer durch das Chemische Staatslaboratorium auf ihre richtige Beschaffenheit und Wirksamkeit geprüfter und anerkannter Apparate aus jedem Tank

3 Proben gezogen werden und zwar je eine aus dem unteren, mittleren und oberen Teil der Füllung. Wird nach dieser Probeentnahme neues Öl in den Tank eingefüllt, so ist die Untersuchung des ganzen Tanks zu wiederholen. Auf den Signaturen der Probeflaschen ist neben der sonst verlangten Bezeichnung auch die Nummer des betreffenden Tanks und die Schichthöhe, aus welcher die Probe entstammt, anzugeben. Die Probeflaschen sind vor der jedesmaligen Füllung mit Petroleum von derselben entnommenen Probe auszuspülen.

Bei einer Testung aus einzelnen Abteilungen eines Tankschiffes findet dasselbe Verfahren wie bei vorgenannten Landtanks statt.

Die Proben werden von dem Pächter durch einen seiner beeidigten Angestellten nach dem Chemischen Staatslaboratorium gesandt.

§ 3.

Die Proben sind täglich bis 4 Uhr nachmittags an das Chemische Staatslaboratorium zu liefern, und wird sodann die Testmung bis zum anderen Tage nachmittags 4 Uhr ausgeführt.

§ 4.

Ergibt die Untersuchung, daß eine Probe gerade den gesetzlichen Entflammungspunkt von 21° Celsius bei 760 mm Barometerstand, oder einen demselben naheliegenden höheren Entflammungspunkt hat, so kann die betreffende Partie in kleinere Lots nach Anordnung des Chemischen Staatslaboratoriums geteilt werden (wobei das Lot nicht über 200 Barrels zu enthalten hat) und findet eine abermalige Probeentnahme und Prüfung statt. Ein Lot wird als mindertestig bezeichnet, sobald auch nur eine der Proben den gesetzlichen Erfordernissen volltestiger Ware nicht genügt.

Bei Proben aus Bassinwagen oder Tanks gilt ein Befund von 21° Celsius bei 760 mm Barometerstand ohne weiteres als genügend. Ein Tank wird als mindertestig bezeichnet, sobald auch nur eine der 3 Proben mindertestig ist. (Vgl. übrigens § 6).

§ 5.

Über den Befund der Testungen wird dem Pächter ein Attest vom Chemischen Staatslaboratorium erteilt. Die Barrels derjenigen Partien, deren Proben als volltestig befunden sind, werden hierauf unter Aufsicht beeidigter Angestellter des Pächters mit dem Stempel des

Hamburgischen Wappens (ohne Schildhalter) versehen, welches Wappen die Umschrift trägt: „Hamburger Petroleum-Import. Reichtest.“

Die unter Aufsicht eines beeidigten Angestellten des Pächters mit dem testhaltig befundenen Öle eines Bassinwagens oder Tanks gefüllten Barrels, Fässer resp. Bassinwagen können ohne weiteres mit dem Stempel versehen werden.

Ist bei der Testung der Proben die betreffende Ware als mindertestig befunden (d. h. unter 21 ° C bei 760 mm Barometerstand entflammbar), so wird der Polizeibehörde, dem Pächter und dem Inhaber der Ware davon Mitteilung unter genauer Bezeichnung der Partie gemacht.

§ 6.

Auf Verlangen des Inhabers der Ware kann eine weitere Prüfung der einzelnen Barrels einer mindertestigen Partie bezw. eines mindertestigen Lots auf seine Kosten erfolgen. Es wird in solchem Falle Barrel für Barrel durch einen von dem Chemischen Staatslaboratorium ausgebildeten und in seiner Zuverlässigkeit von demselben anerkannten Angestellten des Pächters mittels eines von dem Chemischen Staatslaboratorium kontrollierten Apparates im Petroleumhafengebiet geprüft. Die von diesem Tester ausgeführten Bestimmungen werden nach einem bestimmten tabellarischen Schema dem Chemischen Staatslaboratorium behufs Kontrolle zugesandt und nunmehr von letzterem diejenigen Barrels bezeichnet, welche als volltestig zu gelten haben.

Ist ein Bassinwagen oder Tank mindertestig befunden, so steht es dem Inhaber der Ware frei, die mindertestige Ware durch eine auf seine Kosten vorzunehmende Behandlung auf einen dem Gesetz entsprechenden Entflammungspunkt zu bringen. Sofern diese Behandlung auf einem anderen Wege als dem der bloßen Ruhelage (Selbstmischung) oder Zusatz höhertestigen gleichartigen Petroleums in denselben Bassinwagen oder Tank erfolgen soll, ist der Pächter verpflichtet, die zuvorige Genehmigung der Polizeibehörde einzuholen. Nach Ablauf der Ruhezeit resp. nach Abschluß dieser Behandlung sind in der vorschriftsmäßigen Weise 3 neue Proben zu entnehmen und dem Chemischen Staatslaboratorium behufs Testung zu übersenden.

Von dem Ergebnis dieser Prüfung wird sodann der Polizeibehörde, dem Pächter und dem Inhaber der Ware von dem Chemischen Staatslaboratorium Mitteilung gemacht.

§ 7.

Der Pächter hat die an einem Barrel mindertestiger Ware etwa befindliche Bezeichnung „Deutscher Reichstest“, oder eine gleichbedeutende zu tilgen. Er hat ferner darauf zu achten, daß Barrels mindertestigen Petroleums, falls dasselbe zum Verkehr in Deutschland bestimmt ist, mit der Bezeichnung „feuergefährlich“ in Gemäßheit des § 1 der Kaiserlichen Verordnung vom 24. Februar 1882 versehen werden.

§ 8.

Das Ergebnis der seitens des Chemischen Staatslaboratoriums ausgeführten Petroleumprüfungen wird zweimal wöchentlich im Amtsblatt veröffentlicht. Außerdem können die täglichen Prüfungsergebnisse der amtlichen Petroleumprüfungen nach 5 Uhr nachmittags beim Pächter des Petroleumhafens eingesehen werden.

§ 9.

(Enthält die Gebührensätze, die derzeit für den Pächter für Arbeiten aus Anlaß von Petroleumprüfungen bestanden.)

Hamburg, den 30. Oktober 1889.

cd. Vorschriften für die Olläger am Petroleumhafen. Vom Dezember 1911.

A. Verfahren bei der Anlage der Lagerplätze.

1. Vor der Herstellung des Lagerplatzes ist die Erlaubnis der Polizeibehörde dazu einzuholen. Vor der Erteilung der Erlaubnis darf mit den Arbeiten nicht begonnen werden.

In dem Antrag sind die ungefähren Höchstmengen und die Art der zu lagernden Flüssigkeiten anzugeben; dem Antrag sind ferner ein Lageplan, aus dem die Lage und Anordnung der gesamten Anlage, der einzelnen Baulichkeiten und der Lagerräume und -orte hervorgeht, sowie eine Erläuterung, welche insbesondere die allgemeinen Angaben über die Konstruktion der Baulichkeiten und Tanks enthält, in doppelter Ausfertigung beizufügen.

2. Die Vorschriften des Baupolizeigesetzes über das Verfahren bei Einrichtung der einzelnen Baulichkeiten auf dem Platze werden durch die vorstehende Bestimmung nicht berührt.

3. Die Prüfung der Baupläne und die Aufsicht über die Ausführung der Arbeiten zur Herstellung des Platzes und der Baulichkeiten wird hinsichtlich der Hochbauten

von der Baupolizei, hinsichtlich aller übrigen Anlagen von der Baudeputation, Sektion für Strom- und Hafenbau. ausgeübt.

B. Vorschriften für die Herstellung des Lagerplatzes, die Anordnung, Errichtung und Einrichtung der Lagerräume, Lagerorte und Baulichkeiten sowie für das Verhalten im Betriebe.

1. Die zur Lagerung der Flüssigkeiten bestimmten Orte innerhalb der Anlage müssen entweder tiefer als das umliegende Gelände angelegt oder mit einem kräftigen, rasenbelegten Erdwall von mindestens 1 m Kronenbreite umgeben werden. Die Sohle der Vertiefung darf nicht niedriger als + 8 m über Hamburger Null liegen. Der durch die Vertiefung oder (bezw. und) die Umwallung gebildete Raum muß bei Lagerung in Fässern drei Viertel der höchstens in dem Raum gelagerten Menge, bei Aufstellung von

1 oder 2 Tanks	. . . 80 %	des Fassungsvermögens,	
3 „	. . . 70 %	„	„
4 „	. . . 60 %	„	„
5 und mehr „	. . . 50 %	„	„

der Tanks aufzunehmen imstande sein, wobei in bezug auf Anzahl von Tanks solche unter 1000 t Fassungsvermögen nicht mitzählen.

Sollen mehr als

12 Millionen kg von Flüssigkeiten der Klasse I (Entflammungspunkt unter 21° C) allein oder mit solchen höherer Klassen zusammen

oder mehr als

24 Millionen kg von Flüssigkeiten der Klasse II (Entflammungspunkt zwischen 21° und 65° C) allein oder mit solchen höherer Klassen zusammen

gelagert werden, so müssen für je 12 bezw. 24 Millionen kg besondere Vertiefungen oder Umwallungen hergestellt werden.

Innerhalb einer Umwallung für Lagerung in Tanks darf eine Lagerung in Fässern weder im Freien noch in Schuppen erfolgen. Auf einer Seite darf ein umwallter Platz mit einem benachbarten einen gemeinsamen Wall haben, auf den übrigen drei Seiten muß jedoch zwischen zwei Wällen, von deren Fußpunkt aus gerechnet, ein 5 m breiter Streifen frei bleiben. Dieser Streifen soll dem Verkehr und zur Aufnahme der Leitungen dienen. Über einen umwallten Lagerplatz dürfen Rohrleitungen nach anderen Lagerplätzen nicht geführt werden; ebensowenig dürfen die unter Ziffer 11 benannten Sicherheitsstreifen längs der Einfriedigung mit freiliegenden Rohrleitungen belegt werden.

Jeder Tanklagerplatz soll eine feuerfeste, in die Elbe oder bei Flüssigkeiten der Klasse III auch in den Hafen mündende, genügend weite Abflußleitung mit einem außerhalb der Umwallung liegenden Absperrschieber haben, damit im Brandfalle das Berieselungswasser abgeleitet werden kann. Das untere Ende der Abflußleitung muß unter Niedrigwasser liegen. Der Absperrschieber soll nur durch einen Schlüssel zu stellen sein, er ist stets geschlossen zu halten und darf überhaupt nur im Einvernehmen oder auf Anordnung der Feuerwehr geöffnet werden.

Tanks umschließende Erdwälle dürfen weder durch Ausgänge noch durch Auslässe für die Tagewässer unterbrochen werden. Von den erforderlichen Rohrleitungen dürfen nur die zur Entwässerung des Lagerplatzes im Brandfalle sowie die mit Gasometern in Verbindung stehenden Rohrleitungen durch den Erdwall gehen, alle übrigen müssen über die Wallkrone hinweggeführt werden. In Erdwällen, welche Faßläger umschließen, dürfen Öffnungen von höchstens 1,10 m Breite hergestellt werden, welche an den Seiten durch Mauerwerk oder Beton zu begrenzen und durch doppelte eiserne Schotten leicht und dicht zu schließen sind; in der Nähe der Türen ist zur Verstopfung etwaiger Undichtigkeiten stets eine genügende Menge Sand bereitzuhalten. Übergänge über die Umwallungen müssen aus unverbrennlichem Material hergestellt werden.

2. Ein zur Lagerung von Flüssigkeiten oder zum Abfüllen bestimmter Schuppen muß in allen Teilen aus unverbrennlichem Material hergestellt werden, insbesondere sind auch die Fenster mit Drahtglas zu verglasen und die Türen feuersicher herzustellen. Falls der Schuppen nicht innerhalb des für ihn vertieften oder umwallten Teiles der Anlage errichtet wird, muß der zur Lagerung der Flüssigkeiten benutzte Teil des Schuppens mit einer aus undurchlässigem und unverbrennlichem Baustoff hergestellten Sohle ohne Abfluß versehen und mit einer ununterbrochenen Umwehrung von solcher Höhe umgeben sein oder so vertieft hergestellt werden, daß die im Schuppen vorhandenen Flüssigkeiten bei Zerbrechen der Behälter nicht nach außen abfließen können. Der Schuppen muß mit ordnungsmäßig angelegten und zu unterhaltenden Blitzableitern und mit genügenden Lüftungseinrichtungen versehen sein.

Tanks müssen vor ihrer Benutzung durch Füllen mit Wasser auf ihre Dichtigkeit geprüft werden und sind mit ordnungsmäßig anzulegenden und zu unterhaltenden Blitzableitern zu versehen. Tanks für Flüssigkeiten der Klassen I und II müssen außerdem eine Tankberieselungsanlage erhalten.

An jedem Tank müssen polizeilich als wirksam und zuverlässig anerkannte Vorrichtungen zur genügenden Entlüftung und zum gefahrlosen Abführen der Gase angebracht und in ordnungsmäßigem Zustande erhalten werden. Die Vorrichtungen müssen ferner so beschaffen sein, daß sie leicht nachgesehen und die abgängigen Teile leicht erneuert werden können.

Mengen von über 10 000 kg von Flüssigkeiten der Klasse I dürfen nur in eisernen Umschließungen gelagert werden.

3. Innerhalb von Umwallungen für Tanks oder Lagerschuppen dürfen andere Baulichkeiten nicht errichtet werden; auch dürfen dort andere Gegenstände als die zur Lagerung zugelassenen Flüssigkeiten, vor allem auch leere hölzerne Fässer, nicht gelagert werden.

4. Die zur Lagerung von Flüssigkeiten der Klassen I, II und III (Klasse III Entflammungspunkt zwischen 65° und 140° C) bestimmten Teile der Plätze müssen in jeder Anlage so belegen sein, daß — gerechnet von der Mitte der Wallkrone oder bei Anlage eines Lagerschuppens außerhalb des vertieften oder umwallten Teiles von den äußeren Schuppenwänden an — zwischen ihnen und anderen nicht ebenfalls zur Lagerung brennbarer Flüssigkeiten bestimmten Plätzen stets ein Abstand von mindestens 50 m (Schutzzone) verbleibt, in welchem weder Bauwerke errichtet werden noch brennbare Gegenstände sich befinden dürfen, soweit nicht aus den folgenden Bestimmungen Ausnahmen sich ergeben. Öffentliche Straßen, Bahnkörper und Wasserstraßen werden in die Schutzzone eingerechnet. Nähere Vorschriften über den von Schiffsliegeplätzen einzuhaltenden Abstand bleiben vorbehalten.

5. Tanks, Lagerschuppen, Abfüllschuppen und Faßlagerstapel müssen jeder von anderen Tanks, Lagerschuppen oder Stapeln einen Abstand von mindestens 2 m innehalten, wenn sie sich innerhalb derselben Vertiefung oder Umwallung befinden, andernfalls einen Abstand von mindestens 10 m.

6. Pumpenhäuser, Küpereien sowie andere dem Betriebe dienende Baulichkeiten, sämtlich ohne Feuerstellen, müssen einen Abstand von mindestens 10 m vom

nächsten Tank oder Lagerschuppen oder Abfüllschuppen oder Faßstapel, sofern diese Flüssigkeiten der Klassen I und II enthalten, von mindestens 5 m von Behältern oder Lagerräumen mit Flüssigkeiten der Klasse III und die gleichen Entfernungen von anderen Betriebsgebäuden innehalten.

Diese Gebäude müssen in allen Teilen aus unverbrennlichem Material hergestellt werden. Die Umfassungswände müssen mindestens einen Stein stark und an der der Vertiefung oder Umwallung zugekehrten Seite 1 m über. Dach geführt sein; auch dürfen sie an dieser Seite keine Türöffnungen haben; sonstige Öffnungen in den Wänden sind mit feuersicherem Material zu schließen.

7. Benzin-, Petroleum- und sonstige Explosionsmotoren müssen vom nächsten Tank oder Lager- oder Abfüllschuppen oder Faßstapel, sofern diese Flüssigkeiten der Klasse I enthalten, mindestens 25 m, sofern diese Flüssigkeiten der Klasse II enthalten, mindestens 15 m, bei Flüssigkeiten der Klasse III mindestens 10 m Abstand innehalten. Die Motoren dürfen nur in besonderen, nur von außen zugänglichen massiven Gebäuden aufgestellt werden.

8. Wohnhäuser für Aufsichtspersonen sowie andere dem Betriebe dienende Baulichkeiten mit Feuerstellen, insbesondere Dampfkesselanlagen, müssen — von der Mitte der Wallkrone oder der Außenwand eines außerhalb der Umwallung liegenden Lager- oder Abfüllschuppens an gerechnet — einen Abstand von mindestens 40 m von Behältern oder Räumen — wozu auch Abfüllschuppen gehören — mit Flüssigkeiten der Klassen I und II, einen Abstand von mindestens 20 m von Behältern oder Räumen mit Flüssigkeiten der Klasse III innehalten.

Diese Gebäude müssen massiv gebaut, die Schornsteine mit Funkenfängern versehen sein.

9. Werden innerhalb derselben Vertiefung oder Umwallung oder in demselben Lagerschuppen Flüssigkeiten verschiedener Klassen gelagert, so sind die für die leichtest entflammbare Flüssigkeit geltenden Abstände einzuhalten.

10. Innerhalb der gesamten Anlage dürfen andere als die bezeichneten Baulichkeiten nicht errichtet und andere Gegenstände als brennbare Flüssigkeiten nicht aufbewahrt oder gelagert werden. Über Ort und Art der vorübergehenden Lagerung leerer, insbesondere hölzerner Fässer werden im Einzelfall besondere Vorschriften gegeben; hierbei wird gefordert werden, daß Stapel leerer hölzerner Fässer mindestens 25 m von Abfüllschuppen

sowie von Tanks und Lagerschuppen für Flüssigkeiten der Klassen I und II entfernt bleiben und nicht mehr als 10 Faß übereinander gestapelt werden.

11. Jede Lageranlage muß auf den Landseiten mit einer mindestens 2 m hohen Einfriedigung aus unverbrennlichem Material umgeben werden. Diese Einfriedigung muß auf jeder Seite, also eventuell auch nach den Seiten benachbarter Läger, in Abständen von höchstens 100 m ein Angriffstor für die Feuerwehr haben. Nur wenn die Einfriedigung zugleich Zollgitter ist, kann das Angriffstor fehlen. Die Schlösser müssen bei allen Angriffstoren übereinstimmen, so daß der im Besitze der Feuerwehr befindliche Schlüssel zu allen Schlössern paßt. Wohnhäuser und Dampfkesselanlagen müssen außerhalb der Einfriedigung liegen. Innerhalb der Einfriedigung an dieser entlang muß ein 5 m breiter Streifen unbebaut und stets frei, im besonderen auch frei von trockenem Gras, und passierbar gehalten werden; eine Geleisanlage darf sich auf diesem Streifen jedoch befinden.

12. Die für die zugelassenen Baulichkeiten vorgeschriebenen Abstände gelten auch für die von den benachbarten Lagerplätzen für brennbare Flüssigkeiten zu haltenden Abstände. Sofern die Schutzzonen nicht auf dem Gelände des Lagerinhabers liegen, hat dieser dafür zu sorgen und erforderlichenfalls den Nachweis dafür zu erbringen, daß die Bebauung des Geländes und dessen Belegung mit brennbaren Gegenständen durch Verträge oder öffentliche Vorkehrungen für die Dauer des Bestehens des Lagers ausgeschlossen ist.

Auf der Nordseite des Petroleumhafens sollen die Plätze nördlich der Straße lediglich zur Lagerung von Flüssigkeiten, insbesondere der der Klassen I und II, benutzt werden. Die Lagerplätze südlich der Straße sollen zur Errichtung der Betriebsgebäude und Wohnhäuser für Aufsichtspersonen dienen und können auch zur Lagerung von Flüssigkeiten der Klasse III benutzt werden, und zwar sollen bei diesen letzteren Plätzen die Lagerplätze sowie die Abfüllschuppen abwechselnd an die rechte bezw. linke Seite des Platzes gelegt werden, die Wohnhäuser sowie andere dem Betriebe dienende Baulichkeiten an die linke bezw. rechte Seite gelegt werden, so daß an den Platzgrenzen jeweilig die Lagerplätze sowie Abfüllschuppen bezw. die Betriebs- und Wohngebäude zweier benachbarter Plätze zusammenstoßen.

13. Innerhalb der gesamten Lageranlagen unter Einschluß der Schutzzone darf als künstliche Beleuchtung nur elektrisches Licht verwandt werden. Bogenlicht darf nur

im Freien unter Verwendung unten dicht abgeschlossener Glocken, elektrisches Glühlicht innerhalb von Räumen mit Flüssigkeiten der Klassen I und II nur mit dicht schließenden auch die Fassung einschließenden Überglocken benutzt werden; in letzteren Räumen dürfen weder Schalter noch Widerstände für die elektrischen Leitungen angebracht sein.

Die elektrischen Beleuchtungsanlagen sowie die Lüftungsvorrichtungen und die Blitzableiteranlagen sind vor der Inbetriebnahme und je in Jahresfrist durch einen polizeilich anerkannten Sachverständigen auf ihre Zuverlässigkeit zu prüfen. Bescheinigungen, auf denen diese erklären, daß die Anlagen den Vorschriften entsprechend und einwandfrei befunden sind, sind für die Beleuchtungsanlagen spätestens bis zum 1. September, für die übrigen bis zum 15. Mai jeden Jahres bei der Polizeibehörde einzureichen.

14. Innerhalb der gesamten Lageranlagen unter Einschluß der Schutzzone, jedoch mit Ausnahme der in Ziffer 3 bezeichneten Gebäude, darf Feuer oder anderes als elektrisches Licht nicht angezündet oder gebrannt werden, auch darf daselbst nicht geraucht werden. Das Einbringen oder Mitführen von Zündstoffen ist untersagt. Unbefugten ist das Betreten des Lagerplatzes verboten. Diese Vorschriften sind an allen Zugängen zu dem Lagerplatz außerhalb der Einfriedigung in augenfälliger Weise durch dauerhafte Anschläge bekanntzumachen.

Außerhalb der Arbeitszeit dürfen die Aufsichtspersonen bei Dunkelheit, wenn die elektrische Beleuchtung außer Betrieb gesetzt ist, die Anlagen nur mit elektrischen oder Davyschen Sicherheitslampen begehen.

15. Der Polizeibehörde bleibt es vorbehalten, Feuerlöscheinrichtungen, wozu auch Anlagen zur Entwässerung der umwallten Lagerplätze gehören, und ferner zur Sicherstellung einer ausreichenden Zufahrt für die Löschgeräte die nach den örtlichen Verhältnissen erforderlichen Vorkehrungen zu fordern.

ce. Verordnung, betreffend besondere Vorschriften für Tankflußfahrzeuge, welche im Hamburger Hafen leichte Petroleumdestillate (Naphta, Benzin und dergl.) löschen oder laden, vom 21. April 1910, in der Fassung der Verordnung vom 7. September 1918. (Amtsblatt S. 1542).

Auf Grund des § 9 Abs. 2 des revidierten Gesetzes über die Organisation der Verwaltung vom 2. November 1896 wird in Ergänzung des § 2 Abs. 1 des Hafengesetzes vom 2. Juni 1897 und des § 10 der Verordnung, betreffend die Beförderung von Petroleum in Kastenschiffen auf der Elbe, vom 7. September 1894 das Nachstehende verordnet:

I. Bauart der Fahrzeuge.

1. Tankflußfahrzeuge (Tankleichter), welche im hiesigen Hafen leichte Petroleumdestillate der im § 3 Absatz 1 der Verordnung vom 13. Dezember 1895 genannten Art laden oder löschen wollen, sind nach den Vorschriften des Germanischen Lloyd und unter dessen Aufsicht zu bauen. Eine Bescheinigung des Lloyd über die vorschriftsmäßige Bauausführung und die geschehene Überwachung ist nebst einer Zeichnung des Fahrzeuges vor der erstmaligen Beladung desselben bei der Hafenpolizei einzureichen. Die Polizeibehörde behält sich vor, auch solche Tankleichter zuzulassen, welche nach den Vorschriften anderer Klassifikationsgesellschaften und unter deren Aufsicht gebaut sind, wenn diese ihr die gleiche Gewähr für die Ausführung des Baues bieten.

Die Wandungen des Schiffes müssen durchgängig aus Eisen oder Stahl hergestellt sein. Die Verwendung von Holz ist — ausgenommen bei der Wallschiene — überall nicht, insbesondere nicht für den Schiffsboden gestattet.

An diesen Fahrzeugen ist außerdem eine genügend starke Wallschiene aus Holz, zwischen zwei Winkel- oder U-Eisen eingefaßt, in Deckshöhe anzubringen. Das Holz der Wallschiene muß mindestens 20×12 cm stark sein. Die Befestigungswinkel müssen eine ausreichende Abmessung (etwa 100/65/8) haben. Befestigungsbolzen an der Wallschiene dürfen nicht durch die Außenhaut des Schiffes gehen.

2. Die Kofferdämme im Vorder- und Hinterschiff (§ 3 der Verordnung vom 7. September 1894) müssen Aufsätze haben, die in genügender Höhe die Oberkante der Laderäume überragen.

3. Jeder Laderaum ist mit genügend großen Expansionsaufbauten (Domen) zu versehen und muß an geeigneter Stelle einen explosionssicheren Verschluß haben.

Die Abzugsrohre sowie als solche dienende Einlaßrohre müssen mit einem doppelten dichten Drahtnetz überdeckt sein.

4. Die an Bord der Leichter aufgestellten Pumpen müssen in besonderen Räumen sachgemäß aufgestellt sein.

5. Ein über den Laderäumen angebrachtes Verdeck muß aus unverbrennlichem Material hergestellt, vorn, seitlich und hinten offen sein, um der Luft Zutritt zu

geben, und oben mit einem weißen Farbanstrich oder einem anderen Belag versehen sein, der einen hinreichenden Schutz gegen die strahlende Sonnenwärme bietet.

5a.[1] Die Besitzer (Eigentümer, Nießbraucher, Mieter u. dgl.) der Tankflußfahrzeuge sind verpflichtet, die Schiffe in einem den vorstehenden Bestimmungen entsprechenden Zustande zu erhalten.

Die Fahrzeuge unterliegen hinsichtlich der baulichen Beschaffenheit und der Ausrüstung der Aufsicht der Polizeibehörde. Diese ist berechtigt, sich jederzeit durch eine Besichtigung des Fahrzeuges von dessen gutem Zustande zu überzeugen. Ergibt die Besichtigung Mängel, so kann die Polizeibehörde bis zu deren Abstellung das Schiff von der Beförderung leichter Petroleumdestillate ausschließen.

Regelmäßige Besichtigungen zur Feststellung des baulichen Zustandes der Fahrzeuge finden mindestens alle zwei Jahre statt.

Von einer behördlichen Besichtigung des Schiffskörpers kann abgesehen werden, wenn durch ein gültiges Klassenzertifikat des Germanischen Lloyd oder einer anderen anerkannten Klassifikationsgesellschaft nachgewiesen wird, daß das Fahrzeug deren höchste Klasse für Tankflußfahrzeuge besitzt.

II. Laden und Löschen.

6. Das Laden oder Löschen darf nur im Petroleumhafen geschehen.

7. Bevor ein Leichter, welcher im hiesigen Hafen leichte Petroleumdestillate laden oder löschen soll, in den hiesigen Hafen einläuft, muß seine Ankunft durch den hiesigen Vertreter des Schiffes rechtzeitig der Hafenpolizei angezeigt werden.

Der Führer des Schiffes hat unverzüglich den ihm von der Hafenpolizei angewiesenen Liegeplatz im Petroleumhafen einzunehmen und darauf eine Wache der Hafenpolizei an Bord zu nehmen.

Erst nachdem die Wache an Bord gegangen ist, darf mit dem Laden oder Löschen begonnen werden.

Die dem Führer des Schiffes ferner obliegende Pflicht der Meldung seiner Ankunft bei dem Bezirkshafenamt wird durch diese Vorschriften nicht berührt.

8. Das Fahrzeug darf seinen Liegeplatz nur auf Anweisung der Hafenpolizeibeamten und erst nach erstatteter Meldung beim Bezirkshafenmeister verändern oder verlassen.

---

[1] VO. vom 7. September 1918.

9. Während des Aufenthaltes im Petroleumhafen dürfen nicht mehr als 3 Mann der Besatzung an Bord verbleiben.

10. Das Laden oder Löschen darf nur bei Tage und ohne Unterbrechung geschehen.

Die Pumpen sowie die Pumpenleitungen zwischen Schiff und Land müssen stets in vollkommen dichtem Zustande sein.

Die Kofferdämme sind während des Ladens und beim Löschen bis nach vollkommener Entgasung der Laderäume mit Wasser gefüllt zu halten; das Wasser muß stets höher stehen, als die Oberkante der anstoßenden Laderäume reicht.

Beim Beladen sind die freiwerdenden Benzingase durch geeignete Vorrichtungen (Schläuche und dergl.) nach außerbords unter Wasser zu leiten.

Nach erfolgter Beladung sind sämtliche Laderäume hermetisch zu verschließen und stets verschlossen zu halten.

Wenn nach erfolgter Entlöschung in den Laderäumen Reparaturen oder sonstige Arbeiten vorgenommen werden sollen, so müssen die Laderäume zuvor durch Dampf vollkommen entgast werden.

III. Allgemeine Bestimmungen.

11. Andere Fahrzeuge dürfen an auch nur teilweise mit Benzin und dergleichen beladene Petroleumtankleichter nicht anlegen. Es ist ein Abstand von mindestens 4 m einzuhalten.

12. Die zum Schleppen der Leichter benutzten Schleppdampfer müssen mit wirksamen Funkenfängern versehen sein.

13. Beladene Leichter dürfen nach Eintritt der Dunkelheit nicht durch den Hafen befördert werden.

Beladene Leichter müssen den Petroleumhafen so frühzeitig verlassen, daß sie noch vor Eintritt der Dunkelheit durch den Hafen befördert werden können, und müssen ihre Fahrt durch den Hafen ohne Verzug fortsetzen.

Die Zollabfertigung soll bereits im Petroleumhafen vor dem Verlassen des Hafens erfolgen.

Die beladenen Leichter müssen, wenn sie von dem Elbschlepper nicht sofort weiterbefördert werden können, bis zur Zusammenstellung des Schleppzuges an einer von der Hafenpolizei näher zu bestimmenden Stelle bei dem Durchstich in einer Entfernung von etwa 3 km oberhalb der Schöpfstelle von Gebäuden und anderen Fahrzeugen mindestens 150 m entfernt hingelegt werden.

14. Während des Aufenthaltes im Hafen und der Fahrt durch den Hafen darf mit Ausnahme der Positionslaternen weder Licht gebraucht noch Feuer angemacht, noch geraucht werden.

Auf dem Fahrzeug sind Plakate an sichtbarer Stelle und in dauerhafter Form anzubringen, in denen auf dies Verbot hingewiesen wird.

15. Zuwiderhandlungen gegen die vorstehenden Vorschriften werden auf Grund des § 366 Ziffer 10 des Strafgesetzbuches mit Geldstrafe bis zu RM. 60 oder mit entsprechender Haft geahndet.

Hamburg, den 21. April 1910.

Die Polizeibehörde.

cf. Verordnung über den Verkehr von Tankseeschiffen, die zur Beförderung von Mineralölen und anderen brennbaren Flüssigkeiten dienen, im Hamburger Hafen. Vom 21. August 1929.

In Ergänzung des Hafengesetzes vom 2. Juni 1897 und der Hafenordnung vom 30. Juni 1897 wird hiermit auf Grund des § 20a des Gesetzes über das Verhältnis der Verwaltung zur Rechtspflege vom 23. April 1879/8. Oktober 1923 verordnet, was folgt:

A. Erklärungen.

§ 1.

(1) Mineralöle im Sinne dieser Verordnung sind folgende Flüssigkeiten: Rohpetroleum und seine Destillationsprodukte, Teeröle, Schieferöle sowie flüssige Kohlenwasserstoffe anderen Ursprungs, z. B. Rohnaphtha, Erd- und Steinöl, Benzine, künstliches Terpentinöl, Benzol, Toluol; Leuchtöle, Benzinputzöle, Xylol, Kumol, Solventnaphtha; Gasöle, Heizöle, Treiböle, Schmieröle. Künstlich hergestellte Mischungen der genannten Flüssigkeiten untereinander oder mit anderen brennbaren Flüssigkeiten werden den unvermischten Mineralölen gleichgeachtet.

(2) Als Flammpunkt gilt der mittels des Petroleumprobers von Abel-Pensky festgestellte.

(3) Tankseeschiffe, die zur Beförderung von Mineralölen dienen, (Mineralöltankseeschiffe) werden als Benzintankseeschiffe bezeichnet, wenn es sich auch nur bei einem Teil der Ladung um Mineralöle mit einem Flammpunkt unter 21° C handelt, als Petroleumtankseeschiffe, wenn der Flammpunkt der ganzen oder eines Teiles der Ladung von 21 bis 55° C liegt.

B. Benzintankseeschiffe.

§ 2.

Der Vertreter eines nach hier bestimmten Benzintankseeschiffes hat dessen Eintreffen im hiesigen Hafen spätestens am Tage vorher bei der Hafen- und Schifffahrtspolizei und beim Oberhafenamt unter Nennung des Führers des Schiffes anzuzeigen. Dabei hat er anzugeben bei einem beladenen Schiffe die Herkunft, die Art und das Gewicht der Ladung, bei einem unbeladenen Schiffe die Art und den Flammpunkt der letzten Ladung.

§ 3.

Benzintankseeschiffe dürfen, auch in unbeladenem Zustande, nur im Petroleumhafen Liegeplatz nehmen. Ausnahmen siehe § 10.

§ 4.

(1) Im Petroleumhafen darf zu einem Benzintankseeschiff nur solchen Personen Zutritt gewährt werden, die das Schiff aus zwingender Veranlassung aufsuchen müssen.

(2) Sofort nach dem Festlegen eines Benzintankseeschiffes im Petroleumhafen hat die Besatzung bis auf eine Schiffswache von höchstens 10 Personen das Schiff zu verlassen. Die Wache darf nur aus Offizieren des Decks- und Maschinendienstes, Pumpenmeister und Deckmannschaft bestehen; ein Schiffselektriker muß ihr angehören, wenn die elektrische Starkstromanlage des Schiffes benutzt werden soll. Die Wache muß so zusammengesetzt sein, daß sie bei Feuersgefahr in der Lage ist, das Schiff sofort zu verholen. Die nicht zu der Wache gehörende Besatzung darf erst wieder an Bord kommen, wenn das Schiff den Petroleumhafen verlassen will. Während sich das Schiff im Petroleumhafen befindet, sind Schiffsarbeiten und Instandsetzungsarbeiten verboten, soweit nicht die Hafen- und Schiffahrtspolizei Ausnahmen zuläßt.

§ 5.

(1) Im Petroleumhafen ist auf den Benzintankseeschiffen der Betrieb von Dampfkesseln sowie jeder Gebrauch von Feuer verboten, soweit er nicht nach Absatz 2 zugelassen ist; insbesondere ist auch das Rauchen untersagt. Die Feuer unter allen Kesseln des Schiffes müssen vollständig gelöscht sein, ehe das Schiff in den Petroleumhafen einläuft.

(2) Die Hafen- und Schiffahrtspolizei kann ausnahmsweise erlauben, daß auf dem Schiff befindliche Verbrennungsmotoren im Petroleumhafen zum Antrieb

von Dynamomaschinen des Schiffes benutzt werden, wenn solche in abgeschlossenen Räumen aufgestellt sind. Die Auspuffrohre der Verbrennungsmotoren müssen gereinigt sein.

§ 6.

(1) Abgesehen von den Positionslaternen dürfen im Petroleumhafen auf Benzintankseeschiffen an künstlichen Leuchtmitteln nur tragbare elektrische Sicherheitslampen (explosionssichere Lampen mit Akkumulatoren oder Trockenbatterien) oder elektrische Glühlampen verwandt werden, die von einer Stromquelle der elektrischen Lichtanlage des Schiffes gespeist werden. Die letzten dürfen aber zunächst nur benutzt werden, bis das Schiff festgelegt ist und ein Teil der Besatzung gemäß § 4 das Schiff verlassen hat. Nachher darf die gesamte elektrische Starkstromanlage des Schiffes nur in Betrieb gehalten werden, wenn und soweit die Hafen- und Schifffahrtspolizei es erlaubt hat.

(2) Positionslaternen für Flammenlicht müssen am Lande angezündet werden.

§ 7.

(1) Für die Entlöschung und die Beladung eines Benzintankseeschiffes sind entweder Pumpen am Lande zu benutzen oder Pumpen des Schiffes, für die Dampf vom Lande geliefert wird.

(2) Die Hafen- und Schiffahrtspolizei kann erlauben, daß für das Laden und Löschen auch Pumpen des Schiffes verwandt werden, für die Dampf von einem Hafendampfer geliefert wird. Der Hafendampfer muß genügend weit von Tankschiffen entfernt liegen. Sein Kessel darf nur mit Koks geheizt und nicht mit Auspuff oder künstlichem Zuge betrieben werden. Der Schornstein muß gereinigt und mit einem vom Aufsichtsamt für Dampfkessel und Maschinen als wirksam anerkannten Funkenfänger versehen sein.

(3) Die Hafen- und Schiffahrtspolizei kann ferner erlauben, daß die Pumpen des Schiffes durch Elektromotoren angetrieben werden, wenn diese in Räumen aufgestellt sind, die von dem Pumpenraum gasdicht abgeschlossen sind.

§ 8.

Die Entlöschung wie auch die Beladung der Tankseeschiffe ist möglichst schnell und ununterbrochen während der Tageszeit vorzunehmen. Die Hafen- und Schifffahrtspolizei kann das Löschen und Laden während der Nacht erlauben. In diesem Falle muß eine ausreichende Beleuchtung vorhanden sein.

§ 9.

(1) Jeder Tankraum muß mit einem über das Deck hinausreichenden Entlüftungsrohr versehen sein, das an seinem freien Ende gegen das Hineinschlagen von Flammen durch geeignete gegen Beschädigung geschützte Einrichtungen (Kiestöpfe, engmaschige Drahtnetze oder andere von der Polizeibehörde als wirksam anerkannte Sicherungen) ausreichend gesichert ist.

(2) Zum Löschen und Laden der Öle müssen vollkommen dichte Rohr- oder Schlauchleitungen verwandt werden, die durch feste Verschraubungen mit den Öltanks der Schiffe verbunden sind.

(3) Während des Löschens und auch des Ladens sind alle Luken geschlossen zu halten und dürfen die Peilöffnungen nur solange geöffnet sein, als es unbedingt nötig ist. Für den Luftausgleich beim Pumpen dürfen die Luken nicht, die Peilöffnungen nur mit Erlaubnis der Hafen- und Schiffahrtspolizei dann offen gehalten werden, wenn sie wie das Ende des Entlüftungsrohres ausreichend gesichert sind (s. Abs. 1). Unmittelbar nach der Entlöschung und der Beladung eines Laderaumes sind seine Öffnungen bis auf das ordnungsmäßig gesicherte Entlüftungsrohr luftdicht zu schließen.

§ 10.

(1) Nach Beendigung der Entlöschung oder der Beladung hat das Benzintankseeschiff möglichst sofort den Petroleumhafen zu verlassen. Das Dampfaufmachen für die Ausfahrt kann von der Hafen- und Schiffahrtspolizei an einem geeigneten Liegeplatze außerhalb des Petroleumhafens erlaubt werden.

(2) Ein Benzintankseeschiff kann nach beendigter Entlöschung im Hamburger Hafen bleiben zur Einnahme von Ladung, zur Vornahme von Ausbesserungsarbeiten, zum Docken. Für diese Fälle gelten folgende Vorschriften, außer wenn das Schiff im Petroleumhafen wieder Mineralöle ladet:

a) Der Kapitän hat das Vorhaben der Hafen- und Schiffahrtspolizei anzuzeigen. Das Schiff ist dann zunächst zu entgasen, und zwar an einem dafür vom Oberhafenamt im Einvernehmen mit der Hafen- und Schiffahrtspolizei angewiesenen Liegeplatze.

b) Die Entfernung der Gase hat durch Einströmen von Dampf in die Laderäume zu geschehen. Die Hafen- und Schiffahrtspolizei kann im Einvernehmen mit dem Gewerbeaufsichtsamt andere Entgasungsverfahren zulassen. Sie kann erlauben, daß an einem geeigneten Liegeplatz außerhalb des Petroleumhafens für die Entgasung mit den eigenen Kesseln des Tankschiffes Dampf aufgemacht wird.

c) Nachdem die Entgasungsarbeiten beendigt sind, hat ein Sachverständiger (beeidigter Hamburger Handelschemiker) festzustellen und zu bescheinigen, daß nach den von ihm angestellten Untersuchungen in keinem Tank gesundheitsschädliche oder entzündliche Gase in gefahrdrohender Menge enthalten sind. Erst wenn diese Bescheinigung bei der Hafen- und Schiffahrtspolizei eingereicht worden ist, darf das Schiff im Hafen frei verlegt und darf mit der Einnahme von Ladung außerhalb des Petroleumhafens und mit Ausbesserungsarbeiten begonnen werden.

d) An jedem Arbeitstage vor Beginn der Arbeiten hat der Sachverständige die Luft in den Tanks erneut zu untersuchen und die unter c) geforderte Bescheinigung auszustellen. Diese Bescheinigung muß an einer jedermann zugänglichen, gut sichtbaren Stelle an Bord des Schiffes ausgehängt werden. Die Hafen- und Schiffahrtspolizei kann im Einvernehmen mit dem Gewerbeaufsichtsamt in besonderen Fällen gestatten, daß die erneuten Untersuchungen unterbleiben.

(3) Die Hafen- und Schiffahrtspolizei kann im Einvernehmen mit dem Gewerbeaufsichtsamt erlauben, daß von der Entgasung des Schiffes abgesehen wird bei solchen Ausbesserungsarbeiten, bei denen Feuer und Licht nicht verwendet werden, Funkenbildung oder Erglühen von Gegenständen nicht eintritt und die Tanks und ihre Zubehörteile in keiner Weise von den Arbeiten berührt werden. Sämtliche Tanks müssen bei derartigen Arbeiten von ihrem Beginn an dicht geschlossen gehalten werden, abgesehen von den ordnungsmäßig gesicherten Entlüftungsrohren. Die Arbeiten dürfen nur unter ständiger Anwesenheit und Aufsicht eines mit Arbeiten auf Tankschiffen vertrauten Meisters vorgenommen werden.

(4) Die Hafen- und Schiffahrtspolizei kann gestatten, daß ein Benzintankseeschiff nach der Entlöschung zu anderen als den im 2. Absatz genannten Zwecken und nach der Beladung im Hafen bleibt.

(5) Die Bestimmungen der Absätze 2—4 gelten sinngemäß für Benzintankseeschiffe, die in entlöschtem Zustande hier eintreffen.

C. Petroleumtankseeschiffe.

§ 11.

Das Eintreffen eines beladenen Petroleumtankseeschiffes im hiesigen Hafen hat der Vertreter des Schiffes spätestens unmittelbar nach dessen Ankunft bei der Hafen- und Schiffahrtspolizei und beim Oberhafenamt anzuzeigen; er hat dabei den Führer, die Herkunft, die Art und das Gewicht der Ladung anzugeben.

§ 12.

Petroleumtankseeschiffe dürfen in beladenem Zustande nur im Petroleumhafen Liegeplatz nehmen. Sie dürfen nur dort entlöscht und beladen werden. Das Dampfaufmachen für die Ausfahrt kann beladenen Schiffen von der Hafen- und Schiffahrtspolizei an einem geeigneten Liegeplatz außerhalb des Petroleumhafens gestattet werden.

§ 13.

(1) Im Petroleumhafen ist auf den Petroleumtankseeschiffen jeder Gebrauch von Feuer verboten, soweit er nicht nach Absatz 2—4 zugelassen ist; insbesondere ist auch das Rauchen untersagt. Die Feuer unter allen Kesseln des Schiffes müssen vor seinem Einlaufen in den Petroleumhafen vollständig gelöscht sein.

(2) Die Hafen- und Schiffahrtspolizei kann gestatten, daß im Petroleumhafen zum Antrieb von Pumpen und Dynamomaschinen auf dem Schiffe Dampfkessel des Schiffes benutzt werden, und zwar unter folgenden Bedingungen:

a) Der Hafen- und Schiffahrtspolizei ist durch eine Prüfungs-Bescheinigung des Aufsichtsamtes für Dampfkessel und Maschinen der Nachweis zu führen, daß die maschinellen Einrichtungen zum Löschen und Laden und die dafür zu benutzenden Kessel des Schiffes besichtigt und in Ordnung befunden sind.

Die Kessel haben den Allgemeinen polizeilichen Bestimmungen über die Anlegung von Schiffsdampfkesseln vom 17. Dezember 1908 (Reichsgesetzblatt 1909 Seite 51) nebst Abänderungen zu entsprechen. Mindestens eine der vorhandenen Speisevorrichtungen ist bei dem Kessel aufzustellen. Bei höher aufgestellten Kesseln ist im Heizraum ein genügend großer, mit einem Wasserstandsglas versehener Speisetank anzubringen, aus dem die Speisevorrichtung saugen kann. Die Kessel sind vor ihrer Inbetriebnahme im Petroleumhafen den vorgeschriebenen

Prüfungen und Revisionen zu unterwerfen. Die innere und die Revision der Kessel unter Dampf ist alljährlich, die Wasserdruckprobe alle 6 Jahre zu wiederholen.

b) Der Kessel darf nur mit Öl geheizt werden. Die Ölfeuerungsanlage muß den Allgemeinen Grundsätzen für den Bau, die Ausrüstung und den Betrieb von Ölfeuerungsanlagen auf Seeschiffen vom 19. April 1922/27. April 1925 (Amtlicher Anzeiger 1922 Seite 647 und 1925 Seite 537) entsprechen. Öltanks irgendwelcher Art dürfen im Heizraum nicht aufgestellt werden.

c) Der Schornstein des Kessels muß gereinigt und mit einem als wirksam anerkannten Funkenfänger versehen sein.

d) Während der Benutzung des Kessels im Petroleumhafen muß die Heizung durch einen Maschinisten (nicht durch einen Heizer) überwacht werden.

e) Für den Betrieb von Dynamomaschinen sind die Vorschriften des § 14 zu beachten.

(3) Die Hafen- und Schiffahrtspolizei kann ausnahmsweise erlauben, daß auf dem Schiff befindliche Verbrennungsmotoren im Petroleumhafen zum Antrieb von Dynamomaschinen des Schiffes gebraucht werden.

(4) Die Hafen- und Schiffahrtspolizei kann gestatten, daß im Petroleumhafen in der Kombüse des Schiffes unter Verwendung von Koks gekocht wird, wenn der Kombüsenschornstein in den Hauptschornstein eingeführt und dieser gegen Funkenflug ausreichend gesichert ist.

§ 14.

Abgesehen von den Positionslaternen dürfen im Petroleumhafen auf Petroleumtankseeschiffen an künstlichen Leuchtmitteln nur tragbare elektrische Sicherheitslampen (explosionssichere Lampen mit Akkumulatoren oder Trockenbatterien) oder elektrische Glühlampen verwandt werden, die von einer Stromquelle der elektrischen Lichtanlage des Schiffes gespeist werden. Nach der Festlegung des Schiffes im Petroleumhafen darf aber die gesamte elektrische Starkstromanlage des Schiffes erst dann wieder benutzt werden, nachdem ein anerkannter Sachverständiger die Anlage untersucht und bescheinigt hat, daß sich die Anlage bei der von ihm vorgenommenen Untersuchung in betriebssicherem Zustande befunden hat, und nachdem diese Bescheinigung der Hafen- und Schiffahrtspolizei eingereicht worden ist.

§ 15.

(1) Für die Entlöschung und die Beladung eines Petroleumtankseeschiffes sind entweder Pumpen am Lande zu benutzen oder Pumpen des Schiffes, für die Dampf vom Lande geliefert oder nach den Vorschriften des § 13 Abs. 2 auf dem Tankschiff erzeugt wird.

(2) Die Hafen- und Schiffahrtspolizei kann erlauben, daß für das Laden und Löschen auch Pumpen des Schiffes verwandt werden, für die Dampf von einem Hafendampfer geliefert wird oder die durch Elektromotoren des Schiffes angetrieben werden. Für die Lieferung des Dampfes durch einen Hafendampfer gelten die Bestimmungen im § 7 Abs. 2.

(3) Während der Nacht darf das Löschen und Laden nur stattfinden, wenn eine den Anforderungen der Hafen- und Schiffahrtspolizei genügende Beleuchtung vorhanden ist.

(4) Die Bestimmungen des § 9 finden auch auf Petroleumtankseeschiffe Anwendung.

D. Andere Mineralöltankseeschiffe.

§ 16.

(1) Die Bestimmungen der §§ 13, 14, 15 finden auch Anwendung auf den Verkehr solcher Tankseeschiffe im Petroleumhafen, die zur Beförderung von Mineralölen mit einem Flammpunkt von mehr als 55° C dienen.

(2) Für den Verkehr dieser Schiffe außerhalb des Petroleumhafens gelten, soweit es sich um Mineralöle mit einem Flammpunkt bis zu 100° C handelt, außer den §§ 15—15c der Hafenordnung folgende Vorschriften: § 9 dieser Verordnung findet mit der Einschränkung Anwendung, daß die ausreichend gesicherten Peilöffnungen ohne Erlaubnis der Hafen- und Schiffahrtspolizei für den Luftausgleich beim Pumpen offen gehalten werden dürfen. Während des Löschens oder Ladens darf in der Nähe der Ölleitungen und der Peilöffnungen nicht geraucht, offenes Feuer und Licht nicht benutzt werden.

E. Andere Tankseeschiffe.

§ 17.

Auf Tankseeschiffe, die zur Beförderung anderer brennbarer Flüssigkeiten als Mineralöle dienen, finden die Vorschriften der Abschnitte B, C oder D sinngemäße Anwendung.

F. Ausnahmen.

§ 18.

Die Polizeibehörde kann in besonderen Fällen weitergehende Forderungen stellen oder Erleichterungen gewähren. Über Erleichterungen für Fälle, für die eine Mitwirkung des Gewerbeaufsichtsamtes in Frage kommt (s. § 10), ist ein Einvernehmen mit dem Gewerbeaufsichtsamt herbeizuführen.

G. Strafbestimmungen.

§ 19.

Zuwiderhandlungen gegen diese Verordnung und die auf Grund derselben erlassenen Vorschriften werden mit Geldstrafe bis zu 150 RM. oder mit Haft bis zu 6 Wochen bestraft, soweit nicht nach anderweitigen Bestimmungen höhere Strafen verwirkt sind.

H. Inkrafttreten.
Aufhebung bisheriger Bestimmungen.

§ 20.

Die Verordnung tritt am 1. September 1929 in Kraft. Mit dem gleichen Tage werden von der Bekanntmachung, betreffend die Entlöschung und die Lagerung von Petroleum und Terpentinöl sowie den Verkehr mit diesen Artikeln, vom 20. Dezember 1882 (Hamburgische Gesetzsammlung Seite 160) der 1. Absatz im § 1, der § 3 und der Unterabsatz b im 1. Absatz des § 5 aufgehoben.

Gegeben in der Versammlung des Senats, Hamburg, den 21. August 1929.

4. Lagerhäuser im nördlichen Freihafengebiet.

a. Feuerpolizeiliche Bestimmungen für die Lagerhäuser im nördlichen Freihafengebiet vom 4. Januar 1889.

Für die Lagerhäuser im nördlichen Freihafengebiet gelten folgende feuerpolizeiliche Bestimmungen.

A. Beleuchtung.

Als festes Licht darf nur elektrisches Glühlicht oder Gas aus der städtischen Gasleitung verwendet werden.

Für elektrische Glühlicht-Anlagen, deren Änderung oder Erweiterung sind außer den besonderen Bestimmungen, welche die Baupolizei für den einzelnen Fall etwa treffen sollte, folgende allgemeine Vorsichts-Bedingungen zu beachten:

Jeder Inhaber eines mit elektrischer Beleuchtung versehenen Mieteraumes hat sich vor der Inbetriebnahme der Beleuchtung über die Einrichtung der Beleuchtungsanlage, besonders über die Lage der Leitungen, über die in denselben befindlichen Sicherheitsschaltungen, Abschlußvorrichtungen usw. genau zu unterrichten.

Die an den Decken und Wänden etwa frei liegenden Leitungsdrähte der elektrischen Beleuchtung sind vor äußerer Beschädigung zu schützen; sollte aber dennoch eine solche Beschädigung eintreten, so ist der betreffende Teil der Leitung durch Öffnen des Ausschalters beziehungsweise des Sicherheitsschalters, sofort außer Betrieb zu setzen und der Verwaltung der Freihafen-Lagerhäuser beziehungsweise der Feuerwache sofort Kenntnis von dem Vorkommen zu geben.

Alle etwa gewünschten Änderungen der Leitungsführungen und der Lampeneinrichtungen dürfen bei den von der Zentralstelle der Lagerhaus-Gesellschaft gespeisten elektrischen Leitungen ausschließlich nur durch sachverständige Beauftragte der Lagerhaus-Verwaltung ausgeführt werden.

Jeden Abend nach Schluß der Arbeitszeit in den Mieteräumen ist die Zuführung des elektrischen Stromes durch Öffnen des vor dem Elektrizitätsmesser oder anderweitig angebrachten Hauptschalters zu unterbrechen.

Die Verwendung des elektrischen Stromes zu anderen als Beleuchtungszwecken mittels Glühlampen bedarf in allen Fällen der Genehmigung der Baupolizei.

Für Gasbeleuchtung gilt die revidierte Instruktion für Gasfitter vom März 1879.

Transportables Licht darf in Lagerräumen nur in ringsum geschlossenen, durch ein Drahtgitter geschützten, dem polizeilich genehmigten Muster entsprechenden Kugellaternen gebrannt werden.

Der Gebrauch transportablen offenen Lichtes, wozu auch Lampen ohne Laternenverschluß zu rechnen sind, ohne besondere Erlaubnis der Baupolizei ist für alle Lagerräume und Werkstätten verboten.

Als Brennstoff für Beleuchtungszwecke darf außer Gas und neben dem elektrischen Licht nur Fettöl und eine solche Sorte Kerzen, bei welchen der Docht vollständig verbrennt, verwendet werden.

Petroleum und Petroleum-Destillate (Naphta, Äther, Benzin, Gasolin usw.) sowie ähnliche leicht entzündliche Materialien dürfen in den Lagerräumen und in den Kontoren nicht als Brennstoff benutzt werden.

B. Heizung.

Für Zentralheizungen gelten nach § 54 Abs. 4 des Baupolizei-Gesetzes die daselbst im Abschnitte IV erteilten Vorschriften. Von jeder Einrichtung oder Veränderung einer solchen Anlage ist nach § 11 und § 58 des Baupolizei-Gesetzes der Baupolizei unter Anschließung von Zeichnungen Anzeige zu machen. Die behördlich zu erteilenden feuerpolizeilichen Bestimmungen für die Anlage und deren Betrieb sind für jedermann, der bei der Herstellung, der Wartung, der Nutzung und der Unterhaltung der Anlage beteiligt ist, maßgebend.

Die Errichtung neuer Feuerstätten (Herde, Öfen, Kamine usw.) oder die Verlegung einer bereits vorhandenen Feuerstätte an einen anderen Ort ohne Genehmigung der Baupolizei wird nach § 368, 3 des Strafgesetz-Buches mit Geldstrafe bis zu RM. 60 oder mit Haft bis zu 14 Tagen geahndet.

Die Aufstellung eines größeren Ofens oder Herdes an Stelle eines kleineren, sowie die Ersetzung einer bestehenden Heiz- oder Kocheinrichtung durch eine Anlage anderer Art wird als Errichtung einer neuen Feuerstätte angesehen, und bedarf demnach ebenfalls der Genehmigung der Baupolizei.

Die Erteilung der baupolizeilichen Genehmigung ist auf dem gesetzlich vorgeschriebenen Formular (Anhang II zum Baupolizei-Gesetz vom 23. Juni 1882) zu beantragen.

Die Verwendung transportabler Gasöfen ist nur mit besonderer, in jedem einzelnen Falle schriftlich nachzusuchender polizeilicher Genehmigung zulässig.

Wer es unterläßt, dafür zu sorgen, daß die Feuerstätten in seinem Hause in baulichem und brandsicheren Zustande unterhalten, oder daß die Schornsteine zur rechten Zeit gereinigt werden, verfällt nach dem Strafgesetz-Buche § 368, 4 in eine Geldstrafe bis zu RM. 60 oder in eine Haftstrafe bis zu 14 Tagen.

Die Inhaber bestimmter Räumlichkeiten in einem Hause sind verpflichtet, dem Hauseigentümer oder dessen Verwalter von etwaigen brandunsicheren Zuständen in den von ihnen benutzten Räumen ohne Verzug Anzeige zu machen, und dürfen sich nicht weigern, die Beseitigung derartiger Zustände oder die rechtzeitige Reinigung der Schornsteine zuzulassen.

Für die Reinigung der Schornsteine gelten die Vorschriften für den Betrieb des Schornsteinfeger-Gewerbes vom November 1876.

Der Schornsteinfeger, welcher verpflichtet ist, die zur Reinigung der Schornsteine festgesetzten Zeiten pünktlich einzuhalten, darf in keiner Weise bei Ausübung dieser Tätigkeit behindert und demselben namentlich weder die Zulassung zum Fegen, noch die Entgegennahme der Tags zuvor zu machenden Ansage verweigert werden.

Die Reinigungsklappen am untern Ende der Schornsteine müssen zu jeder Zeit zugänglich sein und dürfen nicht durch Waren, Mobilien usw. zugesetzt werden.

Soweit der Ruß nicht in die Siele abgeführt wird, ist derselbe sofort nach der Reinigung der Schornsteine in metallene Behälter zu bringen und noch selbigen Tages abzufahren.

Feuerungsmaterial darf im Dachgeschosse, überhaupt nicht und ebenso wenig auf den Böden der Lagerhäuser zwischen anderen Waren gelagert werden. Die Lagerräume für größere Mengen von Feuerungsmaterial sind durch massive Wände, ausgemauerte und verputzte Fachwerkswände oder Rabitz'sche Putzwände zu umschließen und mit verputzter Decke zu versehen. Kleine Quantitäten können in eisernen Kisten aufbewahrt werden. Die Aufbewahrung von Anheizmaterial darf nicht anders als in solchen Kisten geschehen.

Asche und Feuerungsreste dürfen nur in eisernen, dicht zu schließenden Behältern aufbewahrt werden. Diese Behälter sind täglich auf die Karren oder Wagen, mittels welcher die Abholung des Kehrichts durch die Straßenreinigungs-Verwaltung erfolgt, zu entleeren. Die Aufstellung der Aschbehälter bis zur Abholung des Inhaltes auf den Böden, in den Lagerräumen und in den Räumen, welche zur Aufnahme der Feuerung dienen, ist verboten.

C. Feuergefährliche Stoffe.

Die Benutzung der Lagerhäuser zur Unterbringung von selbstentzündlichen Waren und explosiblen Stoffen, sowie von Petroleum, Terpentinöl, Teer, Pech, Harz, Gallipot, Schwefel und Schwefelblumen, ungelöschtem Kalk, Hanf, Heede, Torfe, Flachs und roher Jute, Mungowolle, gefetteter Shoddywolle und roher Baumwolle ist völlig ausgeschlossen. Sollten derartige Waren unter unrichtiger Bezeichnung zur Lagerung gebracht werden, so haftet der Lagerer für allen daraus entstehenden Schaden.

D. Gewerbliche Anlagen.

Jede Einrichtung oder Veränderung einer gewerblichen Anlage ist nach Maßgabe des § 57 des Baupolizei-Gesetzes anzeigepflichtig. Die Baupolizei hat bei

Genehmigung derselben die feuerpolizeilichen Bestimmungen für die Anlage und deren Betrieb zu erteilen. Übrigens sind Werkstätten, mit denen eine besondere Feuergefahr verbunden ist, überhaupt unzulässig.

E. Sonstige Bestimmungen.

Das Rauchen in den Lagerräumen, Dachböden und Werkstätten ist verboten, desgleichen das Mitbringen brennender Pfeifen, Zigarren oder Zigaretten. Eine dieses Verbot enthaltende Bekanntmachung muß auf jeder Eingangstür zu den betreffenden Räumen angebracht sein.

Unrat, Kehricht und dergleichen darf in keinem Teile der Lagerhäuser über 24 Stunden hinaus lagern, sondern ist alltäglich und zwar durch die Verwaltung der Straßenreinigung abzufahren.

Papier, Stroh und ähnliche zum Verpacken von Waren bestimmte verbrennbare Sachen oder Gegenstände dürfen nirgends mit den Waren zusammen gelagert, sondern müssen in geschlossenen Kisten oder in abgetrennten Räumen aufbewahrt werden.

Die Lagerung von Waren hat auf allen Böden und in den übrigen zur Warenlagerung dienenden Räumen so zu erfolgen, daß dort, wo Türen oder Luken sich befinden, auch ein mindestens 0,85 m breiter Gang zu den Türen oder Luken führt und die letzteren niemals mit Ballen, Kisten, Waren usw. versperrt werden.

Die Treppen und Vorplätze müssen immer für den Verkehr freigehalten werden. Kisten, Säcke, Ballen, Tonnen und andere Gegenstände dürfen daselbst zu keiner Zeit aufgestellt oder hingelegt werden.

Raumabscherungen durch Verschläge aus Holz bedürfen der besonderen Genehmigung der Baupolizei-Behörde.

Jede Beschädigung oder unbefugte Benutzung der Löscheinrichtungen, namentlich der Hochdruckhydranten, und der gewöhnlichen Wasserleitung, der Extincteure, der Schläuche und des Feuertelegraphen etc. ist strafbar. (Straf-Gesetz-Buch §§ 303, 307, 3, 317, 318, 321, 326 und 360, 11.)

F. Beaufsichtigung.

Die aus einem Kommando der Feuerwehr zu bildende Feuerwache erhält ihre Instruktion von dem Branddirektor.

Neben der Feuerwache fungiert für die Speicher der Lagerhaus-Gesellschaft ein von dieser Gesellschaft anzustellendes Wächter-Personal, welches von der Direktion der Gesellschaft zu instruieren und zu kontrollieren ist.

Sämtliche Mieter, Inhaber oder Nutznießer von Lagerräumen im nördlichen Freihafengebiet sind verpflichtet, ihre Lokalitäten durch die zur Feuerwache gehörenden Mannschaften der Feuerwehr und, soweit die Lagerhäuser der Freihafen-Lagerhaus-Gesellschaft in Betracht kommen, durch das Wächter-Personal der Gesellschaft bezüglich der Feuersicherheit revidieren zu lassen und dürfen den Betreffenden den Zutritt zu ihren Räumen nicht verweigern.

G. Allgemeine Strafbestimmung.

Die Übertretung dieser Verordnung wird, unbeschadet weiterer zivilrechtlicher oder strafrechtlicher Verfolgung, nach § 368, 8 des Straf-Gesetz-Buches mit Geldstrafe bis zu RM. 60 oder mit Haft bis zu 14 Tagen bestraft.

Gegeben in der Versammlung des Senats, Hamburg, den 4. Januar 1884.

b. Verordnung, betreffend Ergänzung der feuerpolizeilichen Bestimmungen für die Lagerhäuser im nördlichen Freihafengebiet vom 8. März 1912 in der Fassung der Verordnungen vom 22. Januar 1923, 30. Juni 1924, 4. Februar 1925, 6. Mai 1926, 28. April 1927, 9. Juli 1927, 4. November 1927.

In Ergänzung der Bekanntmachung vom 4. Januar 1889, betreffend feuerpolizeiliche Bestimmungen für die Lagerhäuser im nördlichen Freihafengebiet, wird hierdurch verordnet, daß die in dem nachstehenden Verzeichnis aufgeführten Gegenstände in den Lagerhäusern des nördlichen Freihafengebietes nicht untergebracht (eingebracht, aufbewahrt oder gelagert) werden dürfen, soweit nicht Ausnahmen aus dem Verzeichnis selbst sich ergeben oder im Einzelfalle von der Polizeibehörde nach Anhörung der Feuerwehr zugelassen werden. Das Verbot erstreckt sich, abgesehen von Sprengstoffen, Munition, Zündwaren und Feuerwerkskörpern, nicht auf Proben in geringen Mengen. Das Verbot findet ferner keine Anwendung auf die Aufbewahrung von Packmaterial, unbeschadet der Bestimmungen im 3. Absatz des Abschnittes E der Bekanntmachung vom 4. Januar 1889.

Bei verpackten Gegenständen ist der Lagerhalter, wenn der Inhalt nicht bezeichnet und ihm auch sonst nicht angegeben ist, verpflichtet, sich unverzüglich davon zu überzeugen, daß die Packstücke keine Gegenstände der verbotenen Art enthalten.[1]

[1] Verordnung vom 4. 11. 27.

Zuwiderhandlungen werden nach § 368 Ziffer 8 des Strafgesetzbuches mit Geldstrafe bis zu RM. 60 oder mit Haft bis zu 14 Tagen bestraft.

Hamburg, den 8. März 1912.

Die Polizeibehörde.

Verzeichnis.

A. Explosionsgefährliche Gegenstände.

I. Alle Sprengstoffe.

Dazu gehören unter anderen:

1. Ammoniaksalpetersprengstoffe: Donarit, Fulmenit, Roburit und dergleichen.
2. Organische Nitrokörper: Pikrinsäure, Trinitrotoluol und dergleichen.
3. Nitrozellulose (Schießbaumwolle, Kollodiumwolle).
4. Schwarzpulver, Sprengsalpeter und ähnliche Sprengstoffe.
5. Chlorat- und Perchloratsprengstoffe: Cheddit und dergleichen.
6. Dynamit und dynamitähnliche Sprengstoffe: Sprenggelatine und dergleichen.
7. Rauchschwaches Pulver.

II. Munition.

Dazu gehören unter anderen:

1. Leucht- und Signalmittel: Raketen für Zwecke des Krieges und des Rettungswesens, Kanonenschläge und dergleichen.
2. Zündschnüre: Schwarzpulverzündschnüre, Schnellzündschnüre, Momentzündschnüre und dergleichen.
3. Nichtsprengkräftige Zündungen: Zündspiegel, Zündhütchen und leere Patronenhülsen mit Zündvorrichtung für Schußwaffen, Schlagröhren und dergleichen.
4. Sprengkräftige Zündungen: Sprengkapseln (Sprengzündhütchen), Minenzündungen, Zündladungen und dergleichen.
5. Petarden für Knallhaltesignale auf Eisenbahnen, Sprengpatronen, Sprengbüchsen und dergleichen, Sprengladungen für Geschosse, Torpedos und Minen.
6. Patronen für Handfeuerwaffen.
7. Geladene Geschosse und Patronen für Geschütze.

III. Zündwaren und Feuerwerkskörper.

Dazu gehören unter anderen:

1. Phosphorzündhölzer und andere Reib- und Streichzünder mit Ausnahme der sogenannten schwedischen Streichhölzer, wenn letztere in Holzkisten mit Blecheinsatz gut verpackt sind.
2. Pyrotechnische Zündstäbchen: bengalische Zündhölzer, Goldregenhölzer, Blumenregenhölzer, Wunderkerzen und dergleichen.
3. Pyrotechnische Scherzartikel: Knallbonbons, Blumenkarten, Blättchen von Kollodiumpapier, Knallerbsen. Knallgranaten, Konfettibomben, Boskozylinder, Kotillonfrüchte und ähnliche Gegenstände.
4. Zündblättchen (Amorces), Zündbänder, Paraffinzündbänder, Knallkorke, sogenanntes spanisches Feuerwerk, wie Radauplätzchen, Krawallstanden, Gewitterhagel.
5. Alles sonstige Feuerwerk. Dazu gehören unter anderen Kanonenschläge, Raketen, römische Lichter, Fontänen und dergleichen, Klein- und Salon-Feuerwerk, wie Silber- und Goldregen, Frösche, Schwärmer und Fire crackers, bengalische Fackeln, Signal blue lights und dergleichen.

IV. Verdichtete und verflüssigte Gase.

Kohlensäure, Azetylen, Wasserstoff, Sauerstoff, Stickstoff, flüssige Luft, Chlormethyl, Chloräthyl, letzteres auch parfümiert (Lance Parfüm), und andere Gase in verdichtetem und verflüssigtem Zustande.

V. Stoffe, die in Berührung mit Wasser oder anderen Stoffen entzündliche oder die Verbrennung unterstützende Gase entwickeln.

Dazu gehören unter anderen:

1. Die Metalle der Alkalien und der alkalischen Erden und deren Legierungen, wie Natrium, Kalium und dergleichen.
2. Kalziumkarbid, auch imprägniert, Kalziumhydrür (Hydrolith).
3. Natriumsuperoxyd, Bariumsuperoxyd.
4. Natriumazid.

B. Feuergefährliche Stoffe.

I. Alle selbstentzündlichen Stoffe.

Dazu gehören unter anderen:

1. Phosphor.
2. Phosphorkalzium, Phosphorstrontium; auf elektrischem Wege hergestelltes Ferrosilizium; Phosphoreisen und ähnliche Verbindungen von Phosphor mit Metallen.
3. Mischungen von amorphem Phosphor mit Harzen oder Fetten.
4. Zinkäthyl, auch in ätherischer Lösung.
5. Gefettete Eisen- und Stahlspäne (Dreh-, Bohrspäne und dergleichen).
6. Mit Fett, Öl oder Firnis getränktes Papier und Fabrikate daraus mit Ausnahme von Linkrusta, z. B. Hülsen und Fliegenpapier.
7. Pyrophorische Metalle.
8. Wolle, Haare, Kunstwolle, Kunstbaumwolle[1] — z. B. Vistrawolle —, Baumwolle, Seide, Kunstseide[2], Flachs, Hanf, Jute,
   a) als Abfälle vom Verspinnen und Verweben sowie als Lumpen oder Lappen,
   b) wenn sie gefettet oder gefirnißt sind.

   Ferner gefettete oder gefirnißte Fabrikate aus diesen Stoffen wie Seilerwaren, Treibriemen, Weber-, Harnisch- und Geschirrlitzen, Öltuch und Ölzeug.

II. Hanf, Sisal, Hede, Flachs, Mungowolle, rohe Jute, rohe Baumwolle, Kapok[2], Heu, Stroh, Holzwolle.

III Ungelöschter Kalk.

IV. Schwefel und Schwefelblumen.

[3]V. Teer, Kalfaterleim, Fichtenharz (Kolophonium, auch Galipot), Gummi-Kopal[4], Terpentin, Binitrotoluol, Dinitrochlorbenzol[5], Rohkampfer, Naphtalin. Ferner raffinierter Kampfer, ausgenommen Mengen bis zu 50 kg, die in Kisten mit Blecheinsatz verpackt sind.

Lötarbeiten an Kisten, die raffinierten Kampfer enthalten, dürfen in den Lagerhäusern nicht vorgenommen werden.

---

[1] Verordnung vom 4. 11. 25.
[2] Verordnung vom 6. 5. 26.
[3] Verordnung vom 22. 1. 23.
[4] Verordnung vom 28. 4. 27.
[5] Verordnung vom 30. 4. 24.

VI. Kopra (getrocknete Kokosnußstücke[1]).

VII. Zelluloid und Waren, die ganz oder im wesentlichen aus Zelluloid bestehen.

Die Unterbringung von Zelluloid und Zelluloidwaren ist nur in dem dafür errichteten besonderen Lagerhause gestattet.

VIII. Nitrate (salpetersaure Salze), Nitrite (salpetrigsaure Salze), Chlorate (chlorsaure Salze) und Perchlorate (überchlorsaure Salze).

IX. Folgende brennbare Flüssigkeiten.

1. Alle Mineralöle mit einem unter 140° C liegenden Entflammungspunkt, z. B. Rohpetroleum, Rhigolen, Petroleumäther, Gasolin, Petroleumbenzin, Ligroine; Leucht-, Brennpetroleum und andere Lampenöle, wie Kerosin, Astralin, Standard white, water white, Salon- und Kaiseröl, Photogen, Solaröl, Gasöl; Putzöl, Schwerbenzin, Heiz- und Treiböle, Vaselinöle, Paraffinöle; Teeröle, wie Benzol, Toluol, Xylol, Kumol, Solvent-Naphtha.
2. [2]Schwefelkohlenstoff, Methanol (Methylalkohol, Holzgeist), Aethyläther (Schwefeläther), Azeton.
3. Äthylalkohol (Weingeist, Spiritus), Amylalkohol (Fuselöle). Alle alkoholischen Flüssigkeiten mit mehr als 84 Raumteilen Alkohol in 100 Raumteilen der Flüssigkeit bei 15° C (Tralles).

   Das Verschneiden von Wein und Spirituosen und die Aufbewahrung geringer Mengen hierzu benötigten Sprits ist nach vorher einzuholender Genehmigung der Polizeibehörde gestattet.
4. Terpentinöl, Kienöl, Kampfer- und Harzöle, Essigäther, Amylazetat, Fruchtäther, Rumäther.
5. Brennbare Flüssigkeiten, die Stoffe der Gruppen 1 bis 4 enthalten und nach ihrer Zusammensetzung ebenso feuergefährlich wie diese sind, wie Zaponlack oder Zelluloidlack, Terpentinöllacke, Spirituslacke, Naphthafarben, Gummilösung, Tauchfluid, Solution, Kollodium.

c. Verordnung für die Lagerhäuser im nördlichen Freihafengebiet vom 20. Dezember 1899.

Das Anzünden von Zünd- oder Streichhölzern in den Lagerräumen ist verboten. Das Anzünden und Auslöschen der Handlaternen darf nur in den Treppenhäusern der Speicher geschehen.

[1] Verordnung vom 9. 7. 27.
[2] Verordnung vom 30. 4. 24.

Lötarbeiten dürfen nur nach vorgängiger Anzeige bei der Feuerwache vorgenommen werden.

Die Lötöfen müssen bei Benutzung sich in einem Kasten von Eisenblech mit mindestens 30 cm hohen Wänden[1] befinden und mindestens 1 m entfernt von Waren, Kisten etc. aufgestellt sein. Ein mit Wasser gefüllter Eimer ist dabei bereit zu halten.

Zuwiderhandlungen werden — soweit nicht nach den bestehenden Gesetzen eine höhere Strafe verwirkt ist — mit Geldstrafe bis zu RM. 36 bestraft (§ 9 des Gesetzes vom 2. November 1896).

Hamburg, den 20. Dezember 1899.

Die Polizeïbehörde.

d. Verordnung über das Rauchen in den Lagerhäusern des nördlichen Freihafengebiets vom 13. Dezember 1926.

In Ergänzung der Bekanntmachung vom 4. Januar 1889, betreffend feuerpolizeiliche Bestimmungen für die Lagerhäuser im nördlichen Freihafengebiet, wird hierdurch für diese Lagerhäuser folgendes verordnet:

In den Lagerräumen, Dachböden und Werkstätten und auf den unmittelbar zu diesen Räumen führenden Zugängen (Treppenhäusern, Fluren usw.) ist das Rauchen und das Mitbringen glimmender Pfeifen, Zigarren und dergleichen verboten. Eine dieses Verbot enthaltende Bekanntmachung muß in den Treppenhäusern usw. in jedem Geschoß augenfällig angebracht sein.

Zuwiderhandlungen werden nach § 368, 8 des Strafgesetzbuches mit Geldstrafe bis zu 150 RM. oder mit Haft bis zu 14 Tagen bestraft.

Hamburg, den 13. Dezember 1926.

Die Polizeibehörde.

5. Kaianlagen.

a. Verordnung über das Verbot des Rauchens am Kai vom 18. August 1926.

Auf Grund des § 20a des Gesetzes, betreffend das Verhältnis der Verwaltung zur Rechtspflege, vom 23. April 1879/8. Oktober 1923 wird unter Aufhebung der Bekanntmachung vom 23. Juni 1890 verordnet:

Auf den Kaischuppen, ihren Rampen und ihren Zugängen sowie auf dem Gelände zwischen den einzelnen Kaischuppen und den Kaimauern einschließlich der

[1] Geeignete Kästen werden auf der Feuerwache leihweise abgegeben.

dort befindlichen Kräne und sonstigen Anlagen ist das Rauchen und das Mitbringen glimmender Zigarren u. dgl. bei Strafe bis zu 150 RM. verboten.

Hamburg, den 18. August 1926.

Die Polizeibehörde.

b. Verordnung betreffend Lötarbeiten in den Kaianlagen vom 27. Juni 1905.

Lötarbeiten in den Kaianlagen sind nur unter Beobachtung der folgenden Vorsichtsmaßregeln gestattet:

1. Das Anheizen der Lötöfen muß außerhalb der Kaischuppen auf der Straße erfolgen.
2. Die Lötöfen müssen bei Benutzung in einem Kasten[1] von Eisenblech mit mindestens 30 cm hohen Wänden stehen und mindestens 1 m entfernt von Waren, Kisten etc. in möglichster Nähe der Kaimauern aufgestellt sein. Solange Feuer in den Öfen ist, dürfen sie nur in diesen Kasten befördert werden.
3. Das Heizen der Öfen ist nur mit Holzkohle gestattet.
4. Während der Arbeit sind entweder Feuerschläuche oder einige mit Wasser gefüllte Eimer zum sofortigen Gebrauch bereit zu halten.

Zuwiderhandlungen werden — soweit nicht nach den bestehenden Gesetzen eine höhere Strafe verwirkt ist — mit Geldstrafe bis zu RM. 36.— bestraft.

Hamburg, den 27. Juni 1905.

Die Polizeibehörde.

Verordnung über den Verkehr mit gefährlichen Gütern am Kai.

Auf Grund von § 20a des Gesetzes, betreffend das Verhältnis der Verwaltung zur Rechtspflege, in der Fassung des Gesetzes vom 8. Oktober 1923 wird hierdurch verordnet, was folgt:

§ 1.

(1) Gefährliche Güter sind folgende Stoffe und Gegenstände:

---

[1] Modelle für geeignete Kästen können an der Lagerhausfeuerwache am Brookthorquai in Augenschein genommen werden.

a) diejenigen, die wegen ihrer Gefährlichkeit nach der Seefrachtordnung mit Kauffahrteischiffen seewärts überhaupt nicht oder nur bedingungsweise befördert werden dürfen (vgl. §§ 1 und 2 sowie Anlagen 1 und 2 der Seefrachtordnung);

b) diejenigen, die in der Anlage unter VII aufgeführt sind.

(2) Die in der Anlage im Abschnitt IIIa bezeichneten brennbaren Flüssigkeiten unterliegen dieser Verordnung ohne Rücksicht darauf, wie hoch ihr Gehalt an festen Stoffen ist.

§ 2.

(1) Unmittelbare Überladung am Kai ist eine Überladung von Gütern aus dem Eisenbahnwagen oder Fuhrwerk in das Schiff oder umgekehrt, bei der eine Lagerung nicht stattfindet.

(2) Schuppenabteilung ist bei den in der Mitte durch eine Brandmauer unterteilten Schuppen der Schuppenteil von dieser Brandmauer bis zu einem Schuppenende, bei den nicht in jener Weise unterteilten Schuppen der ganze Schuppen.

(3) Gewichtsangaben bezeichnen das Rohgewicht.

§ 3.

(1) Gefährliche Güter, die nach der Seefrachtordnung seewärts mit Kauffahrteischiffen überhaupt nicht befördert werden dürfen, sind vom Verkehr am Kai ausgeschlossen.

(2) Gefährliche Güter, die nach der Seefrachtordnung seewärts mit Kauffahrteischiffen nur bedingungsweise befördert werden dürfen, sind zum Verkehr am Kai nur dann zugelassen, wenn sie in Beschaffenheit und Verpackung den Vorschriften der Seefrachtordnung entsprechen.

(3) Der Verkehr mit den unter (2) bezeichneten und mit anderen gefährlichen Gütern (Abschnitt VII der Anlage) am Kai unterliegt den Einzelvorschriften der Anlage.

§ 4.

Bei der Anlieferung aus dem Deutschen Reiche stammender gefährlicher Güter zur Lagerung oder unmittelbaren Überladung am Kai hat der Ablader der Verwaltung des Kais über die Güter auf dem Schiffszettel diejenigen Angaben zu machen und diejenigen verantwortlichen Erklärungen abzugeben, die für die Verschiffung der Güter in der Seefrachtordnung vorgeschrieben sind (Seefrachtordnung: § 3, Verladungsvorschriften der Anlage 1, Ziffer 3 des Abschnittes Allgemeines der Anlage 2).

§ 5.

Kommen gefährliche Güter aus dem Auslande, so gelten für ihre Zulassung zum Verkehr am Kai an Stelle des Absatzes (2) im § 3 und des § 4 folgende Bestimmungen:

a) Güter der Abschnitte I—VIa der Anlage müssen ihrer Beschaffenheit nach den bezüglichen Vorschriften der Anlage 1 zur Seefrachtordnung genügen oder dürfen nicht gefährlicher sein als die dort aufgeführten Güter. Explosionsgefährliche Gegenstände (Abschnitt I der Anlage 1 zur Seefrachtordnung), für die eine gültige, nach den Bestimmungen der Eisenbahnverkehrsordnung vorgenommene inländische Prüfung nicht nachgewiesen werden kann, und selbstentzündliche Stoffe (Abschnitt II der Anlage 1 zur Seefrachtordnung) dürfen zum Verkehr am Kai nur mit besonderer Genehmigung der zuständigen Polizeibehörde zugelassen werden, soweit diese nicht Ausnahmen gestattet. Dasselbe gilt für flüssige Blausäure und Dimethylsulfat (Abschnitt IV Ziffer 10 und 11 der Anlage 1 zur Seefrachtordnung).

b) Die Verpackung darf von den einschlägigen Bestimmungen der Seefrachtordnung und den Sondervorschriften in der Anlage der vorliegenden Verordnung abweichen, muß aber mindestens die gleiche Sicherheit gewähren wie die in der Seefrachtordnung und in der Anlage der vorliegenden Verordnung für Gegenstände der gleichen Gattung vorgeschriebene. Die Bezeichnung der Behälter braucht mit den Vorschriften der Seefrachtordnung nicht übereinzustimmen.

c) Bei der Anlieferung der gefährlichen Güter zur Lagerung oder unmittelbaren Überladung am Kai hat, wenn die Güter von See eingehen, der Schiffsvertreter, sonst der Ablader der Verwaltung des Kais schriftlich Art und Eigenschaft der Güter gewissenhaft anzugeben.

§ 6.

Güter, die nach den Verladungsvorschriften der Seefrachtordnung nicht miteinander in derselben Schottenabteilung verladen werden dürfen, sind auf den Schuppen und Laderampen der Kais in mindestens 15 m Entfernung voneinander zu lagern.

§ 7.

Das Verbot der unmittelbaren Überladung am Kai erstreckt sich nicht auf Proben in geringer Menge und geringer Anzahl, abgesehen von Sprengstoffen und Munition.

§ 8.

Für besondere Einzelfälle bleiben abweichende — mildere und schärfere — Anordnungen vorbehalten; sie können für die öffentlichen Kaianlagen von der Kaiverwaltung, für die übrigen Kaianlagen von der Polizeibehörde getroffen werden.

§ 9.

Zuwiderhandlungen werden mit Geldstrafe bis zu 150 RM. bestraft, soweit nicht nach anderen Bestimmungen höhere Strafen verwirkt sind.

§ 10.

Diese Verordnung tritt am 1. Oktober d. J. in Kraft. Mit dem gleichen Tage werden aufgehoben:

a) die Verordnung über den Verkehr mit gefährlichen Gütern am Kai vom 31. August 1923 nebst Änderungen vom 17. März 1924, 30. März, 22. Mai, 3. Juli und 30. September 1925, 10. Mai und 26. Mai 1926, 31. Januar, 18. Mai, 7. Oktober und 7. November 1927, 11. Juli und 12. September 1928 (Hamburgisches Gesetz- und Verordnungsblatt 1923 Seite 953; 1924 Seite 207; 1925 Seite 181, 271, 335 und 497; 1926 Seite 315 und 349; 1927 Seite 67, 241, 465 und 499; 1928 Seite 305 und 375);

b) die Bekanntmachung vom 27. April 1914, betreffend Lagerung von Kalziumkarbid in den Kaischuppen (Amtsblatt Seite 223).

Gegeben in der Versammlung des Senats, Hamburg, den 20. August 1930.

Einzelvorschriften für den Verkehr mit gefährlichen Gütern am Kai*)

Abschnitt der Anlage 1 zur Seefrachtordnung	Güterverzeichnis	Besondere Vorschriften für die Lagerung am Kai. Diese unterliegt keinen besonderen Beschränkungen, wenn keine Vorschriften angegeben sind	Besondere Vorschriften für die unmittelbare Überladung am Kai. Diese unterliegt keinen besonderen Beschränkungen, wenn keine Vorschriften angegeben sind
I.	**I. Explosionsgefährliche Gegenstände.**		
Ia.	**Sprengstoffe u. andere explosionsfähige Stoffe.**	Bei allen Sprengstoffen und allen anderen explosionsfähigen Stoffen ist die Lagerung verboten.	Alle Sprengstoffe u. alle anderen explosionsfähigen Stoffe sind von der unmittelbaren Überladung ausgeschlossen, ausgenommen die in dieser Spalte bezeichneten Nitrozellulosen u. Benzoylperoxyd (Ia, C).
Ia. A. 1. Gruppe, c.	Nitrozellulose[1]), (Schießbaumwolle, Kollodiumwolle).	Die Lagerung ist verboten.	Erlaubt ist nur die unmittelbare Überladung von Nitrozellulose mit einem Stickstoffgehalt bis zu 12,6%, wenn sie auf 65 Gewichtsteile trockener Nitrozellulose mindestens 35 Gewichtsteile Wasser od. Alkohole (Äthyl-, Propyl-, Butyl-, Amylalkohol) oder mindestens 35 Gewichtsteile eines Gemisches aus gleichen Teilen von diesen Alkoholen und

* Die Abschnitte I—VI a des Verzeichnisses stimmen überein mit den Abschnitten I—VI a der Anlage 1 zur Seefrachtordnung und umfassen die dort in den Abschnitten verzeichneten Güter, sofern nicht etwas anderes angegeben ist. Diese Güter sind in dem vorliegenden Verzeichnis nur dann aufgeführt, wenn für sie besondere Vorschriften gelten.

1 Nitrozellulose mit 50 und mehr vom Hundert Wassergehalt in Gummibeuteln sowie Nitrozellulose mit 50 und mehr vom Hundert Alkoholgehalt, dessen Bestand durch die Verpackung sichergestellt ist, gilt nicht mehr als Sprengstoff. Die erste unterliegt für den Verkehr am Kai keinen Beschränkungen; die letzte ist wie Alkohol (Abschnitt III a, Gefahrklasse I B) zu behandeln.

Abschnitt der Anlage 1 zur Seefrachtordnung	Güterverzeichnis	Besondere Vorschriften für die Lagerung am Kai. Diese unterliegt keinen besonderen Beschränkungen, wenn keine Vorschriften angegeben sind	Besondere Vorschriften für die unmittelbare Überladung am Kai. Diese unterliegt keinen besonderen Beschränkungen, wenn keine Vorschriften angegeben sind
			Kampfer enthalten. Diese Nitrozellulose muß sich in der Ursprungsverpackung d. Herstellungsstätte befinden.
Ia. C.	**Benzoylperoxyd[1]) mit weniger als 25%, aber mit wenigstens 5% Wasser.**	Die Lagerung ist verboten.	Die Überladung in das Schiff darf erst unmittelbar vor Abfahrt d. Schiffes stattfinden.
Ib.	**Munition.**	Die Lagerung ist verboten, soweit sie nicht hierunter für die Güter der Gruppen Ib, 1, 3, 4 und 8 erlaubt wird.	Die unmittelbare Überladung ist verboten; ausgenommen sind die hierunter für die Güter der Gruppen Ib, 1, 3, 4 und 8 aufgeführten Überladungen.
Ib, 1.	**Nicht sprengkräftige Zündungen.**	Die Güter der Gruppen Ib, 1, 3, 4 und 8 dürfen nur in nicht allgemein zugänglichen Räumen gelagert werden, und zwar die Güter der Gruppen Ib. 8 nur bis zu 1000 kg je Schuppenabteilung.	Die unmittelbare Überladung der Güter der Gruppen Ib, 1, 3, 4 und 8 ist beschränkt auf die für die Lagerung zugelassenen Mengen. Bis zu 200000 kg je Schuppenabteilung dürfen Sicherheitspatronen übergeladen werden, das sind fol-
Ib, 3.	**Schnellzündschnüre und detonierende Zündschnüre. [2]) *)**		
Ib, 4.	**Patronen für Handfeuerwaffen.**	Insgesamt dürfen von Gütern der Gruppen Ib, 1, 3, 4 und 8 nur bis	

[1] Bei Benzoylperoxyd ist das Einladen in Schiffe und Ausladen aus Schiffen vorher rechtzeitig der Polizeibehörde anzuzeigen.

[2] Bei detonierenden Zündschnüren sowie Leucht- und Signalmitteln ist das Einladen in Schiffe und Ausladen aus Schiffen vorher rechtzeitig der Polizeibehörde anzuzeigen.

* Andere Zündschnüre (Zündschnüre aus dünnem, dichtem Schlauch mit Schwarzpulverseele von geringem Querschnitt) fallen unter den Abschnitt Ic und unterliegen für den Kaiverkehr keinen Einzelvorschriften.

Abschnitt der Anlage I zur Seefrachtordnung	Güterverzeichnis	Besondere Vorschriften für die Lagerung am Kai. Diese unterliegt keinen besonderen Beschränkungen, wenn keine Vorschriften angegeben sind	Besondere Vorschriften für die unmittelbare Überladung am Kai. Diese unterliegt keinen besonderen Beschränkungen, wenn keine Vorschriften angegeben sind
Ib, 8.	**Leucht- u. Signalmittel.**[1])	zu 10000 kg je Schuppenabteilung gelagert werden.	gende Patronen für Handfeuerwaffen: a) Zentralfeuer-Metallpatronen- und Randfeuer-Metallpatronen — diese mit einem Durchmesser bis zu 9 mm — mit Hülsen aus Metall. Die Geschosse müssen mit den Hülsen so fest verbunden sein, daß sie sich nicht ablösen können und ein Ausstreuen der Pulverladung verhindert ist. b) Zentralfeuerpatronen, deren Hülsen nur zum Teil aus Metall bestehen, sofern sich die ganze Menge des Pulvers in dem metallenen Patronenunterteil befindet oder sofern es sich um Pappepatronen mit metallenem Boden handelt, bei denen die Hülse anstatt eines metallenen Einsatzes eine bis zur Höhe der Pul

1 Bei detonierenden Zündschnüren sowie Leucht- und Signalmitteln ist das Einladen in Schiffe und Ausladen aus Schiffen vorher rechtzeitig der Polizeibehörde anzuzeigen.

Abschnitt der Anlage 1 zur Seefrachtordnung	Güterverzeichnis	Besondere Vorschriften für die **Lagerung** am Kai. Diese unterliegt keinen besonderen Beschränkungen, wenn keine Vorschriften angegeben sind	Besondere Vorschriften für die **unmittelbare Überladung** am Kai. Diese unterliegt keinen besonderen Beschränkungen wenn keine Vorschriften angegeben sind
			verladung reichende innere Verstärkung besitzt und so stark ist, das ein Brechen bei der Beförderung ausgeschlossen ist. Das Pulver muß durch einen Pfropfen od. Spiegel abgeschlossen sein.
		Die Überladung der detonierenden Zündschnüre und der Leucht- und Signalmittel in das Schiff darf erst unmittelbar vor der Abfahrt des Schiffes stattfinden.	
Ic.	**Zündwaren, Feuerwerkskörper u. dgl.**[1]		
Ic, 2. f, α u. γ	Knallkorke.	Die Lagerung der Güter ist nur bis zu einer Gesamtmenge von 2000 kg je Schuppenabteilung erlaubt.	Die unmittelbare Überladung ist auf 2000 kg je Schuppenabteilung beschränkt.
Ic, 3. a u. b.	Großfeuerwerk.		
		Die Überladung in das Schiff darf erst unmittelbar vor Abfahrt des Schiffes stattfinden.	
Id.	**Verdichtete od. verflüssigte Gase.**		

[1] Das Einladen in Schiffe und das Ausladen aus Schiffen ist vorher rechtzeitig der Polizeibehörde anzuzeigen bei folgenden in den Abschnitt I c fallenden Gegenständen:

a) Zündgarn (Nitrogarn, Pyrogarn) — I c, 1 d —,
b) Zündblättchen (Amorces) und Zündbänder (Amorcesbänder) — I c, 2 e —,
c) Knallkorke, Knallscheiben, Pappezündhütchen (Liliputmunition) — I c, 2 f —,
d) spanisches Feuerwerk — I c, 2 g —,
e) Großfeuerwerk — I c, 3 a und b —,
f) Kleinfeuerwerk — I c, 3 c —,
g) bengalische Fackeln, Feuer, Flammen u. dgl. — I c, 3 d —.

Abschnitt der Anlage 1 zur Seefrachtordnung	Güterverzeichnis	Besondere Vorschriften für die Lagerung am Kai. Diese unterliegt keinen besonderen Beschränkungen, wenn keine Vorschriften angegeben sind	Besondere Vorschriften für die unmittelbare Überladung am Kai. Diese unterliegt keinen besonderen Beschränkungen, wenn keine Vorschriften angegeben sind
I e.	**Stoffe, die in Berührung mit Wasser entzündliche oder die Verbrennung unterstützende Gase entwickeln.**	Die Lagerung im Freien ist verboten.	
II.	**II. Selbstentzündliche Stoffe.**		
		Für pyrophorische Metalle bestehen keine Beschränkungen. Die anderen selbstentzündlichen Stoffe dürfen nur im Freien gelagert werden.	
IIIa.	**IIIa. Brennbare Flüssigkeiten[1]).**		
IIIa. A.	Brennbare Flüssigkeiten der Gefahrklassen I A, II und III, das sind solche, die entweder selbst oder deren brennbare flüssige Anteile sich mit Wasser nicht vermischen lassen:	Es dürfen nur gelagert werden a) von den Flüssigkeiten der Gefahrklassen I A, II und I B insgesamt je 5000 kg auf 5000 qm Schuppenfläche, b) von den Flüssigkeiten der Gefahrklasse III bis zu 50 000 kg je Schuppenabteilung. Die Lagerung darf nur stattfinden in Lagerstellen, die gegen das Wegfließen der Flüssigkeiten ausrei-	Die unmittelbar Überladung ist für di Flüssigkeiten der Ge fahrklassen I A, I und I B auf insgesam 20000 kg je Schuppen abteilung beschränk
III a. A. 1.	1. Brennbare Flüssigkeiten der Gefahr-		

[1] Die in der Spalte „Güterverzeichnis“ bezeichneten brennbaren Flüssigkeite unterliegen dieser Verordnung ohne Rücksicht darauf, wie hoch ihr Gehalt a festen Stoffen ist.

Abschnitt der Anlage 1 zur Seefrachtordnung	Güterverzeichnis	Besondere Vorschriften für die Lagerung am Kai. Diese unterliegt keinen besonderen Beschränkungen, wenn keine Vorschriften angegeben sind	Besondere Vorschriften für die unmittelbare Überladung am Kai. Diese unterliegt keinen besonderen Beschränkungen wenn keine Vorschriften angegeben sind
	klasse I A, das sind solche, die einen Flammpunkt[1]) unter 21 ° C haben.	chende Sicherungen besitzen und von der Polizeibehörde für die Lagerung der Flüssigkeiten besonders zugelassen sind.	
IIIa. A. 2.	2. Brennbare Flüssigkeiten der Gefahrklasse II, das sind solche, die einen Flammpunkt[1]) von 21° C bis zu 55° C haben.	Die Lagerstellen dürfen für die unter a) bezeichneten Flüssigkeiten nur in den Schuppen, für die anderen Flüssigkeiten auch im Freien, jedoch nicht auf den Rampen angelegt werden. In den Lagerstellen für die Flüssigkeiten unter a) dürfen auch die Flüssigkeiten der Gefahrklasse III bis zur Erreichung d. Höchstlagermenge, für die die Lagerstelle zugelassen ist, mit untergebracht werden. Im übrigen dürfen die Lagerstellen, die zur Lagerung der Flüssigkeiten unter a) dienen, zur Mitlagerung anderer Gegenstände nicht benutzt werden.	
IIIa. A. 3.	3. Brennbare Flüssigkeiten der Gefahrklasse III, das sind solche, die einen Flammpunkt[1]) von mehr als 55 ° C bis zu 100 ° C haben.		
IIIa. B.	Brennbare Flüssigkeiten der Gefahrklasse I B, das sind solche, die entweder selbst od. der brennbare flüssige Anteil. sich mit Wasser in beliebigem Verhältnis vermi-		

[1] Die Flammpunkte beziehen sich auf einen Barometerstand von 760 mm. Der Flammpunkt wird mit dem Apparat Abel-Pensky bestimmt.

Abschnitt der Anlage I zur Seefrachtordnung	Güterverzeichnis	Besondere Vorschriften für die Lagerung am Kai. Diese unterliegt keinen besonderen Beschränkungen, wenn keine Vorschriften angegeben sind	Besondere Vorschriften für die unmittelbare Überladung am Kai. Diese unterliegt keinen besonderen Beschränkungen, wenn keine Vorschriften angegeben sind
	schen lassen u. einen Flammpunkt[1]) unterhalb 21° C haben.		
IIIb.	**IIIb. Feste leicht entzündbare Stoffe.** (Vgl. auch VII, 1)		
IV.	**IV. Giftige Stoffe.**		
V.	**V. Ätzende Stoffe.**		
VIa.	**VIa. Feste, nicht selbstentzündliche, bei Temperaturen über 200° C durch Abgabe von Sauerstoff und anderen, ähnlich wirkenden Gasen die Verbrennung unterstützende Stoffe.**		
—	**VII. Sonstige gefährliche Gegenstände.**		
—	1. Zellhorn (Zelluloid), Xylonit, Zellhornwaren (Zelluloidwaren: Waren, die ganz oder i. wesentlichen aus Zellhorn bestehen.)	Die Güter müssen verpackt sein in dichten Kisten od. Fässern und in diesen Behältern wieder in Zinkblech, Pappe, Öltuch oder Ölpapier.	Die Güter müssen verpackt sein in dichten Kisten od. Fässern und in diesen Behältern wieder in Zinkblech, Pappe, Öltuch oder Ölpapier. Xylonit darf auch verpackt sein in festen, in Leinwand eingenähten Verschlägen, in denen das Xylonit noch wieder in Öltuch oder Ölpapier verpackt ist.

[1] Die Flammpunkte beziehen sich auf einen Barometerstand von 760 mm. Der Flammpunkt wird mit dem Apparat Abel-Pensky bestimmt.

Abschnitt der Anlage I zur Seefrachtordnung	Güterverzeichnis	Besondere Vorschriften für die Lagerung am Kai. Diese unterliegt keinen besonderen Beschränkungen, wenn keine Vorschriften angegeben sind.	Besondere Vorschriften für die unmittelbare Überladung am Kai. Diese unterliegt keinen besonderen Beschränkungen, wenn keine Vorschriften angegeben sind
—	2. Heu, Stroh, Holzwolle.	Heu u. Stroh müssen gepreßt und an den Seiten geschoren sein, Holzwolle darf nur in gepreßten Ballen gelagert werden.	Heu u. Stroh müssen gepreßt u. an den Seiten geschoren sein, Holzwolle darf nur in gepreßten Ballen unmittelbar übergeladen werden.
—	3. Lumpen, soweit sie nicht unter Klasse II (Ziffer 7) fallen.	Lumpen dürfen nur verpackt oder gepreßt gelagert werden.	
—	4. Schwefel u. Schwefelblumen.	Die Lagerung ist nur in dichter Verpackung zulässig.	
—	5. Teer, Pech, einschl. Stearinpech und Petroleumpech, Erdwachs, Erdpech, Kalfaterleim, Fichtenharz (Kolophonium auch Galipot), Terpentin, Kampfer.	Die Lagermenge ist für Lagerungen im Freien nicht beschränkt, für Lagerungen auf den Schuppen beschränkt auf 50 000 kg je Schuppenabteilung.	

Stichwortverzeichnis.

A

Abfall 11
Abfallschwefelsäure 152 ff. 155
Abfüllschuppen 216
Ablader 70, 72, 88, 127, 131, 133, 137, 141, 143, 151, 161, 201, 204, 243
Abnahme (von Schiffskesseln) 17
Absperr-Vorrichtungen 17
Äthan 122, 124 ff., 127, 157
Äther 232
Äthyläther 14, 140, 162, 193, 196, 240
Äthylalkohol 78, 90, 138, 162, 240
Äthylamin 89, 121 ff., 126 ff., 157
Äthylen 89, 120 ff., 157
Äthylenoxyd 89, 121 ff., 126 ff., 157
Ätzalkalien 199
Ätzlaugen 153, 166, 193, 201
Akkumulatoren 153
Alkalien (s. alkal. Metalle)
Alkalilaugen 166
Alkaliphosphide 89, 133 ff., 169
Alkalisalze 146, 151 ff., 156
Alkalische Metalle und Erden 89, 129, 166, 169, 239
Aluminium 77, 89, 133, 136 ff., 145
Aluminiumpulver 166
Ammonal 77
Ammoncahücit 76, 88
Ammoncarbonid 76, 88
Ammongelatine 76, 88
Ammoniak 89, 121 ff., 127
Ammoniak, gelöstes 127
Ammoniaksalpetersprengstoff 237
Ammoniakwasser 121
Ammonit 76, 88
Ammon-Praeposit 76, 88
„ -Raschit 76, 88
„ -Salpeter 77, 90, 105, 160, 162, 172
„ -Salpetersprengstoffe 75, 88
„ -Salpetersprengstoffe, nicht handhabungssichere 85
Ammonsulfatsalpeter 90, 160
Amorces 118, 155 ff., 166 170, 179, 249
Amorcesbänder 89, 109, 112, 114 ff., 118, 166, 170, 249
Amyl-Alkohol 78, 240
Amylazetat 240
Anheizen der Kessel 13
Anheizvorwärmer 40
Anhydrid 153, 156, 166
Anker- und Stehbolzen 18
Ankerplätze 173
Antimonpentachlorid 154
Argon 89, 120 ff., 124
Arsenige Säure 144, 151
Arsenik, gelbes 144, 151
„ rotes 144, 151
Arsenikalien 145, 151
„ , flüssige 146, 151, 166
„ , nicht flüssige 144, 151, 166
Arsensäure in Lösung 146, 151, 166
Arsenwasserstoff 166

Artilleriezündhütchen 93
Asche 11 ff., 234
Astralin 240
Astralit 76, 88
Attest 211
Auffangvorrichtungen 54
Aufsichtsamt f. Dampfkessel und Maschinen 42, 44, 46, 225, 228
Auripigment 144, 151
Ausbesserungen auf Schiffen mit Mineralöltanks 55
Ausdehnungsluke 23
Auspuffgase 49
„ rohre 45, 49
„ topf 45, 49
Ausräucherung 12, 58, 60 ff.
Ausrüstung 17
Auswandererschiffe 69, 74, 133
Azeton 90, 122, 138 ff., 142, 162, 165, 240
Azetylchlorid 154
Azetylen 89, 121 ff., 127, 129, 157, 192, 238
Azetylengeruch 74
Azetylenlösungen 122
Azetylenverordnung 192

B

Bake auf Scharhörn 173
Barium 166
„ , schwefelsaures 148, 157
Bariumsalze 148, 151, 167
Bariumsuperoxyd 90, 150, 159, 162, 167, 169, 238
„ schwefelsaures 148
Bariumsuperoxydherstellung 148
Barkassen 47
Baryt 148, 151, 167
Barythaltige Rückstände 148, 151
Barythydrat 148, 151, 167
Baryumazid 87 ff., 148, 151
Baryumazidlösungen, wässerige 148, 151
Baumwolle 89 ff., 133, 135, 137, 160, 163, 239
Baumwolle, roh 15, 234, 239
Baumwolleabfälle 14
Baumwollegarn-Abfälle 14
Baupolizei 233 ff.
Bauprüfung 17, 36
Bauten 178
Bauvorschriften für Schiffsdampfkessel 17
Beförderungstanks für Mineralöle 55
Behälter, leere 131, 140, 142, 144, 150, 152, 155
Behälter von Eismaschinen 121, 126
Behälter mit flüssiger Luft 129
Beiboote 51
Beleuchtungsanlagen, siehe elektrische Anlagen
Beleuchtungsarmaturen 26
Bengalische Beleuchtungsgegenstände 116, 238
Bengalische Fackeln 249
„ Feuer 249
„ Flammen 249
„ Zündhölzer 89, 112, 114, 238
Benzin 13, 192ff., 219, 223, 232
Benzinbehälter 55
Benzingase 222
Benzinmotoren 13, 217
Benzinputzöle 223
Benzintankseeschiffe 223 ff.
Benzol 14, 90, 138, 162, 192, 194, 223, 240
Benzoylchlorid 154
Benzoylperoxyd 87 ff., 247
Benzoylsuperoxyd 87 ff.
Bergbau 186
Bergbaulisten 79 ff.
Bergpolizeiliche Vorschriften 186

Bergwerke 178, 187
Besichtigungen 36, 52
Betriebsstoffe 46
Bezirkshafenamt 221
Biertreber 90, 161
Bilgeräume 59
Binitrotoluol 239
Blättchen von Kollodiumpapier 89, 112, 114, 238
Blaugas 127, 157
Blausäure 147
„ , reine flüssige 120, 148 ff., 151 ff., 156, 167, 244
Blausäurelösungen, wässerige 146, 151 ff., 156
Blaustein 147
Bleche 18
Blei 91
Bleiflaschen 169
Bleihaltige Abfälle 147
„ Rückstände 147
Bleifarben 147
Bleiglätte 147
Bleipräparate 147
Bleischlamm, schwefelsäurehaltig 153
Bleiweiß 147
Bleizucker 147, 151
Blitzableiteranlage 219
Blitzlichtpulver 116
Blitzpatronen 101, 103
Blumenkarten 89, 112, 114, 238
Blumenregenhölzer 89, 112, 114, 238
Bohrpatronen 100, 103 ff.
Bohrspäne 89, 133, 136ff., 239
Bomben 116 ff.
Bordelaiser Brühe 147
Bourre de Soie-Seide 89, 133, 135
Brander 116 ff.
Brandgeschoßpatronen 98, 103 ff.
Braunkohle 90, 160
Braunkohlenteer 13, 193, 195
Bremen 66
Brennbare Ladung 54, 72, 163
Brennpetroleum 240
Brennstoff 25, 46, 48 ff., 52
Brennstoffbehälter 45 ff., 48, 50, 52
Brennstoffrohrleitungen 49
Brennstoffvorratstanks 45
Briketts 90, 160
Brokdorf 173
Brom 153, 167
Bromnatrium 90, 159, 162
Bromsalz 90, 159, 162, 167, 169
Bromsaure Salze 90, 159, 162, 167
Bromsaures Natrium 90, 159, 162
Bromzyan 148, 151 ff., 156, 167
Brunshausen 173
Buchersche Feuerlöschdosen, siehe: Feuerlöschdosen
Bugsierdampfschiffe 183
Bundesrat 172
Bunkerkohlen 90, 106, 128
Butadien 89, 121 ff., 126 ff., 157
Butylalkohol 78

C

Calzium, siehe: Kalzium
Chappe-Seide 89, 133, 135
Cheddit 237
Chemisch-Technische Reichsanstalt 97, 103 ff., 108, 111, 113, 118, 148 ff.,
Chemisches Staatslaboratorium 210 ff.
Chlor 89, 121 ff., 127, 129
Chloräthyl 89, 121 ff., 126 ff., 157, 238
Chlorate 240
Chloratit 80, 88
Chloratsprengstoffe 80, 82, 88, 237
Chloressigsäure 153, 155, 167, 170

Chlorhydrine, nitrierte 81
Chloride 154, 167
Chlorkohlenoxyd 89, 121 ff., 127
Chlormethyl 89, 121 ff., 126 ff., 157, 238
Chlorsaure Salze 90, 150, 159, 162, 167 ff., 180, 240
Chlorschwefel 152 ff., 168
Chlorsulfonsäure 154
Chromylchlorid 154
Cordonnet-Seide 89, 133, 135
Cumol 14, 194, 223, 240
Cyclotrimethyltrinitramin 82, 88

D

Dampf- und Motorschiffe 64
Dampfbarkassen 47
Dampfer, kleinere 105
Dampffahrzeuge 51
Dampfkessel 17, 27 ff., 33, 224, 228
„ , Anlegen von ... 16
„ , bewegliche 28
„ , siehe auch: Aufsichtsamt . . ., siehe auch: Schiffsdampfkessel
Dampfkesselanlagen 217
Dampfkesselausschuß, Deutscher 17
Dampfpumpe 64
Dampfüberhitzeranlagen auf Seeschiffen 34
Danolit 76, 88
Davy'sche Sicherheitsnetze 56
Desinfektionsanstalt 57
Detonatoren 88, 95 ff., 103, 105
Dimethylsulfat 150 ff., 244
Dinitrobenzol 67
Dinitrochlorbenzol 239
Dinitrotoluol 77
Dominit 76, 88
Donarit 76, 88, 237
Dorfit 76, 88
Doveelbe 20
Drehspäne 89, 133, 136ff., 239
Druckluft 46
Druckluftbehälter 46, 50
Druckluftleitungen 46
Druckprobe, siehe: Wasserdruckprobe
Druckpumpe 66
Düngemittel, ammonsalpeterhaltige 90, 105, 160, 162, 172
Durchfuhrgüter, ausländische 71
Dynamit 84, 178, 183, 187, 237
Dynamit-A. G., vorm. Alfred Nobel & Co., 79
Dynamitpatronen 182

E

Echolotpatronen 88, 95, 103, 105
Edelgase 89, 120 ff., 124, 126
Eisenbahntransport 190
Eisenbahn-Verkehrsordnung 71, 75
Eisenbeize 152 ff.
Eisenoxyd, salpetersaures und schwefelsaures 152 ff., 168
Eisenspäne 89, 133, 136 ff.
„ , gefettete 239
Eissprengbüchsen 100, 103 ff.
Eisstopfungen 189
Elbekommission, Internationale 192, 204
Elbschiffahrtsakte 192, 204
Elektrische Anlagen 25, 219
„ Beleuchtung 56
„ Lampen 45, 50, 52
„ Leitungen 25, 49
„ Zünder ohne Sprengkapseln 89, 111
Elektromotoren 27
Elevatoren 13

Entleerungs-
Vorrichtungen 17
Entlüftungsrohr 25, 56
Erdalkaliphosphide
89, 133 ff., 169
Erdnüsse (Hülsenmehl)
90, 161, 163
Erdöl 223
Erdpech 253
Erdwachs 253
Espartogras 90, 161, 163
Essigäther 240
Evaporatoren 29
Explosionsmotoren 217

F

Fabrikschild 17
Fackeln,
siehe: bengalische
Fähren 20
Fahrzeuge mit
Sprengstoffladung 175
Farben 55
Faserstoffe,
pflanzliche 90, 160, 163
Fässer 73
„ , amerikanische 181
„ , siehe auch
Pappefässer
Faßlagerstapel 216
Feka-Pappezünder 89, 107
Ferrinitrat 152 ff., 168
Ferrisulfat 152 ff., 168
Ferrosilizium
145, 151 ff., 168, 239
„ Legierungen davon 145
Fett 239
Fettgas
89, 120 ff., 124, 127, 157
Fruchtäther 240
Feuer 12, 50, 52, 56 ff., 72 ff.,
183, 188, 190, 200 ff.,
206 ff., 219, 224, 228, 230
siehe auch:
Bengalische Feuer
Feuergefährlich, siehe:
Flüssigkeiten
Gegenstände
Stoffe
Feuerlöschapparate,
chemische 64, 66
Feuerlöschdosen,
Bucher'sche 14, 193, 198 ff.
Feuerlöscheinrichtung
89, 104, 219, 235
siehe auch: Feuer-
löschvorrichtungen
Feuerlöscheinrichtungen
auf Passagierschiffen
mit Oelfeuerung und
auf Motorpassagier-
schiffen 65
Feuerlöscheinrichtungen
auf Passagierschiffen
auf langer Fahrt 65
Feuerlöscher 27, 152 ff., 207
Feuerlöschgeräte 51
Feuerlöschmittel 55
Feuerlöschvorrichtungen
46, 64 ff.
Feuerlöschvorrichtungen,
chemische 40
siehe auch: Feuer-
löscheinrichtungen
Feuerräder 116 ff.
Feuerschotten 65
Feuerspritze 64
Feuerstätten 233
Feuerstellen 15
Feuertöpfe 116 ff.
Feuerungsmaterial 234
Feuerungsreste 234
Feuerverhütungsmaß-
nahmen 72
Feuerwehr 218
Feuerwerk 238
„ , spanisches
89, 113, 118, 238, 249
Feuerwerkskörper 67, 72,
75, 89, 104, 107, 116 ff., 119,
128, 132, 138, 141, 156 ff.,
162 ff., 179, 182, 184, 238, 249
Feuerzüge 17

Fichtenharz 239, 253
Fire crackers 238
Firnis 239
Flachs 15, 89 ff., 133, 135, 137, 160, 163, 234, 239
Flammen, siehe: Bengalische
Flammpunkt 205
Flammrohre 18
Fliegenpapier 239
Fliegenstein 144, 151
Flobertmunition 98, 103
Flüssige Luft 89, 105, 119, 121, 123, 127 ff., 138, 157, 162, 238
Flüssigkeiten
brennbare 67, 72, 75, 90, 105 ff., 119, 132, 138, 141, 157, 162 ff., 165 ff., 169 ff., 204 ff., 223, 240, 243, 250
brennbare der Gefahrenklassen I A, II und III 89, 138 ff.
feuergefährliche 21, 26, 139, 191 ff., 205
wässerige 166
Flußeisen 18
Flußsäure 152 ff., 169
Fördit 76, 88
Fontänen 116 ff., 238
Frachtgut, gefährliches 67
Frachtschein 180
Freilote 97, 103, 105
Frösche 116 ff., 238
Füll- und Zündladungskörper 100, 103 ff.
Fuhrwerke 185
Fulmenit 1 ff., 76, 88, 237
Fulminat-Liliput-Munition 113, 115
Funkenbildung 56 ff.
Funkenfänger 13, 15, 24, 73, 176, 217, 225
Funkenflug 73
Fuselöle 240

G

Galipot 209, 234, 239, 253
Garne 89, 133, 136 ff.
Gasbehälter 157
Gase 70, 126
„ , entzündliche 56, 67, 72, 89 ff., 105 ff., 119, 128, 138, 157, 166, 168 ff.
„ , erstickende 128
„ , explosive 164
„ , giftige 128, 151, 158
„ , Sauerstoff abgebende 122
„ , die Verbrennung unterstützende 67, 72, 89, 105
„ , verdichtete 67, 72, 75, 120, 123, 162 ff., 192, 238, 249
„ , verdichtete gelöste 120 ff., 123 ff.
„ , verflüssigte 67, 72, 75, 120, 122 ff., 125, 162 ff., 192, 238, 249
Gasöfen, transportable 233
Gasöle 223, 240
Gasolin 13, 193 ff., 232, 240
Gasschutzgerät 65
Gefahrklassen 138, 141
Gefäße, leere 121, 141 ff., 151, 155
Gegenstände,
explosionsgefährliche 67, 71, 75, 237, 244, 246
feuergefährliche 13 ff., 163, 191 ff., 199
gefährliche 66, 242, 252
glimmende 104
leicht entzündbare 14 ff., 170, 184
pyrotechnische 171
selbstentzündliche 184
Gelatinedynamit 179, 183
Gelatinedynamitpatronen 182
Gelatit 84
Gemenge von Ammonsalpeter und Thomasmehl 90, 160

Gemenge, ammonsalpeterhaltige 172
Gemenge von Nitrokörpern 82
Gemische von Schwefel- und Salpetersäure 128, 132, 152 ff., 155 ff.
Geschirrlitzen 89, 133, 136 ff., 239
Geschosse, geladene 98, 103 ff., 179, 182, 237
Geschoßzünder ohne Sprengkapseln 92
Geschützladungen 98, 103 ff.
Geschützpatronen 98, 103 ff., 179, 181 ff.
Geschützpulver, prismatisches 182
Gesetz gegen den verbrecherischen und gemeingefährlichen Gebrauch von Sprengstoffen 68, 171
Gesteins-Ammoncahücit 76, 88
„ -Astralit 76, 88
„ -Dominit 76, 88
„ -Donarit 76, 88
„ -Fördit 76, 88
„ -Halalit 76, 88
„ -Lignosit 76, 88
„ -Monachit 76, 88
„ -Rhenanit 76, 88
„ -Rivalit 76, 88
„ -Romperit 76, 88
„ -Sprengstoffe 76, 84
„ -Tremonit 76, 88
„ -Westfalit 76, 88
Getränke, Kohlensäure enthaltend 121
Gewebe 163
Gewehrgranaten 99 ff., 103 ff.
Gewehrpatronen 181
Gewehrschläge 116 ff.
Gewerbeaufsichtsamt 227
Gewerbl. Anlagen 178, 234
Gewitterhagel 238
Giftfarben 147
Glätte 147
Glasgefäße mit ätzenden Stoffen 156
Glühhaubenmotore 47
Glyzerin 152 ff., 202 ff.
Goldregen 116 ff., 238
Goldregenhölzer 89, 112, 114, 238
Goldzyandoppelsalze 147, 151 ff., 156
Gräser 90, 161, 163
Granatpatronen 98, 103 ff.
Granatsignale 101, 103
„ , hochsteigende 101, 103
Großfeuerwerk 249
Grubengas 89, 120 ff., 124, 127, 129, 157
Grubenlampen 72
Grünspan 147, 151
Güter, brennbare 54
„ , gefährliche 67, 105, 119, 132, 142 ff., 159, 161, 242 ff.
„ , gefährliche aus dem Auslande 244
Güterbeförderung im Hbg. Hafen, Sicherung der 50
Güterverzeichnis 75
Gummi 89, 136 ff.
Gummi-Kopal 239
Gummilösung 240
Gummistaub 89, 136 ff.
Guttaperchaflaschen 169

H

Haare 15, 89, 133, 135, 137, 239
Häfen, Freihalten von Verunreinigungen und Schiffahrtshindernissen in . . . 11
Hafen von Altona 174
„ von Hamburg 174
„ - und Schiffahrtspolizei 174

Hafenarzt 58
Hafengemeinschaft 11
Hafeninspektion 55
Hafenkapitän 54
Hafenordnung 11
Hafenpolizei 54ff., 221, 225ff.
Hafenpolizeiwache 175 ff.
Hafenverkehrs- und Rundfahrtdampfer 43
Hafenwache in Altona 174
Halalit 76, 88
Hamburg 66
Handdruckpumpe 46
Handfeuerlöscher 51
„ , chemische 47
Handgranaten 99 ff., 103 ff.
Handkometen 116 ff.
Handlampen 26, 56
Handlaternen 240
Handleuchtzeichen 101, 103
Hanf 15, 89 ff., 133, 135, 137, 160, 163, 234, 239
Harburg 20
Harnischlitzen 89, 133, 136 ff., 239
Harz 12, 89, 133, 136 ff., 209
Harzoel 89, 133, 136 ff., 240
Hede 234, 239
Hefebeutel, gebrauchte 89, 133, 137 ff.
Heiße Gegenden 140
Heizöl 41, 53, 90, 138, 162, 223, 240
Heizölleitungen 39
Heizölpumpen 39
Heizöltanks 39
Helium 89, 120 ff., 124
Heu 15, 239, 253
Hexamit 78
Hexanitrodiphenylamin 77
Hexanitrodiphenylsulfit 77
Hilfskessel 73
Hilfskreuzer 173
Hobbocks 147
Hochofenfilterstaub 89, 133, 136 ff.
Hochspannungsleitungen 49
Holzfässer 15
Holzgeist 240
Holzkohle 60 ff.
„ , frisch geglüht 89, 133, 135
Holzmehl 110
Holzwolle 239, 253
Hülsen 89, 133, 136 ff.
Hülsenmehl aus Getreide 90, 161, 163
Hülsenpapier 239
Hüttenrauch 144, 151
Hydrolith 89, 129, 132 ff., 168, 238

I/J

Jagdpatronen 178
Jagdpulver 87
Jonas 187
Jute 15, 89 ff., 133, 135, 137, 160, 163, 239
„ , rohe 234, 239
Juteabfälle 14

K

Kabelgatt 59
Kähne 20
Kahlensand 173, 187 ff.
Kaianlagen 191, 241 ff.
Kaiseröl 240
Kaischuppen 241
Kaiverwaltung 245
Kalfaterleim 239, 253
Kaliammonsalpeter 90, 160
Kalilauge 153, 166, 193
Kalisalze 90, 160
Kalium 89, 129, 238
Kaliumzyanid 146, 151 ff., 156
Kalk, ungelöschter 90, 161, 164, 234, 239
Kalkstickstoff 89, 119, 129 ff., 138, 157, 162 ff.
Kalzium 89, 129, 166, 238
Kalziumhydrür 89, 119, 129, 132 ff., 138, 157, 162 ff., 168, 238

Kalziumkarbid 15, 89, 119, 129, 132 ff., 138, 157, 162 ff., 168, 192, 238, 246
Kalziumkarbidbehälter 74
Kalziumzyanamid 89, 129 ff., 132 ff.
Kammerjäger 58
Kammersprengstoff 82, 88
Kammersprengstoff A 76, 88
Kampfer 79, 253
Kampfer, raff. 239
Kampferöl 240
Kanarische Inseln 140
Kanonenschläge 101, 103, 116 ff., 237 ff.
Kapok 239
Karbonit 179, 183
Karbonitpatronen 182
Kartätschpatronen 98, 103 ff.
Kartuschen 86, 179, 182, 184
Kartuschhülsen 92
Kastenschuten 191
Kauffahrteischiffe 66, 178
Kautschuk 89, 136 ff.
Kautschukstaub 89, 136 ff.
Kerosin 240
Kessel 19
Kesselpapiere 18
Kesselraum 12
Kesselrevisionen 31
Kesselwandungen 17
Kienöl 240
Kieselfluorwasserstoffsaure Salze 147
Kiestöpfe 23, 25
Kinderpistolen 170
Klampen 24
Kleiedunst 90, 161, 163
Kleiestaub 90, 161, 163
Kleine Fahrt 69
Kleine Kattwick 175, 188
Kleinfeuerwerk 116 ff., 238, 249
Kleinkaliberzündhütchen 92
Knallbonbon 89, 112, 114, 238
Knallerbsen 89, 112, 114 ff., 118, 238
Knallgold 179
Knallgranaten 89, 112, 114 ff.., 118, 238
Knallkapseln 101 ff.
Knallkörper 89, 112, 114
Knallkorke mit Phosphorchlorat-Knallsatz 89, 112, 114 ff., 118, 249
Knallkorke mit Fulminat- od. ähnl. Knallsatz 89, 113, 115 ff., 118, 238, 249
Knallplatten 89, 113, 115 ff., 118
Knallquecksilber 179
Knallscheiben mit Phosphorchlorat-Knallsatz 89, 113, 115 ff., 118, 149, 168, 170
Knallsilber 89, 112, 114 ff., 118
Knallspielwaren 89, 112, 114
Kochherd 24
Köhlbrand 188
Kohlendynamitpatronen 182
Kohlen-Lignosit 76, 88
Kohlenoxyd 89, 120 ff., 124, 127
Kohlensäure 89, 120 ff., 124 ff., 162, 238
Kohlensäure, gasförmig 124
Kohlensäure, verflüssigte 125 ff.
Kohlensäurekapseln, metallene 120, 126
Kohlenwasserstoffe, flüssige 192, 223
Kohlen-Westfalit 76, 88
Koks 184
Kokosnußstücke, getrocknete 240
Kollodium 14, 193, 196, 240
Kollodiumpapier, siehe Blättchen von...

Kollodiumwolle
77 ff., 82, 237, 246
Kollodiumwolle,
ungepreßt 83
Kolophonium 239, 253
Konfettibomben
89, 112, 114 ff., 118, 238
Kopra 90, 161, 240
Korkfüllmasse 89, 133, 136ff.
Kornpulver 84, 86
Kotillonfrüchte
89, 112, 114 ff., 118, 238
Kraftwagen 189
Krawallstanden 238
Kreuznagelung 114
Kriegshilfsschiffe 173
Kriegsschiffe 173
Krypton 89, 120 ff., 124
Küpereien 216
Küstenfahrt 69
Kumol, siehe Cumol
Kunstbaumwolle
89, 133, 135, 137, 239
Kunstseide 239
Kunstwolle
14, 89, 133, 135, 137, 239
Kupfer, salpetersaures 147
Kupferfarben 147, 151
Kupfernitrat 147
Kupferpigmente (blau
und grün) 147, 151
Kupfervitriol 147, 168
Kupferzyandoppelsalze
147, 151 ff., 156
Kupferzyansalze
147, 151 ff., 156

L

Laden 73
Laden von Munition,
siehe: Munition
Laderäume 59, 72
Ladungen,
siehe brennbare
Ladungen, geballte
100, 103 ff.
Ladung von
explosiven Stoffen 186
Lager, allgemeines,
am Petroleumhafen 209
Lagerhäuser im nördl.
Freihafengebiet
231, 236, 240, 241
Lagerorte 214
Lagerplatz 214
Lagerräume 214
Lagerschuppen 216
Lampenöle 240
Lance Parfum
89, 121 ff., 126, 238
Landesgrenze,
preußisch-hamburg. 173
Landespolizeibehörde 179
Landungsplätze 173
Lappen 89, 133, 135, 137
Lederkohle,
frisch geglüht 89, 133, 135
Leichtbenzin 90, 138, 162
Leichterfahrzeuge 54
Leinöl 89, 133, 136 ff.
Leuchtgas
89, 120 ff., 124, 127, 129, 157
Leuchtgeschoßpatronen
98, 103 ff.
Leuchtminen 99, 103 ff.
Leuchtmittel 237, 247 ff.
Leuchtpatronen 101, 103
Leuchtpetroleum
90, 138, 162, 240
Leuchtöle 223
Leucht- und Signalmittel
101, 103, 105
Licht (brennendes) 12, 15,
50, 52 ff., 56 ff., 176, 183,
189 ff., 201, 206 ff., 230
Lichtspurhülsen,
gefüllte 101, 103
Lieferschein 180
Lignosit 76, 88
Ligroin 13, 193 ff., 240
Liliputmunition
89, 113, 115 ff., 118, 249
Löscheinrichtungen 89, 235
Löschen 73
Löschen von Munition,
siehe: Munition

Löschmittel 40
Lötarbeiten 239, 241 ff.
Lötöfen 241 ff.
Lotbomben 97, 103, 105
Lotkapseln 88, 97, 103, 105
Lotsen 174, 187
Lübeck 66
Lüftungsvorrichtung 219
Luft, flüssige,
siehe unter Flüssige ...
Lumpen
14, 89, 133, 135, 137, 253
Lupulin 89, 133, 136 ff.
Lustfahrzeuge 51

M

Mahlerzeugnisse
aus Reis 90, 161, 163
Maiskleie 90, 161, 163
Maisschrot 90, 161, 163
Maisstärkefabrikation,
Rückstände aus der ...
90, 161, 163
Malzkeime 90, 161
Mangan 145
Mannlöcher 23, 56
Mannschaftslogis 59
Manometer 17
Martinikas 89, 113, 115ff., 118
Maschinist, leitender 31, 33
Massengüter, die der
Selbsterhitzung unterliegen 75, 90, 160, 162
Massikot 147
Masten 24
Materialvorschriften für
Schiffsdampfkessel 17
Mecklenburg-Schwerin 66
Mehl 169
Mennige 147
Merkurit 78
Messingzyandoppelsalze 147, 151 ff., 156
Metalle, siehe alkalische
„ , „ pyrotechnische
Metallhütchen 92
Metallpatronen 178
Metallpräparate,
giftige 147, 168
Metallpulver 169
Metallsalze der Zyanwasserstoffsäure
147, 151 ff.
Metargon 89, 120 ff., 124
Methan
89, 120 ff., 124, 127, 157
Methanol 240
Methyläther
89, 121 ff., 126 ff., 157
Methylalkohol 240
Methylamin
89, 121 ff., 126 ff., 157
Militär- und Marineverwaltung 178
Minen 237
Minenzündungen 237
Mineralöle 55 ff., 223
Mineralöltankseeschiffe
223, 230
Mineralsäure, flüssige
193, 201
Mirbanöl 14, 194
Mischgas
89, 120 ff., 124, 127, 129, 157
Mischpulver 86
Mischsäuren 203
Mischsalze, ammonsalpeterhaltige 172
Mischungen von Kupfervitriol mit Kalk, Soda
od. dergl. 147
Momentzündschnüre 237
Monachit 76, 88
Mononitrotoluol 77
Moorburger Weide 189
Motorbarkassen 50, 52
Motore 24, 50, 52
Motorfahrzeuge 51
Motorschiffe 44, 105
M.-Patronen 101, 103
Mühlenerzeugnisse 161, 163
Mühlenindustrie, siehe
Nebenerzeugnisse
der ...
Mündungsblitze 101, 103

Mungowolle 234, 239
Munition 67, 70, 72 ff., 92, 94, 97 ff., 104, 106, 128, 132, 138, 141, 143, 157, 161 ff., 247
„ , Löschen und Laden von ... 173
Munitionsgegenstände 178

N

Nachrichtenminen 99, 103 ff.
Nachuntersuchung 20
Nahfahrt 69
Nahrungs- und Genußmittel 166 ff.
Naphta 13, 193, 219, 232
Naphtafarben 240
Naphtalin 239
Natrium 89, 129, 238
Natriumazid 150, 156, 168, 238
Natriumsuperoxyd 89, 131 ff., 141, 143, 156, 169, 238
Natriumzyanamid 146, 151 ff., 156
Natriumzyanid 146, 151 ff., 156
Natronlauge 153, 166, 193
Nebelbojen 102
Nebelbüchsen 102
Nebelmittel 102
Nebeltrommeln 102
Nebenerzeugnisse der Mühlenindustrie 90, 161, 163
Neolin 13, 193 ff.
Neon 89, 120 ff., 124
Netzballen 137
Netzwaren 89, 133, 136
Niete 18
Nieteisen 18
Nitrate 240
Nitrobenzol 14, 194
Nitrogarn 89, 110, 249
Nitroglyzerin 152 ff., 179, 202 ff.
Nitroglyzerinpulver 81, 88
Nitrokörper, siehe Gemenge von ...
Nitrokörper, organische 73, 77, 80, 82, 91, 237
Nitropentaerythrit 82
Nitrostärkearten 179
Nitrozellulose 78 ff., 83, 91, 179, 181, 237, 246
„ , feuchte 79, 192
„ , nicht gepreßt 78, 79
Nitrozellulose-Blättchenpulver 87
Nitrozellulosepulver, nitroglyzerinhaltige 86
Nitrozellulosepulver, rauchschwache, gelatinierte 86
Nitrozuckerarten 179

O

Oberhafenamt 228
Oberland 189
Öfen 24, 45, 73
Öl 12, 53, 55, 239
Ölbrenner 40
Öldampf-Luftgemische 53
Ölfeuerung 12, 65
Ölfeuerungsanlage 229
„ auf Seeschiffen 36
Ölfischnetze 89, 133, 136 ff.
Ölgas 89, 120 ff., 124, 127, 129, 157
Ölgas, verflüssigtes 89, 120 ff., 127, 157
Ölläger am Petroleumhafen 213
Öllampen, offene 12
Ölmotorschiffe 12
Ölpumpen 40
Ölrückstände 12, 153
Ölsatz 153
Ölstandsgläser 25
Öltanks 229
Öltuch 239
Ölzeug 89, 133, 136 ff., 239

Oldenburg 66
Oleum 152 ff., 156
Ortspolizeibehörde 180

P

Packmaterial 236
Papier 89, 133, 136 ff.
„ mit Fett, Öl oder Firnis getränkt 239
Pappe 89, 133, 136 ff.
Pappefässer, amerikanische 78 ff., 86
Pappezündhütchen 89, 113, 115 ff., 118, 249
Pappringe 89, 133, 136 ff.
Paraffinöl 240
Paraffinzündbänder für Sicherheitslampen 81, 109, 118, 238
Paraffinzündhölzer 81, 108, 117
Parlourmatches 81, 108, 117
Patronen 79 ff., 104 ff., 187
„ für Handfeuerwaffen 106 ff., 162, 237, 247
„ für Geschütze 237
Patronenhülsen 92, 237
Pech 12, 209, 234, 253
Peilrohre 38
Pentaerythrittetranitrat 82, 88
„ -Körper 100, 103 ff.
Perchlorate 240
Perchloratit 80, 88
Perchloratsprengstoff 80, 82, 88
Persennige 89, 133, 136 ff.
Personenbeförderung, entgeltliche 43
Personen- und Güterbeförderung im Hamburger Hafen, Sicherung der ... 50
Personenschiffe 69, 89, 91, 104, 106, 133, 142 ff., 157
Petarden 101, 179, 182, 184
„ für Knallhaltesignale 237
Petroleum 55, 61, 191, 206, 209 ff., 232, 234
„ , gereinigtes 13 ff., 193 ff.
Petroleumäther 13, 193, 195, 240
Petroleumbenzin 240
Petroleumdestillate 219, 232
Petroleumessenz 13, 193
Petroleumhafen 13 ff., 24, 54, 208, 210, 213, 221 ff., 224, 226
Petroleumimport, Hamburger 212
Petroleummotore 217
Petroleumnaphta 194 ff.
Petroleumöfen 175
Petroleumpech 253
Petroleumprober von Abel-Pensky 223
Petroleumrückstände 89, 133, 136 ff.
Petroleumtankseeschiffe 223, 228
Pflanzenschutzmittel, feste, giftige 144
„ , „ , quecksilberhaltige 147, 151
„ , nicht flüssige, arsenhaltige 144 ff., 151
Phosgen 89, 121 ff., 125, 127
Phosphor (weißer, gelber und roter (amorpher)) 14, 89, 133 ff., 167, 169, 180, 193, 198 ff., 239
„ , amorpher, Mischungen mit Harzen und Fetten 239
Phosphoreisen 239
Phosphorkalzium 89, 133 ff., 169, 239
Phosphormetalle 166

Phosphoroxychlorid 154
Phosphorpentachlorid 154
Phosphorsesquisulfid 133 ff.
Phosphorstrontium
89, 133 ff., 169, 239
Phosphorsuperchlorid 154
Phosphortrichlorid 154
Phosphorzündhölzer 238
Photogen 14, 193, 240
Pikrinsäure 77, 237
Pikrinsaure Salze 180
Pikrit 78
Plastrotyl 77
Polizeibehörde 43 ff., 46, 50, 52 ff., 57, 68, 70, 147 ff., 177, 190 ff., 212 ff., 219 ff., 231, 244 ff., 249
Poller 24
Pottaschenlauge
153, 166, 193
Preßkohlen 90, 160, 163 ff.
Preßluft 89, 120 ff., 124
Preußen 66
Propyl-Alkohol 78
Propylen 89, 121 ff., 127, 157
Proviantraum 59
Prüfmaschinen 18
Prüfstellen 187
Prüfungsmanometer 18
Pulver 178, 182, 184
„ aus Nitrozellulose und Salpeter 182
„ prismatisches 86
„ rauchschwaches 237
„ Rohmasse für rauchloses . . .
179, 181, 183
Pulverkammer 91, 106
Pulverkapseln für Übungsstielhandgranaten und andere Munition 92 ff., 103
Pumpe 64
Pumpenhäuser 216
Putzöl 13, 193 ff., 240
Putzwolle 45, 54, 158
Pyrogarn 89, 110, 249
Pyrolit 81, 88
Pyrophorische Metalle
89, 128, 132, 137, 141, 143, 168, 239
Pyrotechnische Scherzgegenstände
89, 112, 114, 238
„ Spielwaren
89, 112, 114
„ Zündstäbchen 89, 112, 114, 119 ff., 238
„ siehe auch: Gegenstände

R

Radauplätzchen 238
Raketen 116 ff., 237 ff.
Randfeuer-Metallpatronen 248
Randfeuer-Patronen 207
Räucherapparate 59
Ratten 12
Rattenvertilgung 57 ff.
Rauchen 50, 52 ff., 55, 62, 72 ff., 176, 189 ff., 199, 201, 206 ff., 219, 224, 228, 230, 235, 241
Rauchentwickler 102
Rauchhelm 65
Rauchladung 99
Rauchschotte 65
Rauchschutzgerät 65
Rauschgelb 144, 151
Realgar 144, 151
Reibzünder 81, 108, 117, 238
Reibzündschrauben 92 ff.
Reichsarbeitsminister 17
Reichstest 212
Reinigungsbeitrag 12
Reis, siehe unter Mahlerzeugnisse . . .
Reisfuttermehl 90, 161, 163
Reismehl 90, 161, 163
Reisschrot 90, 161, 163
Reizstoff 149
Rettungsgeräte 51
Revolverzündhütchen 93
Rhenanit 76, 88

Rhigolen 240
Rivalit 76, 88
Roburit 237
Römische Lichter 116 ff., 238
Rohkampfer 239
Rohnaphta 223
Rohpetroleum
13, 193 ff., 223, 240
„ , russisches 208 ff.
Rohr, spanisches 15
Rohrleitungen 50, 52
Rohstoffe für Papierfabriken 90, 161, 163
Romperit 76, 88
Rosenheimer Sicherheitssprengpulver 79, 88
R-Patronen 101, 103
Rumäther 240
Ruß, frisch geglühter
89, 133, 135

S

Sachen, verbrennbare 235
Sackkarren 142
Sand 66
Säureharz 153
Säuren 128, 138, 162, 167 ff., 170
„ , Beförderung in Tankschiffen 158
„ , in Fässern 156
Salforkose 60 ff.
Salonfeuerwerk 238
Salonöl 240
Salpeter, brennbarer
178, 181, 184
Salpetersäure 90, 105, 119, 142 ff., 152 ff., 156 ff., 163, 167ff., 193, 201ff.
„ , konzentrierte
153, 158, 203
„ , rote, rauchende
14, 153, 193, 197, 199
„ -Monohydrat 202
Salpetersaure Salze
169, 240
Salze, siehe unter: bromsaure, usw.
Salze, saure 168
Salzsäure 90, 105, 119, 152 ff., 156, 169, 193, 201 ff.
Sammelbehälter 165
Sammelkästen 35
St. Pauli 190
Sauerstoff 89, 120 ff., 124, 238
„ , flüssiger
89, 121, 123
„ , bis 3 Atm. verdichtet 126
Schädlingsbekämpfung 149
Schalter 25 ff.
Schaum 40
Scheelenkuhlen 173
Scheidewasser 152 ff., 169
Scherbenkobalt 144, 151
Schieferöl 223
Schießbaumwolle
78, 82, 182, 237, 246
„ , gepreßte 181
Schießmittel 67, 75, 86, 91
Schießpulver 183, 187
Schießwollkörper, gepreßte 181
Schiffahrtshindernisse in den Häfen 11
Schiffahrtspolizei 225 ff.
Schiffe zur Güterbeförderung und Personenbeförderung 20
Schiffe mit Sprengstoffladungen 74
Schiffsbrände 54
Schiffsdampfkessel, siehe: Dampfkessel
Schiffskammerjäger 57
Schiffskombüsen 73
Schiffsräume 72
Schiffsrumpf 19
Schiffszettel 88, 102, 117, 126, 131, 137, 141, 143, 151, 155, 161
Schiffszeugnis 19
Schlacken 11 ff.
Schlagpützen 64 ff.

Schlagröhren 92
Schlagwettersicherheit 26
Schlagzündschrauben 92 ff.
Schleppdampfschiffe 175
Schlepper 20
Schmieröle 223
Schneide- u. Schweißapparate, elektrische 54
Schneide- u. Schweißapparate, acetylen-autogene 54
Schnellzündschnüre 97, 105, 237, 247
Schöpfeimer 64 ff.
Schornsteine 73, 233
Schornsteinfeger 233
Schrapnellpatronen 98, 103 ff.
Schuppenabteilung 243
Schutzdecken 89, 133, 136 ff.
Schwärmer 116 ff., 238
Schwanenhals 38
Schwarzblechbehälter 130
Schwarzpulver 83, 91, 237
„ (gepreßt oder gekörnt) 86
Schwarzpulverähnliche Gemenge 83, 91
Schwarzpulverzündschnüre 81, 95, 105, 110, 119, 237
Schwefel 60 ff., 162, 167, 170, 209, 234, 239, 253
Schwefeläther 14, 90, 138, 162, 193, 196, 240
Schwefelalkohol 14, 193, 197
Schwefelblumen 209, 234, 239, 253
Schwefelhölzer 81, 108 ff., 117
Schwefelkies 90, 161
Schwefelkohlenstoff 14, 90, 138, 140, 142, 162, 167, 193, 197, 199, 240
„ , gemischt 60 ff.
Schwefelkupfer 180
Schwefelsäure 90, 105, 119, 142 ff., 152 ff., 156 ff., 167 ff., 193, 201 ff.
„ , konzentrierte 203
„ , rauchende 152 ff., 155 ff,
„ , wasserfreie 170
Schwefelsäureanhydrid 152 ff., 169
Schweflige Säure 89, 121 ff., 127
Schweißapparate 54
Schweißeisen 18
Schwerbenzin 90, 138, 162, 240
Schwimmergehäuse 49
Seeberufsgenossenschaften 64
Seebojen 124
Seefrachtordnung 66
Seeschiffe 53
Seeschiffskessel 31
Seewasserstraßenordnung 173
Segelschiffe 105
„ , hölzerne 158
Seide 89, 133, 135, 137, 239
„ , hochbeschwerte 89, 133, 135
Seilerwaren 89, 133, 136 ff., 239
Selbsterhitzung 138 (siehe auch: Massengüter ...)
Selbstoxydation 136
Shoddywolle, gefettet 234
Sicherheitsanforderungen 18
Sicherheitslampen 45, 50, 52, 72 ff., 199, 207, 225, 229
Sicherheitsnetze, siehe Davy'sche
Sicherheitspatronen 107, 247
Sicherheitsreibzünder 118ff.
Sicherheitssprengpulver 79, 88
Sicherheitsstreichzünder 118 ff.

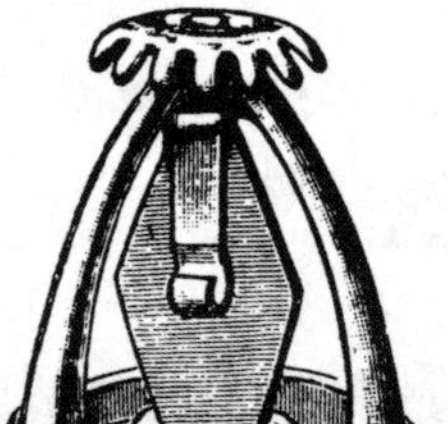

Sicherheitsventil 17
Sicherheitsvorschriften des Verbandes deutscher Elektrotechniker für explosionsgefährliche Betriebsstätten 56
Sicherheitszündhölzer 107 ff., 117
Sicherheitszündschnuranzünder 89, 111
Sicherungen 26
Siedepunkt 205
Signal blue lights 238
Signalfeuerwerk 101, 103, 105
Signalmittel 237, 247 ff.
Signalpatronen 101, 103
Silberregen 116 ff., 238
Silberzyandoppelsalze 147, 151 ff., 156
Silvit 78
Sisal 239
Sodalauge 153, 166, 193
Sodor 122, 126
Sojabohnenöl-Bleichung 89, 133, 136 ff.
Solaröl 14, 193, 240
Solventnaphta 223, 240
Solution 240
Sonnenbestrahlung 89, 104, 128
Souple-Seide 89, 133, 135
Sparklet 120, 126
Speiseleitungen 17
Speiseventile 17
Speisevorrichtungen 17
Spiritus 240
Spirituslack 240
Sprengbüchsen 100, 103 ff., 237
Sprenggelatine 84, 178, 183
Sprenggelatinepatronen 182
Sprengkapseln 89, 93 ff., 103, 105, 179, 189, 237
„ mit Zeitzündung 89, 94 ff., 105
Sprengkapseln in fester Verbindung mit Schwarzpulverzündschnur 95, 103, 105
„ mit elektrischen Zündungen 89, 94, 103, 105
„ in Geschoßzündern 88, 96, 103, 105
Sprengkörper 100, 103 ff.
Sprengladungen 237
„ , brisante 100, 103 ff.
Sprengmittel 67, 75, 91
Sprengpatronen 237
Sprengpräparate 180
Sprengpulver 79, 83, 88, 187
Sprengsalpeter 79, 83, 88, 178, 181 ff., 184, 237
Sprengstoffe(n) 67, 70, 72 ff., 79, 88 ff., 103, 105, 119, 128, 132, 138, 141, 143, 156 ff., 161 ff., 171, 179, 199, 206, 237, 246
„ , Aufbewahrung von ... 178, 185
„ , bei Feuersgefahr 89
„ , dynamitähnliche 84, 237
„ , Einladen von ... 173, 175
„ , Handel mit ... 178, 185
„ , Lagerung von 178, 185
„ , Löschen von ... 173
„ , nitroglyzerinhaltige 181, 183
„ , in Patronenhüllen 180
„ , Verausgabe von ... 178, 185
„ , Verkehr mit .. 172 ff., 177
„ , Versenden von ... 70, 177 ff.

Sprengstoffe(n), Vertrieb von ... siehe daselbst
Sprengstofferlaubnisschein 74, 172, 180
Sprengstoffgemische 78
Sprengstoffhafen 175
Sprengstoffladung, siehe: Fahrzeuge mit ... Schiffe mit ...
Sprengstoffproben 85, 186, 188
Sprengungen 172
Sprengzündhütchen 237
Sprit 240
Staatsschiffe 20
Stahlspäne 89, 133, 136 ff.
„ , gefettete 239
Standard White 240
Stearinpech 253
Steckdosen 25 ff.
Steinbrüche 178
Steinkohlen 96, 160, 163 ff., 184
Steinkohlenladungen 73
Steinkohlenteer 13, 193
Steinkohlenteeröl 194
Steinöl 223
Stickoxydul 122, 124 ff., 127
Stickstoff 89, 120 ff., 124, 162, 238
„ , flüssiger 89, 121, 123
Stickstofftetroxyd 89, 121 ff., 127
Stoffe(n), ätzende 67, 75, 152, 155 ff., 192 ff., 201, 252
„ , bedingungsweise zur Beförderung zugelassene ... 67
„ , die in Berührung mit Wasser entzündliche oder die Verbrennung unterstützende Gase entwickeln 75, 105, 129, 131, 167 ff., 238, 250
Stoffe(n), brennbare 133
„ , leicht entzündbare 67, 72, 75, 90, 105 ff., 119, 131, 138, 143, 162 ff., 184, 252
„ , explosionsfähige 73, 75, 87 ff., 187, 190, 234, 246
„ , Überladung von explosiven ... 190
„ , feuergefährliche 199 ff., 234, 239
„ , giftige 67, 75, 151, 252
„ , hochgiftige 149
„ , organische in Pulverform 169
„ , selbstentzündliche 67, 70, 73, 75, 89, 105, 119, 128, 132 ff., 137, 141, 167 ff., 184, 244, 250
„ , die Verbrennung unterstützende 75, 159, 161, 252
Straßenverkehrsmittel, öffentliche 187
Streichhölzer 240
„ , schwedische 238
Streichzünder 81, 108, 117, 238
Streusand 64
Stroh 15, 239, 253
Strontium 166
Sturmzündhölzer 89, 112, 114
Stutzen 35
Süderelbe 188 ff.
Sublimat, weißes und rotes Präzipitat 147, 151
Sulfurylchlorid 154

T

Tabakrauchen (siehe Rauchen)
Tank 25, 216
„ für Mineralöle 55, 56

Tankdampfer 12
(siehe auch: Mineralöltankseeschiffe)
Tankfahrzeuge 20 ff., 194, 204
Tankflußfahrzeuge 219 ff.
Tanklagerplatz 215
Tankleichter 220
Tankschiffe 158
Tankseeschiffe 54, 223, 230
Tankwagen 192
Tauchfluid 42
Tauwerk 54, 89, 136
„ , geschlissenes 90, 161, 163
Teer 12, 193, 209, 234, 239, 253
Teeröl 13, 193, 223, 240
Temperaturmessung 164
Terpentin 77, 209, 234, 239, 253
Terpentinöl 13 ff., 90, 138, 162, 191, 240
Terpentinöl, künstliches 223
Terpentinöllack 240
Testpetroleum 193
Tetranitronaphtalin 77
Tetranitronaphthol 77
Tetrylhülsen 100, 103 ff.
Thermitkapseln 118
„ mit Zündpillen 89, 111, 118
Thionylchlorid 154
Toluol 14, 194, 223, 240
Tongefäße mit ätzenden Stoffen 156
Torpedos 96, 103, 237
Torpedoausstoßpatronen 98 ff., 103 ff.
Torse 234
Tralles 240
Treibriemen 89, 133, 136 ff., 239
Treiböle 223, 240
Tremonit 76, 88
Trinitroanilin 77
Trinitroanisol 77
Trinitrobenzol 77
Trinitrobenzoesäure 77
Trinitrochlorbenzol 77
Trinitrokresol 77
Trinitromesitylen 77
Trinitronaphtalin 77
Trinitroxylol 77
Trinitropseudokumol 77
Trinitrotoluol 77, 237
„ , flüssiges 77 ff.
„ , plastisches 77
Trinitrotoluolgemisch 78
Tuchtrümmer 14

U

Überallzünder 108 ff., 117, 120
Überchlorsaure Salze 90, 160, 162, 169 ff.
Überhitzer 35
Überladung am Kai 243
Übermangansaure Salze 90, 160, 262, 169 ff.
Unfallverhütungsvorschriften der Seeberufsgenossenschaft 73
Unrat 11
Unratfahrzeuge 11
Unterdeckverladung 119

V

Vaselinöl 240
Ventile 35
Verbrennungsmotore 47 ff., 224, 229
Verfrachter 71 ff.
Vergasen 49, 61
Verkehr mit gefährlichen Gütern am Kai 242
Verkehr mit Sprengstoffen (siehe Sprengstoffe)
Verladescheine 69, 72, 88, 102, 117, 126, 131, 141, 143, 151, 155, 161, 165
„ für Blausäuresendungen 151

Verladungsanmeldung 72
Verladungsvorschriften 75, 88, 102, 117, 126, 131, 137, 141, 143, 151, 155, 161
Verordnung über die Schädlingsbekämpfung mit hochgiftigen Stoffen 149
Verpackung 244
Verpackungsvorschriften 75
Versandstücke 73 ff.
Verschneiden von Wein und Spirituosen 240
Versendung verflüssigter Gase in heiße Gegenden 122
Vertrieb von Sprengstoffen an den Bergbau 76
Verunreinigungen der Häfen 11
Vistrawolle 239
Vulkane 116 ff.

W

Walsroder Sicherheitssprengstoff 76, 88
Waren, selbstentzündliche 234
Warnstoff 149
Wasserdruckprobe 17, 33, 36, 44, 46, 48
„ nach Hauptausbesserungen 17
Wassergas 89, 120 ff., 124, 127, 129, 157
Wasserrohre 18
Wasserstandsmarke 17
Wasserstandsvorrichtungen 17
Wasserstoff 89, 120 ff., 124 ff., 127, 129, 157, 238
Wasserstoffsuperoxyd 156
„ , wässerige Lösungen von.. 154 ff.
Water white 240
Weberlitzen 89, 133, 136 ff., 239
Wehrmacht 70
Weingeist 240
Werg 15
Wetter-Ammoncahücit 76, 88
„ -Agesid 84
„ -Arit 84
„ -Astralit 84
„ -Baldurit 84
„ -Barbarit 84
„ -Bavarit 84
„ -Bradit 76, 88
„ -Carbonit 84
„ -Dahmenit 76, 88
„ -Detonit 76, 88
„ -Donarit 76, 88
„ -Fördit 76, 88
„ -Lignosit 76, 88
„ -Markanit 84
„ -Monachit 76, 88
„ -Nobelit 84
„ -Rhenanit 76, 88
„ -Romperit 76, 88
„ -Salit 84
„ -Sigrit 84
„ -Sonit 76, 88
Wettersprengstoffe 76, 88
„ , gelatinöse 84
„ , halbgelatinöse 84
Wetter-Wasagit 84
„ -Westfalit 76, 88
Winden 13, 24
Winkeleisen 18
Wollabfälle 14
Wolle 89, 133, 135, 137, 239
„ , rohe 15
Wunderkerzen 89, 112, 114, 118, 238
Wurfminen mit Treibladung 99, 103 ff.
Wurfminen ohne Treibladung 99, 103 ff.

X

Xenon 89, 120 ff., 124
Xylol 14, 194, 223, 240
Xylonit 252

Z

Zaponlack 240
Zellhorn 252
Zellhorn-Abfälle 90, 143, 162
Zellhornfilmabfälle 90, 143, 162
Zellhornwaren 252
Zelluloid 240, 252
Zelluloidabfälle 90, 143, 162
Zelluloidlack 240
Zentralfeuer-Metallpatronen 248
Zentralfeuerpatronen 107, 248
Zentralheizung 233
Z-Gas 89, 120 ff.
Zielfeuer 101, 103
Zigarrenreste 89, 104
Zink 89, 133, 136 ff.
Zinkäthyl 89, 134, 138, 170, 239
Zinkmethyl 89, 134, 138, 170
Zinkpulver 166, 170
Zinkzyansalze 147, 151 ff., 156
Zollgebiet 190
Zucker 169
Zündbänder 89, 112, 114 ff., 118, 170 ff., 238, 249
„ für Sicherheitslampen 81, 109, 118
Zündblättchen 89, 112, 114 ff., 118, 170 ff., 179 ff., 249
Zünder für Handgranaten 92
Zündfackeln 89, 111, 118
Zündgarn 89, 110, 118, 171, 249
Zündhölzer 89, 104, 107 ff., 117, 240
siehe auch: Bengalische
Zündhütchen 178 ff., 184, 237
„ für Geschoßzünder 93
„ für Schußwaffen 92
Zündkörper 89, 107
Zündladungen 88, 95 ff., 103, 105, 237
Zündmasse 92
Zündmittel zu Geschoßzündern 92
Zündpatronen für Torpedos 98 ff., 103 ff.
Zündplättchen, siehe Zündblättchen
Zündpräparate 184
Zündschnüre 89, 97, 105 ff., 110, 119, 162, 178, 181 ff., 184, 237
„ detonierende 97, 103, 105, 247, 249
Zündschnuranzünder 89, 111, 118
Zündspiegel 178, 237
Zündstäbchen, siehe pyrotechnische
Zündstoff 219
Zündungen 89, 181 ff., 184
„ mit kleiner Schwarzpulverladung 92
„ , sprengkräftige 90, 92, 94, 105, 178 ff., 237
„ , nicht sprengkräftige 92, 105 ff., 162, 247
Zündvorrichtungen 89, 111, 118, 237
Zündwaren 67, 75, 89, 104, 107, 117, 119, 128, 132, 138, 141, 143, 156 ff., 162 ff., 238, 249
Zulassung zur Personen- und Güterbeförderung im Hafen 51

Zusammenladen 69
Zusammenpacken 69
Zwirne 89, 133, 136 ff.
Zyandoppelsalz 146, 151 ff., 156
Zyaneinfachsalz 146, 151 ff., 156
Zyanhärteflußsalz 146, 151 ff., 156
Zyankalium 146, 151 ff., 156, 169, 171
Zyankaliumlauge 146, 151 ff., 156
Zyankupfer 147, 151 ff., 156
Zyannatrium 146, 151 ff., 156, 169, 171
Zyannatriumlauge 146, 151 ff., 156
Zyanwasserstoff 147
Zyanwasserstoffsäure 146, 151 ff., 156
Zyanzink 147, 151 ff., 156

Druck von J. H. Meyer (Inh. Fritz Ebeling),
Hamburg 8.

Magirus
in der ganzen Welt.
C. D. MAGIRUS A.G. - ULM A/D

FSC
www.fsc.org
MIX
Papier | Fördert
gute Waldnutzung
FSC® C083411

Kolibri 360 GmbH
Ferdinand-Jühlke-Straße 7
99095 Erfurt, Deutschland
produktsicherheit@kolibri360.de